《论语》话题结构研究

彭吉军　著

科学出版社

北京

内 容 简 介

　　本书以原型性话题理论为背景,对《论语》话题进行专书研究,着重探讨《论语》话题的构成和特征,《论语》的话题链、话题推进、话题化问题,以此管窥先秦汉语话题结构,为"汉语是注重话题的语言"这一判断提供古代汉语方面的支撑。本书选择《论语》为研究对象,主要考虑到该书以语录体形式呈现,具有鲜明的口语色彩,便于对其进行话题特征的描写和辨析。研究过程中,笔者还对《论语》的语料进行了处理,以便于对《论语》语料作出让读者易于理解的分析。

　　本书可供汉语研究者和高校语言学专业学生参考。

图书在版编目(CIP)数据

　《论语》话题结构研究 / 彭吉军著. —北京:科学出版社,2019.11
　ISBN 978-7-03-059491-4

　Ⅰ.①论… Ⅱ.①彭… Ⅲ.①古汉语-研究-先秦时代 ②《论语》-研究 Ⅳ.①H141 ②B222.25

　中国版本图书馆 CIP 数据核字(2018)第 256595 号

　　　责任编辑:杨 英 张翠霞/责任校对:杨 赛
　　　责任印制:李 彤/封面设计:铭轩堂

科学出版社 出版
北京东黄城根北街 16 号
邮政编码:100717
http://www.sciencep.com

北京建宏印刷有限公司 印刷
科学出版社发行 各地新华书店经销
*

2019 年 11 月第 一 版 开本:720 × 1000 B5
2019 年 11 月第一次印刷 印张:13 1/2
字数:255 000

定价:88.00 元
(如有印装质量问题,我社负责调换)

前 言

　　话题问题是语法学界长期争论的一个基本问题。本书将话题看作一个篇章范畴，并以此为理论基础，对《论语》的话题问题进行研究，以期从古代汉语方面为"汉语是注重话题的语言"这一论断提供支撑。

　　全书分九章。第一章介绍研究缘起、研究内容及材料来源。第二章介绍《论语》话题研究的基础——原型性话题理论。该理论根据话题层级特征确认话题，跳出了强行区分话题与主语的窠臼。本书以此为理论背景界定话题概念，将《论语》话题分为无标记、有标记两类，并明确了话题确认原则，交代了话题研究的相关问题。

　　第三、第四章研究《论语》话题的构成。《论语》话题可分为无标记、有标记两大类型，共 998 个。其中，无标记话题 376 个，有两个来源，一是先行词充当，二是回指对象充当。有标记话题 622 个，也有两个来源，一是话题标记标识（话题标记包括后附性提顿词、前加性提挈连词、介词、动词、形容词），二是句法结构标识（句法结构包括移位结构、汉语式话题结构、句首时地词结构、框架话题结构、类与成员框架结构、主谓倒置结构、被动结构、比较结构、并列性结构）。《论语》话题主要分布在单话题结构中，多话题结构、降级话题结构及内嵌话题结构中较少。话题以指称类结构（代词、名词、名词性结构）为主，其结构类型单一，但充当话题的倾向强烈。陈述类结构（动词及其结构、形容词及其结构、主谓结构、假设分句、复句、句群）类型繁多，总量却很少，充当话题的倾向较弱。

　　第五章探讨《论语》话题的特征。《论语》话题在句法、语义、信息方面表现出显著特征。句法上，一是具有前置性。少数非前置话题要么是语用现象，要么是句法强制的结果。二是共享性。与现代汉语话题共享方式"名词组→代名词→零形式"不同，《论语》话题的共享方式主要是"名词组→零形式"。三是标记性。标识《论语》话题的有后附性标记、前加性标记和合用标记三类。四是可省性。部分话题可承语境省略或承前蒙后省略。这些话题表现出"最高的可预期性"。语义上，可从两个角度对《论语》话题进行分类。一是从指称性角度可分为有定话题、类指话题、指称化话题。有定话题以专有名词为主,类指话题以一般名词为主,指称化话题因其可被指示代词回指或可添加指示代词及中心语而属于有定话题。二是从论元角度可分为论元话题、非论元话题。论元话题包括施事话题、受事话题、致事话题、主事话题和与事话题。非论元话题有三类,第一类话题是谓词某论元的领属格,第二类话题是外围成分,第三类话题与谓词间无语义选择关系。第一类与谓词关系最近,第二类次之,第三类最远。《论语》话题的信息特征主要表现为话题是已知信息。已知信息包括两类,第一类是言听双方的共知信息,第二类是文本提及的相关信息。前者较后者已知性强。

第六章讨论《论语》话题链。我们提出两项主张。一是认为《论语》主位零形回指是歧义形式,主张将其分为零形回指$_1$和零形回指$_2$。零形回指$_1$衔接小句构成话题链,零形回指$_2$相当于第三人称代词。二是主张将非主位回指代词衔接的小句串视为话题链。

各种衔接方式对话题链的构成产生影响,影响大小为:

零形回指(主位/兼语位)>代词性回指/零形回指(宾位)>代词性回指/零形回指(定位)

《论语》话题链是篇章构成的基本功能单位,具有重要的篇章功能。话题链主要出现在篇章主体中,传达核心信息,具有陈述本话题和引入新话题的功能;部分话题链出现在篇章的背景部分,具有为篇章主体补充外围信息的功能。

"话题链组"指通过主位第三人称代词或零形回指$_2$衔接起来的、用于陈述同一话题的若干话题链的组合。它是比话题链高一级的篇章功能单位,对话题的陈述能力比话题链更强,提供的信息量也更大。

第七章分析《论语》话题推进的四种基本形式:话题延续、话题延伸、话题转移、话题回逆。《论语》篇章得以展开,主要依赖话题延续、话题延伸、话题转移、话题回逆以及它们的综合使用,即话题综合推进。借助这些话题推进形式所形成的独立篇章超过《论语》独立篇章的一半,这表明话题推进对《论语》篇章的展开起关键作用。但要使篇章展开得更充分,形成较大篇幅,还须借助其他手段,主要是借助不包含话题结构的独立小句。独立小句在篇章构成中发挥"起""承""结"的作用,它与话题推进形式相结合,以增强语篇内部关联,构成语篇整体。篇章的篇幅越大,对独立小句的依赖性越强。

第八章探究《论语》的话题化。话题化涉及成分移位,与无标记话题无关,只有部分有标记话题来自话题化。其实现方式可表示为:S′→X+S[⋯Y⋯]。《论语》话题化的具体实现方式有两种，一是成分前置加话题标记，二是成分移位。前者较后者话题化更明显，话题性更强。《论语》的话题化话题分布在单话题结构、多话题结构和降级话题结构中。话题化的动因是凸显话题的需要，表现在四个方面，一是衔接与连贯篇章，二是凸显话语信息中心，三是提供事件展开的时空框架，四是遵循线性增量及单一新信息限制原则。

　　最后是结语，总结本书的四个基本结论：一是《论语》话题结构的基本面貌反映了先秦语录体文本的显著特征；二是现代话题理论基本适用于《论语》，但《论语》有其特殊性；三是《论语》与现代汉语在话题结构上的差异主要集中在主位第三人称代词的有无；四是《论语》中话题与主语使用频率的统计分析支持汉语中话题优先的结论。

　　古代汉语的话题结构是一个复杂的问题，本书通过《论语》管窥先秦汉语的话题结构问题，在对大量语料进行甄别辨析后略有所获，但管窥不能代替周遍性研究，古代汉语的话题结构问题还有深入研究的广阔空间，笔者将继续倾力其中，本书不妥之处也恳请方家批评指正。

彭吉军

2019 年 3 月

本书所用符号

1. Ø 零形式   e 空语类   T 单话题

2. Ta 首要话题   Tb 次要话题   Tc 三级话题

3. Ta＞Tb 双层多话题结构   Ta＞Tb＞Tc 三层多话题结构

4. T1 包孕降级话题结构的话题   T2、T3 降级话题

5. T1·C1＞T2·C2 独立话题结构包孕降级话题结构

   T2·C2＞T3·C3 降级话题结构包孕降级话题结构

6. [ ] 省略的话题   { } 子话题链

   〔 〕 省略话题以外的添补内容 i、j、k…… 成分同指

7. N_1 问 N_2/VP 陈述式疑问句

8. S′→X+S[…Y…] 话题化方式

9. 原 先发句话题   伸 话题延伸

   转 话题转移   回 话题回逆

10. 其他符号随文说明。

目 录

第一章 导 论

第一节 研 究 缘 起

话题研究历经一百多年，流派纷呈，成果丰硕，成为语言研究的热点，尤其是汉语学界的话题研究为汉语研究提供了全新的视角，解决了许多存有争议的根本问题，甚至使汉语在类型学研究中成了举足轻重、不可或缺的参项，但是这些研究以现代汉语为主，以古代汉语为语料的研究为数不多，至于话题在古代汉语篇章中的存在形式及功能，学界更是知之甚少。同时，众所周知，汉语是注重主题（topic-prominent）的语言，这一特性使汉语在类型学研究中显得尤为重要，但该结论尚未获得整个古代汉语语言事实的支撑，难免有缺乏根底之感，其类型学意义也似嫌底气不足。若能对古代汉语的话题问题进行专书研究，再推及断代研究，进而以点带面地全面铺开，把古代汉语各个时期的话题问题弄清楚，势必会极大地丰富既有成果，为类型学提供更全面的参考。基于此，本书对《论语》中的话题问题进行研究，着重探讨《论语》话题的具体表现及功能，为管窥先秦时期的汉语话题结构提供参考。

第二节 研 究 内 容

本书以屈承熹（2006：195）中的原型性话题理论为背景，将话题视为一个具有原型性的篇章概念，并参照屈承熹对话题的分类标准，将《论语》中的话题分为无标记话题和有标记话题两类，对《论语》话题进行语序结构类型方面的探讨，主要考察《论语》的话题构成、话题特征、话题链、话题推进及话题化问题。

第三节 材 料 来 源

据王铁（1989：59-60）研究，《论语》"是曾子死后由其学生所编定"，年代当不晚于公元前 380 年,孟子时代已有定本。黄立振(1987:12)指出,自《论语》行世以来,经"焚书坑儒"及战乱,已毁失殆尽。西汉时应口头传授生徒之需而出现的《鲁论》《齐论》和在孔壁发现的《古论》合称"三《论》",广为流传。西汉末年,安昌侯张禹考订、删减"三《论》"而成《张侯论》。据《隋书(四)》(魏征和令狐德棻,1973:839)记载,东汉时经学家"郑玄以《张侯论》为本,参考《齐论》、《古论》而为之注",因此郑玄的《论语》注本即为现行《论语》的来源。

自郑玄为《论语》作注以来,《论语》注本浩如烟海。据《论语集解义疏(第四册)》(何晏和皇侃,1937:2-3),汉、魏时何晏等人"集诸家之善说,记其姓名,有不安者,颇为改易,名曰《论语集解》"。该书因集包咸、周氏、马融、孔安国、郑玄、陈群、王肃、周生烈八家之"善说",对"不安者"又能"颇为改易",所以在汉魏时期的《论语》注本中成就最高。

继《论语集解》之后又相继出现了以皇侃《论语义疏》、邢昺《论语注疏》、朱熹《论语集注》为代表的注本。这些注本各有所长,对后世影响很大。但清人刘宝楠却对上述注本多有指摘,且以乾嘉学派注重考据和阐发义理的优良学风写成巨著《论语正义》(与其子合著)。梁启超(1998:49-50)评价《论语正义》说:"清学自当以经学为中坚。其最有功于经学者,则诸经殆皆有新疏也……其在《论语》,有刘宝楠之《论语正义》……类皆撷取一代经说之菁华,加以别择结撰,殆可谓集大成。"龚霁芃(2006:84-93)指出,与《论语集解》《论语义疏》《论语注疏》《论语集注》等前人注本相比,《论语正义》"博采众长,精于审断""考据义理两不偏废""不分门户,实事求是""诠释方法,灵活多样",被尊为"《论语》旧注中水平最高的著作"。

基于刘宝楠《论语正义》在《论语》研究资料中的重要参考价值和重大影响力,本书将其作为《论语》语料的主要来源,同时也参考如下典籍:何晏集解、皇侃义疏《论语集解义疏》、邢昺《论语注疏》、朱熹《论语集注》、阮元《十三经注疏·论语注疏》、程树德《论语集释》和杨树达《论语疏证》。

要对《论语》原文进行准确的理解和处理,还须解决《论语》的今译问题。杨伯峻《论语译注》、唐满先《论语今译》、钱穆《论语新解》和来可泓《论语直解》这四部译注本在学界较有影响,我们选作译文参考。上述注疏本和译注本遇有分歧,以便于话题研究为原则,斟酌取舍。

第二章 《论语》话题研究的基础

本章讨论《论语》话题研究的理论背景及研究中的相关问题。

第一节 原型性话题理论

一、理论的出发点

屈承熹（2006：195-206）指出，话题是个篇章概念，对语境有很强的依赖性。因此在没有上下文的孤立句子中确认一个名词性词语是否是话题，通常是没有意义的，因为同一个名词性词语在不同语境中可以是话题，也可以不是话题。当然，有标记话题除外，因其有明显的句法标识，在小句范围内即可识别，故不必依赖语境。这就在语法层面区分开了话题与主语：话题是篇章概念，主语是句法概念。屈承熹（2006：191）同时指出，这只是话题与主语相互关系的一个方面，另一方面，"话题和主语并不是相互排斥的，即虽然话题独立于主语，但它也可起主语的作用，反之亦然"。

屈承熹（2006：207）在全面考察了过去的话题研究文献后指出，以往的几乎所有文献都过分强调话题与主语的差异，想方设法地试图将两者区分开来，而没有注意到两者的共性。其实"话题可起主语的作用，反之亦然"的看法表明，话题与主语尽管属于不同的语法层面，但并非水火不容。从这种思路出发，屈承熹提出了原型性话题理论。

二、话题的界定

基于话题与主语的共性，屈承熹（2006：197-199）认为，话题有程度上的区别，即有些名词性词语可以典型地用作话题，有些名词性词语则不是那么典型。最典型的话题具有话题的所有特征，构成"原型"，不太典型的话题具有的特征较少，成为"非原型"，但这样的话题还是可以识别出来的。还有一些名词性词语的话题特征太少，只能勉强识别出来。也存在非话题的名词性词语，这种词语一个话题特征都没有。也就是说，名词性词语的话题性程度越高，就越有可能用作话题。

以此为基础，屈承熹（2006：197-199）提出了汉语话题的层级特征：

基本特征：是名词性词语；用作小句间的连接。

次要特征：特指（specific）或有指（referential）；位于句首或动词之前。

非基本属性：对谓语动词没有语义上的选择关系。

任何名词性词语都可以根据上述特征来判断它有多大的可能成为话题。一个名词性词语可能具有其中的所有特征、一部分特征或者只有一个特征（即它是名词性词语），因而它成为话题的可能性也会由大到小。具有所有话题特征的名词性词语就是汉语中的原型话题。

在这种理论体系中，话题与主语不再是非此即彼的截然两分，而是根据其话题特征的有无和多寡表现为一个连续统。

为了证明这种方法的可靠性，屈承熹具体分析了若干例子，这里援引一例，以作说明。

1）墙上爬着很多壁虎。

Li 和 Thompson（1979：38）认为例1）的"墙上"是话题，但也有学者认为"很多壁虎"是话题（Li，1991，转引自屈承熹，2006：198）。根据话题的上述特征，两者都有作话题的资格，但是"墙上"比"很多壁虎"更有资格，因为"墙上"是一个名词性词语，特指，位于句首，有一个基本特征和两个次要特征；"很多壁虎"也是一个名词性词语，特指，也有一个基本特征，但只有一个次要特征。相比而言，"墙上"比"很多壁虎"多出一个话题特征，因而更有资格作话题。为了证明这一事实，可以在例1）后续接一个小句，成例2）：

2）墙上爬着很多壁虎，别去碰 Ø/它。

例2）可有下面两种译文：

3）a. The wall has a lot of salamanders on it, don't touch it.

b. There are many salamanders crawling on the wall, don't touch them.

但例3）a 比例3）b 自然，这是因为"墙上"比"很多壁虎"更有资格充当话题，因而其后的"Ø/它"就被理解成了"墙上"，所以"Ø/它"跟"墙上"而不是跟"很多壁虎"具有回指关系。

屈承熹用话题特征而不是用给话题下定义的方式来界定话题。这样做至少有两个好处，一是可以避免纯粹的语言表述带来的含糊不清；二是具有可操作性：只要能够列出小句中各名词性词语话题特征的数目，即可判定它们话题性的高低，从而确认话题。

第二节　话题的确认原则

本节讨论对《论语》话题的确认原则。

一、话题标记的有无及区分

屈承熹用以确认话题的方法有其精确性，不过，以比较话题特征数目多少的方式来判定话题，毕竟过于烦琐。为此，屈承熹（2006：203-204）围绕话题的基本特征之一"用作小句间的连接"，研究了话题形成的过程，从中总结出了确认话题的简洁方式。他指出，话题的形成包括三个阶段：导入、选取、接续。

当一个名词性词语被"导入"时，它与话题是什么关系暂时难以确定，要确定这种关系，须借助随后的回指性名词、回指性代词或零形回指词的回指（"回指""回指性名词""回指性代词""零形回指词"及下文的"先行词""所指对象"等概念见第二章第三节第四小节）。这一回指过程即话题的"选取"。如果该话题要继续下去，就是话题的"接续"。下面是他用来说明话题形成三个阶段的两个例子，它们分别代表话题的两种类型。

（一）先行词作话题

例如：

1）a. 洛阳有个名歌女，
　　b. Ø 还有个舞女，
　　c. Ø 除此而外另有个精通辞赋的才女。

例1）a 导入了两个名词性词语"洛阳"和"名歌女"。两者中哪个是话题呢？根据上述话题特征，"洛阳"有两个基本特征，既是"名词性词语"，又"用作小句间的连接"，"名歌女"有一个基本特征，即"是名词性词语"。"洛阳"的"小句间的连接"特征体现在"洛阳"与例1）b 中的"Ø"同指，即"洛阳还有个舞女"。"洛阳"将例1）a 和例1）b 连接了起来。显然"洛阳"是话题。

但是"洛阳"连接小句的话题特征是在它被例1）b 中的"Ø"回指的过程中

呈现出来的。也就是说，"洛阳"是先行词，"Ø"是其回指对象，只有当"洛阳"被例1）b中的"Ø""选取"后，才成为话题。这个话题在例1）c中因继续被"Ø"回指而得以"接续"。

（二）回指对象作话题

例如：

2）a. 洛阳有个名歌女，

b. Ø 叫杨苧罗，

c. Ø 聪慧过人，

d. Ø 以语言尖巧冠于一时。

例2）a导入了两个名词性词语"洛阳"和"名歌女"。两者中哪个是话题呢？根据上述话题特征，"洛阳"有一个基本特征，即"是名词性词语"；"名歌女"有两个基本特征，既是"名词性词语"，又"用作小句间的连接"。"小句间的连接"体现在"名歌女"与例2）b中的"Ø"同指，即"名歌女叫杨苧罗"。"名歌女"将例2）a和例2）b连接了起来。显然"名歌女"是话题。但这只是为了称说的便利，实体形式的"名歌女"并非真正的话题，因为它是一个位于句尾的非特指名词语，真正的话题是例2）b中居小句之首的以零形回指词形式出现的"名歌女"。也就是说，实体形式的"名歌女"是先行词，"Ø"是其回指对象，当这个回指对象对先行词"名歌女"进行"选取"后，该回指对象成为话题，它在例2）c、例2）d中因继续被"Ø"回指而得以"接续"。

不过，"导入""选取""接续"只是话题形成的完整阶段，并非任何话题的形成都如此。这有两种情况：一是话题导入、选取之后没有接续即告终止；二是某些话题有特别的句法标识，一经导入即可在小句范围内被识别，无须依赖更大语境。鉴于此，屈承熹将话题分为无标记话题和有标记话题两类。

二、无标记话题及其确认原则

一个话题被导入、发展时，如果没有任何特别的句法标识，即被称为无标记话题。无标记话题分为两小类，一类是由导入、选取、接续三个完整阶段形成的话题，另一类是只导入、选取而不加接续的话题。

本书在确认《论语》的无标记话题时，首先将其分为未接续的话题和被接续的话题两类，然后遵循"选取"原则对无标记话题进行确认，即只有当导入的先行词被其后小句（通常是下一小句，有时会有间隔）中的回指对象回指时，先行词或回指对象才被确认为话题。

三、有标记话题及其确认原则

屈承熹（2006：206-210）将在句法上有明显标识、在小句范围内即可识别的话题称为有标记话题。他综合李讷与汤珊迪、曹逢甫、何勇的研究成果，将有标记话题分为如下六类（粗体部分为话题）。

（一）双名词性结构

其特点是在一个小句之首，两个名词性词语挨着出现。例如：

3）**这棵树**，花小，叶子大，∅不好看。

实际上双名词性结构中出现的名词性词语还可以更多，它们在不同的结构层面上构成主话题和次话题。这一类还包括几个次类。

1. 事件/问题+施事

句首叙述一个事件或谈到一个问题，然后引出一个施事。例如：

4）a. **天天买菜**，我真不知道买什么好。

b. 1927 年 4 月 12 日，在上海发生了屠杀共产党员、国民党左派及革命群众的反革命事件。**这次事件**，他是老一辈中最有骨气的。

2. 时间/地点——话题

句首是一个时间或者地点，然后引出话题。例如：

5）a. **明天**可能他会来。

b. **中国的南方**，天气就是忽晴忽雨。

3. 名词性词语+回指代词

句首是一个名词性词语，随后出现回指代词。例如：

6）a. **这些可怜的孩子**，他们的父母都死在敌人的屠刀之下。

b. **这些脏东西**，你赶快把它拿走。

（二）后接停顿虚词的名词性词语

有了停顿或者停顿虚词，话题就明确地标示出来了。例如：

7）a. **北京城里呀**，有个故宫。

b. 现在的问题是考虑怎么养活自己。**将来的问题呢**，那就等将来再说。

c. **一个人呢**，心地不能坏。

（三）由介词"至于""对于"等导入的名词性词语

通过介词导入的话题同时具有选取功能，它不是从前面所导入的或者所暗含的内容中选取，就是重提被打断的话题。例如：

8）a. 我现在只想完成学业。**至于毕业后干什么**，我还没考虑。

　　b. **对于他出国读书这件事**，大家要帮他出出主意。

（四）比较结构

众所周知，汉语中表示比较的项目必须用作话题，因而表示比较的结构就成为话题的标记。例如：

9）a. **他来台北比我去香港**方便。

　　b. **他篮球跟排球**打得一样好。

　　c. **我（今天）**没有**昨天**那么舒服。

（五）"连……都/也"结构

这类结构用来选出在上下文的一组事物中最意外的那个。例如：

10）a. 老张连**俄语**都会说。

　　b. 他连**大字**也不认识几个。

　　c. 不但别人的话（他听不懂），**连我的话**他都听不懂。

（六）"把"字句和"被"字句

这两种句式是受事话题化的手段。"把"字句将受事宾语提前，使其成为次要话题，并且含有处置意义；"被"字句将受事宾语提前，使其成为主要话题，并且经常含有不如意的意思。例如：

11）a. 这番话终于把**他**说服了。

　　b. 他把**房子**整修了一下，漆了漆，然后再卖出去。

12）a. 购物的时候，**什么人**都要排队。

　　b. 他被**人**打伤了。

　　c. **气球**被风吹走了。

上述有标记话题结构中对话题的标识无非两种情况，一是靠话题标记来标识话题，二是靠特定句法结构来标识话题。本书也参照屈承熹的分类，根据《论语》中的话题标记和特定句法结构来确认有标记话题。

第三节　《论语》话题研究的相关问题

一、话题与句类的关系

句类是句子的功能分类。胡裕树（1981：347）将汉语句子按功能分为陈述句、疑问句、祈使句、感叹句四类。话题与句类的关系问题，简而言之就是话题能出现在什么样的句类当中。对这一问题的回答，直接关系到对话题的认定。

霍凯特（2002：219）最早谈及汉语话题问题。他在比较英、汉常句式的差异时指出，如果把英语简单句的主语去掉，剩下的谓语就不能作常句式的句子了，只能作无主句；如果把汉语简单句的话题去掉，说明部分仍能站住，而且在多数情况下还是常句式的句子。但是霍凯特所谓的去掉话题前的"简单句"是哪种句类，我们不得而知。

赵元任（1979：45）首次将话题概念引入汉语，他认为"把主语、谓语当作话题和说明来看待，比较合适"，但是"话题"与句类有何关系，赵先生也未作说明。

自此以后的汉语话题研究在这一问题上存在两种倾向。

（一）对话题与句类的关系不加说明

赵元任之后的话题研究者尽管在话题与主语的关系上分歧很大，但大都默认了赵元任对汉语话题结构的看法，即"话题—说明"关系。至于何为"说明"，如何"说明"，则不予考虑，只是在术语上有所变动，如将"说明"改为"评论""陈述""述题"等等。不过，这些研究者的用例几乎都是陈述句。或许他们先入为主地认为，"话题—说明"就等于"话题—陈述"，而"陈述"自然要用陈述句，那就没有必要再对话题与句类的关系加以说明。但是一方面话题不仅仅只出现在陈述句中，另一方面在这些研究者的用例中偶尔也能见到疑问句和感叹句。例如：

1）a. 那些客人，你把他们带到哪儿去了？（徐烈炯和刘丹青，2007：108）

　　b. 《秋声赋》他背得出吗？（徐烈炯和刘丹青，2007：183）

　　c. 蜜蜂是渺小的；蜜蜂却又多么高尚啊！（李晋荃，1993：100）

例1）a和例1）b中的"那些客人"和"《秋声赋》"，徐烈炯、刘丹青认为是话题；例1）c是李晋荃在论述话题连贯的主要方式时的用例，旨在说明：一个话题连续统辖几句述题，其中的两个"蜜蜂"都是话题，第二个"蜜蜂"出现在感叹句中。

显然，这种对话题与句类的关系不予深究的倾向，无论是在理论上还是在实践中都不利于汉语话题的研究。

（二）对话题与句类的关系加以限定

与此相反，有些话题研究者意识到了话题与句类之间关系的重要性，因此对这种关系进行了限定。

曹逢甫（1995：25）认为，话题不能出现在祈使句中。他指出，祈使句有下列三种形式：

2）a. 来。

　　b. 别来。

　　c. 别不来。

有时祈使句首可以出现代词。代词只限于"你""你们"以及包含说话对方的"咱们"，即代词必须有[+第二人称]特征。该代词无论出现与否，语义上总在那里。因此像下面的句子就只能理解为陈述句：

3）你，爸爸来。

意思是"你（主题），（你的）爸爸来了"，不可能解释为祈使句。也就是说，话题与祈使句是相互排斥的。

他还区分了例3）与带呼词的祈使句例4）之间的差异，例如：

4）小明，来这里。

曹逢甫（1995：44）指出："实际说话时两者截然不同。呼词后句调上扬，而且一定要有停顿。作主题时句调不上升，后面的停顿可有可无。这一差别无疑同两种结构的不同功能有关。呼词是引起别人注意的一种手段，主题用来建立或重建已知信息。"

吕叔湘（1987：284-285）没有直接涉及话题与句类的关系，但他讨论了如下两个相关的句子：

5）a. 谁是张老三？

　　b. 张老三是谁？

吕先生认为，这两个句子有如下差异：例5）a有两种作用，或者是要求指出张老三这个人，或者是要求说明张老三这个人，例5）b只有一种作用，即要求说明张老三这个人。至于为何有这种差异，吕先生说："在许多方言中不说'谁'

而说'啥人'（及其各种变体），又有别的许多方言不说'谁'而说'哪个'（及其各种变体）。在这些方言里，'啥人'或者'哪个'都是全面地等于'谁'的。"基于此，他做出如下假设："如果有一种方言，既说'啥人'又说'哪个'，那就必然有所分工：在要求说明一个人的时候说'张老三是啥人？'，在要求指出一个人的时候说'哪个是张老三？'。"尽管吕先生不确定到底有没有这种方言，但他对这两个句子的讨论却引人深思。从话题角度来看，话题并非能不受限制地出现在所有句类当中，疑问词居于句首充当主语的疑问句如"谁是张老三？"就不是话题结构。这一点陆俭明、史有为都有类似论述。陆俭明（1986：166）指出，"询问主语的特指问句，实际上就只有陈述，没有话题"。例如：

6）a. 谁去？

　　b. 哪一位要红茶？

史有为（1997：131）也认为，"有些句子，如疑问词在句首的问句，以及相应的答句，很难说哪一部分是话题"。例如：

7）问：谁去买票？

　　答：他去。

"谁"居句首，却是待知信息，"去买票"是已知信息，却不在句首；"他"虽居于句首，却是新信息，"说'他'是话题，则是离开了具体的信息交流这一前提，也就是违反了语用分析的总原则"。徐烈炯和刘丹青（2007：214）讨论了上海方言中的受事类话题在陈述句、疑问句、祈使句及意愿句、感叹句中的分布情况，发现了一些制约受事类话题的句类因素。他们的研究表明，受事类话题可以出现在上述所有句类中。

高顺全（1999：84）指出，"话题和句类有关"。他说："话题句要传达信息，而疑问句却是索取信息，因此不大可能是一个话题结构。祈使句多以非主谓句的形式出现，属于一种无话题句。"因此"话题一般只能在陈述句和感叹句两种句类中出现（主要是陈述句）"。

范开泰和张亚军（2000：181-182）认为"陈述句才有话题"，"祈使句、疑问句、感叹句中蕴含着陈述的内容，因此也有陈述的话题，是蕴含的话题"。

范晓和张豫峰等（2008：303-306）按照句子中述题对主题述说的情况将述题分为四类，即叙述性述题、描记性述题、判释性述题和评议性述题。它们相应地形成四种句类：叙述句、描记句、判释句、评议句。

综合目前话题与句类关系的两种倾向，我们认为，第一种倾向不深究话题与句类的关系，只以"话题—说明"来笼而统之地说明，失于粗疏。毕竟不是任何句类中都可以出现话题的。这种倾向势必导致在确认话题时众说纷纭，莫衷一是。第二种倾向对话题赖以存在的句类加以限定，这是对话题性质在认识上的深化，应当充分肯定，但各家对话题与句类之间关系的认识不尽一致，因此究竟哪个句类中可以出现话题实在难以定夺。

曹逢甫正确地指出话题不能出现在祈使句中，但能否出现在其他句类中，未作交代。吕叔湘和陆俭明都发现疑问词居于句首充当主语的疑问句不是话题句，但哪些情况下的疑问句是话题句呢？也不清楚。徐烈炯、刘丹青只讨论了上海方言中受事类话题与句类的关系，并未系统考察整个汉语中的情况，因此上海方言中受事类话题能在所有句类中出现的结论不具代表性。高顺全明确指出话题只能在陈述句和感叹句中出现，且主要出现在陈述句中，将疑问句排除在外。范开泰、张亚军限定得更窄，认为只有陈述句才有话题，同时认为疑问句、祈使句和感叹句中蕴含着陈述的内容，因此存在蕴含的话题。从范晓、张豫峰等对述题的分类来看，他们也认为话题只存在于陈述句中。

我们认为，在陈述句、疑问句、祈使句、感叹句这四个句类中，祈使句中是不能出现话题的。这与祈使句的句法、语义条件有关，曹逢甫（1995：25）已有证明。陈述句中可以出现话题，这是共识，无须赘述。据曹逢甫（1995：39）所描述的话题的突出特征，即"主题是语段概念，常常可以将其语义范围扩展到一个句子以上"，我们认为感叹句中也可以出现话题。例如：

8）这雨 $_{Ti}$ 可真大呀！$Ø_i$ 跟瓢泼一样。

在这个语段后还可以续接小句，例如：

9）这雨 $_{Ti}$ 可真大呀！$Ø_i$ 跟瓢泼一样，$Ø_i$ 一下就好几天，$Ø_i$ 把灰蒙蒙的城市洗得一尘不染。

例8）和例9）中的"这雨"就是话题。

在感叹句中，话题后的部分与在陈述句中的情况一样，也能传递新信息，只是传递的方式不是"陈述"，而是"感叹"，如例8）和例9）中的"可真大呀！"。

疑问句中能否出现话题须具体分析。疑问句分为特指问、是非问、选择问和正反问四种（黄伯荣和廖旭东，2002：112）。先看特指问。

特指问内部有两种类型，一种是疑问词居于句首的，另一种是疑问词不居于句首的。我们以吕先生讨论过的两个句子为例。

5）a. 谁是张老三？

　　b. 张老三是谁？

例5）a中的"谁"不能将其语义范围扩展到一个句子以上，例5）b中的"张老三"可以。例如：

5）a′. *谁$_{Ti}$是张老三？Ø$_i$长得什么样？Ø$_i$个子高不高？

　　b′. 张老三$_{Ti}$是谁？Ø$_i$长得什么样？Ø$_i$个子高不高？

例5）b′中的"谁"与其后两个后续小句中的句首名词语（以空语类形式出现）不具有同指关系，例5）b′中的"张老三"则与其后两个后续小句的句首名词语（以空语类形式出现）同指。

将空语类换成实体性成分会看得更清楚。例如：

5）a″. *谁$_{Ti}$是张老三？谁$_i$长得什么样？谁$_i$个子高不高？

　　b″. 张老三$_{Ti}$是谁？张老三$_i$长得什么样？张老三$_i$个子高不高？

在这里，"谁"不是话题，"张老三"是话题。可见，疑问词居于句首的特指问中不能出现话题，疑问词不居于句首的特指问中能出现话题。

下面是是非问、选择问和正反问的例子：

10）a. 你$_{Ti}$去参加婚礼了吗？Ø$_i$感觉还好吧？

　　b. 大家$_{Ti}$是到北京还是到上海？Ø$_i$准备什么时候出发？

　　c. 班长$_{Ti}$去不去开会？Ø$_i$打算提些什么意见？

上述例句中的句首名词性成分都能将其语义范围扩展到一个以上的句子，所以都是话题。

因此，除了"谁是张老三？"这类疑问词居于句首的特指疑问句中不能出现话题外，其他疑问句中都能出现话题。这些疑问句话题后面的部分传达的是新信息，只是传达的方式不是"陈述"，而是"疑问"，如例5）b中的"是谁？"，例10）a中的"去参加婚礼了吗？"，例10）b中的"是到北京还是到上海？"，例10）c中的"去不去开会？"。

可见，认为只有陈述句中才有话题的看法过于狭隘，是对"述题"的误解。"述"并非只是"陈述"，准确地说应该是"传递"。话题既可以"传递"一个直陈的信息，也可以"传递"一个感叹的信息或者疑问的信息。

综上所述，话题与句类之间存在选择关系：陈述句、感叹句以及疑问词不居于句首的疑问句中可以出现话题，当然，话题通常出现在陈述句中；疑问词居于句首的疑问句中不能出现话题，祈使句中也不能出现话题。

话题与句类的关系在以往的研究中要么认为是不言自明的，无须考虑，要么作了限定，但不够周全。我们在这里对这一问题加以梳理和明确，以便于本书对《论语》话题的确认。

二、《论语》小句的界定

本书从篇章角度研究《论语》的话题结构。邢福义（1995：420-428）指出，"在汉语各级各类语法实体中，小句居于中枢地位"，"是最小的具有表述性和独立性的语法单位"，因此我们在对《论语》的篇章进行分析时，绝大多数情况下须将相关篇章逐一切分为一个个小句。那么如何切分小句呢？这就涉及对小句的界定问题。这一问题常常引起争论，至今未能圆满解决，有时即便有了明确的界定，有些情况也难以下手，这与学者们持有的理论观点不尽相同有关，更与小句自身的复杂性有关，因此我们对此不做过多的讨论，仅把殷国光（2002）研究《吕氏春秋》句子的界定时提出的观点作为本书界定小句的基本依据。殷国光（2002：163）认为"述谓中心是结构的核心，一般地说，只有含有核心的结构才能构成小句"，因此"凡自成一读（被语音停顿隔开）的、含有核心的语言片段，我们视为小句；否则，视为非句"。也就是说，一个含有述谓中心而又具有句法独立性的结构即为一个小句。在研究中遇到特殊情况随文说明。

三、《论语》话题结构系统

徐烈炯和刘丹青（2007：103）指出，话题结构是"话题与其后的述题组成的结构"。《论语》话题结构有不同的句法表现：有些具有句法独立性，称为独立话题结构；有些或包孕于更高级的话题结构，或内嵌于更大的句法结构，前者称为降级话题结构，后者称为内嵌话题结构。另有个别话题结构由独立话题结构与内嵌话题结构套合而成，我们在文中顺带提及，不单独列出。

独立话题结构中，有些包含一个话题，有些包含多个话题。前者称为单话题结构，后者称为多话题结构。根据话题有无标记，单话题结构分为无标记话题结构和有标记话题结构。多话题结构中，有的话题全有标记，有的全无标记，有的有标记话题和无标记话题同现。

非独立话题结构中，降级话题结构有的包含一个话题，有的包含多个话题；有的是有标记话题结构，有的不是。内嵌话题结构都只包含一个话题，是单话题结构，有的有标记，有的没有。

四、与无标记话题相关的概念

在讨论《论语》无标记话题时将涉及以下概念，在此加以说明。

（一）回指

沈家煊将戴维·克里斯特尔（2000：19）中的 anaphora 译为"复指"：

> 语法描写中用来指一个语言单位从先前某个已表达的单位或意义（先行语）得出自身释义的过程或结果。复指（anaphoric reference）是标明正在表达的和已经表达的两者所指相同的一种方式。

鉴于该定义过于笼统，屈承熹（2006：217-218）对"回指"（anaphora）作了广义与狭义的区分。在广义上，所有具有照应功能的语法形式都可以称回指，包括指涉前文动词、副词、名词、小句等等的词和短语。狭义的回指只包括三种普通形式：零形回指词、第三人称代词和实体名词短语。通过这些形式实现话题回指，"是语篇连贯的重要策略"（徐晓东等，2017：323）。本书在屈承熹提出的狭义回指的基础上增加第一、第二人称代词及指示代词的回指。这样处理有助于反映《论语》话题回指的全貌，特别是将第一、第二人称代词回指考虑进来，有助于实现一个重要目的，即通过与第三人称代词在话题链划界问题上的比较来说明第三人称代词划界功能的欠缺以及由此带来的零形式的双重性问题。

（二）回指形式、回指对象、先行词、所指对象

陈平（1987：363）借助如下例句解释了上述概念。

11）唐明德ᵢ惊慌地往外跑，Øᵢ撞到一个大汉ⱼ的身上，他ᵢ看清了那人ⱼ的眉眼，Øᵢ认出那人ⱼ是谁。

第二小句和第四小句句首的主语 Ø，以及第三小句的主语"他"回指第一小句中的"唐明德"。第三小句和第四小句中的名词短语"那人"回指在第二小句中出现的"一个大汉"。

其中"那人""他"和无实在语音形式的"Ø"各代表一种回指形式，分别称为名词性回指（nominal anaphora，NA）、代词性回指（pronominal anaphora，PA）和零形回指（zero anaphora，ZA）。

这些回指形式在本句中指代的事物叫做回指对象。

在上文中出现、与回指对象指称相同的事物叫做回指对象的先行词。第一小句的"唐明德"是后面的零形回指对象和代词性回指对象的先行词，第二小句的"一个大汉"是后面的名词性回指对象的先行词。

所指对象是指篇章中某个词语所指的现实世界的某个个体，如"唐明德"指

的是现实世界中一个叫"唐明德"的人。

五、《论语》话题标记

话题标记（topic marker）指"用来体现话题功能的语言形式手段"（徐烈炯和刘丹青，2007：71），具有凸显话题和关照说话人认知诉求的双重作用（刘林军，2013：97）。"处于前中后不同位置的话语标记分别起到引发话题、连贯话题和结束话题的语用作用。"（宋晖，2014：32）《论语》中的话题标记包括提顿词、提挈连词、介词、动词和形容词五种。

（一）提顿词

学界通常将汉语及其方言中有话题标记作用的单位称为"句中语气词"。徐烈炯和刘丹青（2007：78-80）认为用"句中语气词"来指称那些后附于话题的虚词不很准确，且有误导作用，所以改称"提顿词"："提"字表示它的功能，反映话题在句中的提挈作用，又正好跟日语语法中用"提示助词"称话题标记相合；"顿"表示它的结构特点，即停顿作用，因为大家都承认它是一种停顿的标记。《论语》中的提顿词有"也""者""乎""与""云""矣""之""兮""也者""也与"10个。

下面我们通过梳理古代汉语研究文献中对上述提顿词的论述来把握这些提顿词的话题标记功能。

1. 也

"也"是《论语》中出现频率最高的提顿词，共计141例，很多学者都对其有过研究。

清人刘淇（1954：165）曰：

> 《广韵》云："语助，辞之终也。"愚案：《诗·国风》："何其处也，必有以也。"此也字在句末，辞之终也。"其后也悔，其啸也歌。"此也字在句中，但为助句而已。又《论语》"回也""赐也"此语助用之称谓者也。又《论语》"赤之适齐也""吾闻之也"，此也字，语之顿挫，与语已辞别。

清人王引之（1956：96）也指出：

> 《玉篇》曰："也，所以穷上成文也。"《颜氏家训·书证》篇曰：

"也，语巳及助句之辞。"有结上文者：若《论语》"亦不可行也"之属
是也。有起下文者：若"夫子至于是邦也"之属是也。有在句中助语者：
若"其为人也孝弟"之属是也。此皆常语。

刘淇、王引之都注意到了"也"在句中的作用，即"语之顿挫"或"起下文"。
马建忠（1983：334-340）将"也"归入"传信助字"。他在"传信助字九之
二"中专门论述了句中的"也"字，分析颇为详尽：

> "也"字助读。其为用也，反乎其助句也。助句以结上文，而助读则
> 以起下文。其起下文也，所为顿宕取势也。盖读句相续而成文，患其冗
> 也，助以"也"字，则辞气为之舒展矣。夫读之为式，至不一矣，而其
> 可衬"也"字，约计有四：其一、读之为起词也，有助以"也"字者……
> 其二、读之记时记处也，有助"也"字者……其三、读之为悬设也，有
> 助"也"字者……其四、读之承动字也，有助"也"字者……凡实字之
> 注意者，借助"也"字，则辞气不直下，而其字有若特为之揭出矣。助
> 字中之助实字者惟"也"字，余只助句、助读而已。而实字借助于"也"
> 字者，不一其类。公名有助以"也"字者……本名有助以"也"字者……
> 其余实字，有助"也"字者，要皆借以停顿而引起下文也。

之后杨树达（1984：109，1965：23）、王力（1981a：49，1989：327）、吕
叔湘（1959：79）、高庆赐（1979：126）、杨伯峻（1980：215，1981：35，1963：
51）、韩峥嵘（1984：103）、何乐士等（1985：335）等从现代语言学的角度对
用于句中的"也"字作了更为准确全面的研究。他们的结论可归纳为两点。

第一，"也"字的主要作用是停顿，其次是提示。少数情况下可用于表假设
关系。例如：

12）a. 其舍人临者，晋人也，逐出之；秦人，六百石以上，夺爵迁。（史记·秦
始皇本纪）

　b. 使吾而是也，因得以明其是；吾而非也，因得以去其非。（教条示龙
场诸生）

第二，"也"字主要位于作主语的名词性成分后及小句后，有时用在副词（尤
其是表时间的）后。例如：

13）a. 向也不怒而今也怒，何也？（庄子·山木）

　b. 必也使无讼乎！（论语·颜渊）

2. 者

提顿词"者"在《论语》中出现频率远低于"也",共计 28 例,位列第二。古代汉语研究文献对这类"者"字的研究也很充分。

刘淇（1954：164）对句中"者"字的论述是：

> 《说文》云："别事辞也。"《正字通》云："凡文有者字,所以为分别隔异也。"愚案：如《中庸》"仁者人也,义者宜也"是也。

"分别隔异"指出了"者"字隔开话题与述题的功能。

王引之（1956：196）指出了这类"者"字的作用及使用条件：

> "者"……又为起下之词,或上言"者"而下言"也"。或上言"也者"而下言"也"。

马建忠（1983：360-361）将"者"归入"传信助字",并指出其功能：

> 至助字助读而不助句者,则惟"者"字……其助状字也,如"今者""昔者""不者""且者"等语,皆无所指,借以顿住起下而已。若非代字而殿读焉,亦惟以推原事理以求其故耳,已见代字篇。其助顿也,同乎名……凡皆重引前文,助以"者"字,一若将前文并成名字,以便诠解也。

杨树达（1965：195-196）指出了"者"的两种用法。

一是语末助词,助词或句,表提示。

二是语末助词,表假设。例如：

14) a. 鲁无君子者,斯焉取斯。（论语·公冶长）

   b. 若入前为寿,寿毕,请以剑舞,因击沛公于座,杀之。不者,若属皆且为所虏！（史记·项羽本纪）

王力（1989：71-73）认为"者"字不是句中语气词,而是用于复指：

> 复指有三种情况：……第二,"者"字直接放在名词后边,来复指主语,引出判断。这种"者"字有"这个人"或"这个事物"的意思……第三,"者"字放在主谓结构或述宾结构的后面,这个主谓结构或述宾结构作为一个整体,而用"者"字复指,来解释原因,有"这是因为"的意思……这种"者"字,《马氏文通》以为是提顿,杨树达以为是表提示的语末助词,其实这种"者"字仍是复指代词,不过用来引出原因罢了。

这种观点在王力（1981a：362）中得到修正。他不再认为"者"是"用于复指"，而是将其视为语气词，并讨论了各种用法：

> 语气词"者"字用在判断句的主语后面表示提顿……这种"者"字又常常用在"有"字的宾语后面，和"有"字及其宾语组成一个名词性词组，作下文的主语（"有"字的宾语只是下文概念上的主语）……在时间词"今""昔"等字的后面也常常用"者"字……语气词"者"字又常常用在假设分句或结果分句的后面表示停顿。

吕叔湘（1959：13-14）明确将"者"的提顿用法分为两类：①用在一个词后面，多用于解释句。例如：

15）a. 廉颇者，赵之良将也。（史记·廉颇蔺相如列传）

　　b. 古者，言之不出，耻躬之不逮也。（论语·里仁）

②用在一个小句后面，小句多为假设句，也有起别种作用的小句。例如：

16）a. 客如复来见者，吾必唾其面。（战国策·赵策四·触龙说赵太后）

　　b. 速去！不者，且见辱。（史记·项羽本纪）

17）呜呼曼卿！盛衰之理，吾固知其如此，而感念畴昔，悲凉凄怆，不觉临风而陨涕者，有愧夫太上之忘情。（祭石曼卿文）

例16）是假设小句，例17）是因果小句。

杨伯峻（1963：133-135）对"者"字的分析最为全面。他指出"者"有四种用法：

> 第一种用法是用在判断句的主语后，这种句子又一般是不用"是"义诸动词的……"者"的第二种用法是，叙述句的主语如果是突然出现的话，有时也用"者"字提示，还有作"有……者"的……把这种用法加以引申，主语纵不是突然出现的，若要着重点出，也可以用"者"字提示……"者"字的第三种用法是用在因果句中，先用"者"字把结果或者现象提示，作为分句，再申述原因或者理由……"者"的第四种用法是：在条件句中，假设分句也可以用来提示。

上述对"者"字的研究表明，用于句中的"者"起停顿和提示作用。提示作用分四种情况：一是用在判断句主语后，提示主语；二是用在"古""今""昔"等时间词后，提示时间；三是用在假设分句后，提示前后分句是假设关系；四是用在因果分句后，提示前后分句是因果关系。

3. 乎

提顿词"乎"在《论语》中有 9 例。

杨树达（1965：123）认为"乎"有表"推宕"的意义。例如：

18）荆轲虽游于酒人乎，然其为人沈深好书，其所游诸侯尽与其贤豪长者相结。（史记·荆轲传）

例 18）的"乎"字表明"荆轲虽游于酒人"后先有一顿，然后续接下文。

王力（2000：7）和杨伯峻（1980：227，1981：70-71）都指出"乎"可表示停顿。例如：

19）a. 秦于是乎输粟于晋。（左传·僖公十五年）

　　b. 富哉言乎！（论语·颜渊）

　　c. 以盟为有益乎，前盟口血未干，足以结信矣。以盟为无益乎，君王舍甲兵之威，以临使之，而胡重于鬼神而自轻也？（国语·吴语）

韩峥嵘（1984：144）指出用于句中的"乎""表示停顿或舒缓，可译为'吗'，或不译"。例如：

20）以容取人乎，失之子羽；以言取人乎，失之宰予。（韩非子·显学）

何乐士等（1985：227）认为"乎"用于名词后，表示赞美、叹息等语气，可译作"啊""呀"等。例如：

21）夫功者难成而易败，时者难得而易失也，时乎时，不再来。（史记·淮阴侯列传）

罗竹风（1986：647）指出，句中的"乎"能"缓和语气或表示语气的停顿"。例如：

22）苟正其身矣，于从政乎何有？（论语·子路）

综合上述观点，用于句中的"乎"主要表示停顿，也有舒缓语气的作用。

4. 与

提顿词"与"在《论语》中有 4 例。

王引之（1956：94-95）指出用于句中的"与""也"可以互换：

　　与，犹"也"也。《论语·公冶长》篇："于予与何诛！""于予与改是！"犹言于予也何诛，于予也改是。

马建忠（1983：374）指出"一切'与'字，在句中者，并皆顿挫之辞，故于咏叹为近"。但他对例句的分析显得前后矛盾。他说：

至《论语·公冶长》云："于予与何诛！""于予与改是！"是犹《大戴礼·五帝德篇》云："吾欲以颜色取人，于灭明邪改之。吾欲以语言取人，于予邪改之。吾欲以容貌取人，于师邪改之。"则《论语》两句，犹云"于予何诛与""于予改是与"也。

实际上"于予与何诛""于予与改是"中的两个"与"都如王引之所言，用同"也"，杨伯峻（1980：45-46）将这两句分别译为：

23）a. 对于宰予么，不值得责备呀。

b. 从宰予的事件以后，我改变了态度。

马建忠将这两个句子分别等同于"于予何诛与"和"于予改是与"，显然是把"与"看成了句末语气词而非句中语气词。

杨伯峻（1981：306）、韩峥嵘（1984：550-551）都以《论语》中的两个句子为例，指出"与"可表示停顿，译为"吗""么""嘛""呀"。例如：

24）a. 于予与何诛？（论语·公冶长）

b. 我之大贤与，于人何所不容？我之不贤与，人将拒我，如之何其拒人也？

（论语·子张）

5. 云

提顿词"云"在《论语》中有 4 例。用例如下：

25）子曰："礼云礼云，玉帛云乎哉？乐云乐云，钟鼓云乎哉？"（论语·阳货）

王引之（1956：71）曰：

> 云，语中助词也。《诗·雄雉》曰："道之云远，曷云能来。"言道之远，何能来也。《四月》曰："我日构祸，何云能谷。"言何能谷也。《瞻卬》曰："人之云亡。"言人之亡也。"云"皆语助耳。说者多训为"言"，失之。僖十五年《左传》曰："岁云秋矣。"成十二年曰："日云莫矣。"亦以"云"为语助。

杨树达（1965：451）、杨伯峻（1981：320）、韩峥嵘（1984：566）、何乐士等（1985：755-756）也都认为"云"是语中助词。杨伯峻（1980：185-186）将"礼云礼云，玉帛云乎哉？乐云乐云，钟鼓云乎哉？"译为"礼呀礼呀，仅是指玉帛等等礼物而说的吗？乐呀乐呀，仅是指钟鼓等等乐器而说的吗？"。

6. 矣

提顿词"矣"在《论语》中仅 3 例。

刘淇（1954：166）认为用于句中的"矣"和"也"都有"顿挫"作用，可以互换：

> 《论语》："其为仁矣。"犹云其为仁也。矣得为也，则也亦得为矣，并辞之顿挫者也。

王引之（1956：101）用"一声之转"来解释句中的"矣"和"也"的关系：

> 矣犹"也"也。《诗·车攻》曰："允矣君子，展也大成。""允矣"，与"允也"同。《礼记·缁衣》引作"允也君子"。《长发》曰："允也天子。"……《论语·里仁》篇曰："恶不仁者，其为仁矣，不使不仁者加乎其身。"其为仁矣，即其为仁也。"也""矣"一声之转，故"也"可训为"矣"，"矣"亦可训为"也"。

杨树达（1965：359，373）指出句中的"矣"是语末助词，"助兼词或子句，表提示以起下文，与'也'第二条（即语末助词，助兼词，表提示以起下文）同"。例如：

26）a. 汉之广矣，不可泳思；江之永矣，不可方思。（诗·周南·汉广）

 b. 兄及弟矣，式相好矣，无相犹矣。（诗·小雅·斯干）

杨伯峻（1981：266）认为："'矣'可作提示用，和'也'同，差不多都可用'也'字替换。"

韩峥嵘（1984：492）认为"矣""用于句中，大都在分句末尾，表示停顿，以引起下文，可译为'呀''啊'之类，也可不译"。

何乐士等（1985：696-697）指出"矣""有时用于句中，表示语气上的停顿，并表达一种感叹语气。从断句上看，读到'矣'字时，需要停顿一下，但并不是表示句子的终结，下面还有下文。可根据文义译为'了''啊'等词，或不译出"。

综上所述，句中的"矣"用作提顿词，作用同提顿词"也"。

7. 之

提顿词"之"在《论语》中有 3 例。用例如下：

27）a. 子曰："小子何莫学夫诗？诗，可以兴，可以观，可以群，可以怨。

迩之事父，远之事君；多识于鸟兽草木之名。（论语·阳货）

b. 予之不仁也！（论语·阳货）

刘淇（1954：4）将"之"视为"语助辞"。他说："《诗·国风》：'葛之覃兮。'又云'公侯之事。'……以上诸字，并语助辞。"王引之（1956：201）也说："'之'，语助也。"

杨伯峻（1980：185）认为"之""无义，只起音节调节作用"。他把"迩之事父，远之事君"译为："近呢，可以运用其中道理来侍奉父母；远呢，可以用来服侍君上。"

而杨伯峻（1981：348）把"之"看成助词：

> ["之"]构成词语的缓冲，常常在副词下，如"今也""昔者"的"也""者"。不过有些词加"者"或"也"，有些词只能用"之"字，这可能是古人习惯，久而久之，相沿成风，大家便都这样用。这些"之"和"者""也"都不能、也不必译出，也可用别的词替代。

韩峥嵘（1984：614）将"之"归入连词：

> ["之"]表示对待或平列关系，在语气上有强调作用，用在并列句每一分句的处所状语后，现代汉语没有相应的词同它对译……例如：迩之事父，远之事君。（论语·阳货）——从近处〔看〕，〔可以用诗中的道理〕服侍父亲；从远处〔看〕，〔可以用诗中的道理〕臣事君主。

何乐士等（1985：809）将"之"归入助词：

> ["之"]用在副词后面，谓语或主谓结构的前面，表示语气的加强和语调的延长。这种用法的"之"常出现在并列复句中，它前面由意义相反的副词来形成对照或表示问题的几个方面，可译为"就""则"或不译出。

罗竹风（1986：677）也将"之"归入助词，"用以调整音节或表示提顿，没有实在意义"。

以上诸家在"之"的词类归属上出入较大，但在用法上基本一致，即"之"兼有停顿和语气词的作用。

8. 兮

提顿词"兮"在《论语》中有 2 例。

刘淇、杨树达不区分"兮"的位置，将其一律视为"语助"或"语末助词"。

刘淇（1954：57）曰："兮，《广韵》云：'语助。'愚按：歌之余声。"

杨树达（1965：172）曰："'兮'，语末助词，无义。"

杨伯峻（1981：205）、韩峥嵘（1984：408）、何乐士等（1985：606）都区分了用于句中和句尾的"兮"，并一致认为，用于句中的"兮"表示停顿，有舒缓语气、抒发感情的作用。可译为"啊""呀"等。

9. 也者

提顿词"也者"在《论语》中有3例。

刘淇（1954：165）曰："……又《论语》'孝悌也者'，此是语之顿挫……"

马建忠（1983：361）指出：

> 前文有注意之字句，欲重引焉以申其义，则先助"也"字，复缀"者"字。《礼·中庸》云："中也者，天下之大本也；和也者，天下之达道也。"《孟子·万章下》云："金声之也者，始条理也，玉振之也者，终条理也。"诸句皆以"也者"两字叠助前文而为之申解也。

吕叔湘（1982：321）也指出："表提示的语气词，文言用'者'，白话没有。'者'字最常见的是在主语和谓语之间……还有在'者'字之前先用'也'字一舒的。"

杨伯峻（1980：240）明确指出了"也者"组合的强调作用："'也者'可以连用，一可以表示提示，比单用'也'或'者'语气更强。"

可见，"也者"的连用并未改变"也"或"者"的提顿词性质，只是增强了提顿作用。

10. 也与

提顿词"也与"在《论语》中有2例。古代汉语相关文献对这个提顿词的研究主要见于杨伯峻和何乐士等。

杨伯峻（1980：242）指出："'也与'有时表疑问，有时偶尔用来表停顿。"

何乐士等（1985：673）在论述句中的"也"时提到了它跟同样用于句中的"者"和"与"的关系：

> "也"常表示语气的郑重或强调；也表示提示，以待下文对所提示的对象进行解释或叙述。有时"也者"连用；也偶尔有"也与"连用的。可译为"呀""么"等，或不必译出。

前文提到，王引之（1956：94-95）认为用于句中的"与""也"可以互换。那么我们可以据此推测，"与""也"的连用和"也""者"的连用一样，为的是加强语气。

上述 10 个提顿词用法不一，但都具有一个基本功能，即后附于话题，对其进行标识。

（二）提絜连词

《论语》中的提絜连词是指在古代汉语研究文献中通常被提到的"用于句首，表示要发议论"（王力，1981b：461）的"夫"。因为学者们对"夫"的词性说法不一，我们在权衡各方观点后决定采用杨树达（1965：328）中的提法，称之为"提絜连词"。《论语》中还有一个"今夫"，我们将在下文证明它也是提絜连词。

"夫"是个备受古今学者关注，同时争议也很多的虚词。

梁朝刘勰（1982：292）指出："'夫''惟''盖''故'者，发端之首唱。"

唐人陆德明（1983：19）曰："'夫'，音'符'，发端之字。"

阮元（1980：2558，2567）中提到宋人邢昺对"夫"的两处疏解：

> 《孝经·谏诤章》邢昺疏："《经》称夫有六焉，盖发言之端也……并却明前理而下有其趣，故言夫以起之。"……郭璞《尔雅序》邢昺疏："夫者，发语辞，亦指示语。"

看来邢昺认为"夫"既是发语辞，又是指示语，身兼两职。

王引之（1956：240）中说："夫，发声也。"

马建忠（1983：277）将"夫"归入"提起连字"。他说：

> 连字用以劈头提起者，本无定字，而塾师往往以"夫""今""且""盖"四字，为提起发端之辞，今故仍之。
>
> 《尔雅·郭叙》"夫尔雅者"《邢疏》云："夫者，发语辞，亦指示语。"《孝经·谏诤章·注疏》云："夫，发言之端。"刘瓛云："夫，犹凡也。"而"凡"亦代字。然则古人以"夫"字为发语之词者，亦非定论。总之，"夫"字冠句首者，皆以顶承上文，重立新义，故以"夫"字特为指明。是则"夫"字仍为指示代字，而非徒为发语之虚字也。

马建忠认为"夫"身兼"指示代字"和"发语之虚字"，与邢昺看法一致。

杨树达（1984：328）将"夫"归入"提挈连词"，他在《词诠》中又称之为"提起连词"（杨树达，1965：36），并引邢昺疏说："《孝经疏》云：夫，发言之端。"

"提挈连词"和"提起连词"的提法表明，杨树达区分了被马建忠混淆的指示代词"夫"和所谓的"发语之虚字""夫"。指示代词"夫"与"发语之虚字""夫"有关，但其不具备导入话题的功能，并非话题标记。而杨树达用"提挈连词""提起连词"来称说"发语之虚字""夫"，则准确地抓住了"夫"字导入话题的功能。后世学者深化了杨树达对这类"夫"字的看法。

王力（1981b：461）认为：

> "夫"（fú）字用于句首，表示要发议论。它是从指示代词"夫"字发展来的，已经变成了纯粹的语气词，不能再解作"这个"或"那个"。现代汉语里没有适当的虚词可以和它对译。

杨伯峻（1980：223，1981：41，1998：538）对"夫"的论述先后有三处：

> ①提挈词，用于句首。②提挈助词，用于一个论点或叙述的开端。③提挈连词，在文言中只有一个"夫"字。"夫"字读阳平声，和"扶"同音。它只是用在一句的开头，表示一个意思一个论点的提起，并没有什么联络作用。为什么又把它归入连词一类呢？因为它也起了贯串语句的作用，这便是连词的基本特征。

这三处对"夫"的论述本质上是一致的，即都认为"夫"有"提挈"作用，但在对其词性的认定上杨伯峻有些摇摆不定，先说是"助词"，又说是"连词"。这也从侧面反映了"夫"字本身的复杂性。

何乐士等（1985：161）将"夫"归入助词，认为：

> ["夫"]常用在全句之首，表示一种要概述事物的特征或阐发议论的语气，也有人把这种用法的"夫"叫做发语词。有时句末有"也"与它相呼应。可不具体译出。

自杨树达以后，尽管各家对"夫"的词性归属不尽一致，但对其作用的认识却没有太大差异，即都认为"夫"用于句首，表示要引发议论，不过这样的表述仍然显得笼统而粗疏。王卫峰（2009：63-68）在对前人关于"夫"字"引发议论"之说加以探讨的基础上提出两点结论。一是"夫"具有统摄功能。"夫"

统摄其后成分（词、词组、句子），使之"在整个句子里显得整缩、紧凑"，"假设没有'夫'作为标志，或没有停顿"，很多"句子将难以理解，甚至有歧义，会出现不同的结构和语义关系"。二是"夫"具有连接功能。"以'夫'引起的片段，虽有停顿但意思未尽，句子也不完整独立，读者或听者就会期待下文的未尽之意"，"'夫'引导的句子没有独立地位，它要和其他的句子组合，才可形成一个句子，从而充分表达完整的意思。这就是所谓的'夫'的引发议论的作用"。

这两项功能，从话题角度来看，很容易理解："夫"的统摄功能相当于确定话题范围，连接功能相当于构成话题—述题结构。因此我们把"夫"视为话题标记，这也是我们采用杨树达先生"提挈连词"这一提法的原因所在："提挈"体现其导入话题的作用，"连词"体现其贯串语句的作用。

至于"今夫"，马建忠（1983：277-280）在论述"夫"时曾提及。他认为"今""夫"同类："连字用以劈头提起者，本无定字，而塾师往往以'夫''今''且''盖'四字，为提起发端之辞，今故仍之。"所以"今"也被视为虚字之"提起连字"。"'今'，状字也。文中往往先叙他事，而后说到本题，则用'今'字。是'今'字非以别时也，乃以指见论之事耳。""今夫"就是"今"与"夫"合二为一："至'夫'字合'今'字曰'今夫'，合'且'字曰'且夫'者，皆各循本义，并无别解也。"

王力（1981a：461）则认为："'且夫''故夫''今夫'略等于说'且''故''今'，但是增加了'夫'字，也是表示要发议论。"

何乐士等（1985：293）认为："'今夫''今也'连用，多居于句子之首，常在对照过去的同时表示对现在的强调，并常表示要对某事发表议论或提出看法。可译为'而如今'等。"

罗竹风（1986：1077）认为"今"是"句首语气助词，犹言夫"，"今夫"是发语词。

综合上述对"今"和"今夫"的论述，可以看出，虽然各家在对"今"与"今夫"的关系上看法不尽一致，但在"今夫"与"夫"功能相同这一点上则没有异议。据此我们将"今夫"也归入提挈连词。

（三）介词

介引话题的介词《论语》中有"至于"、"如其"、"若"、"于"（"于$_1$"/

"于₂" / "于₃"）①、"之"和"及"六个，根据语义可分为五类。

1. "至于"义（"至于""如其""若"）

吕叔湘（1980：611）认为"至于""表示引进另一话题"。廖秋忠（1986：424）将"至于"视为"转题连接成分"：

> 转题连接成分表示作者/说者将进入一个新的话题。它的上下文所包含的话题可以是相互独立的，也可以是同属一个话题组。在后一种情况里，它一般处于最后一个话题之前，似乎有附加的意思，功能近似某些附加连接成分。

《论语》中表"至于"义的介词有"至于""如其""若"三个。

（1）至于

刘淇（1954：183）曰：

> 《论语》："至于犬马，皆能有养。"《孟子》："至于心，独无所同然乎！"至于者，相及而殊上事之文也。

马建忠（1983：307）有类似论述：

> 《论·为政》："至于犬马，皆能有养。"《孟·告上》："至于心，独无所同然乎？""至于"者，因上文而类及之辞。盖上文辞气已毕，而下文又与前文相类，故"至"字后加以"于"字者，犹云"论及此"云尔。

杨伯峻（1981：361）认为"至"可用作他转连词。"论述一事，转而论述有关的其他事，使用'至'字。可译为'至于'。古人即有用'至'（包括'至于'）的。"

韩峥嵘（1984：628）明确指出"至于""表示提出另一话题，用在后一部分（句或段）的开头，为现代汉语所沿用"。

上述文献表明，"至于"作为话题标记，有其特点，即导入一个与前文话题相关的新话题。

（2）如其

杨伯峻（1981：130）指出："'如其'可作'至于'解，为他转连词。"

---

① 《论语》中介引话题的"于"有三个：一个是表"对于"义的"于"，记为"于₁"；一个是表"在……中"的"于"，记为"于₂"；一个是表"从……以后"的"于"，记为"于₃"。

韩峥嵘（1984：289）认为"如其"是连词，"表示提出另一话题，用在下句或下段的开头，可译为'至于'"。

罗竹风（1989：272）也认为"如其"有"至如""至于"的意思。

（3）若

马建忠（1983：305-308）将"若"归入"承接连字"，指出"若上文辞气毕而后事可类举者，以'至''若''及''如'诸字承之以为更端之辞"。"若"的用例如：

28）若从君者，则貌而出者入可也，寇而出者行可也，若羁也，则君知其出也而未知其入也，羁将逃也。

例中所谓的"更端之辞""若"即引进另一话题的介词。

杨树达（1965：252）指出"若"可作转接连词，在"说了一事别提一事时用之"。

杨伯峻（1981：135）认为"若""可以作他转连词，当'至于'用。就是说了一件事，另提一事，便用它"。

韩峥嵘（1984：296）认为"若"可作连词，"表示提出另一话题，用在下句或下段的开头，可译为'至于'"。

何乐士等（1985：470）也认为"若"可用于"表示他转或提起。常用于说完一事推论另一事之时。可译为'至于（说到）'等"。

上述各家对"若"的看法一致，都认为它相当于"至于"。

2. "对于"义（"于₁""之"）

现代汉语中的"对于"，不少学者认为具有介引话题的功能。王建勤（1992：43-48）通过详细论证指出，"对于"有将非焦点成分主位化的功能。他所说的"主位化"即指将非话题变为话题的过程。

陈昌来（2002：228）指出，"对于""常可把受事、感事等从动词后宾语位置提前到句首作为话题"。

周芍和邵敬敏（2006：29）指出："'对于'与宾语结合之后，其语用平面中隐含着引进某个话题，等待谓语部分进行陈述或评议的意思。"

吴峰文（2011：73）也指出，"对于"的语用功能是"强调凸显"、"指示范围"和"标示话题"。

《论语》中"对于"义介词有"于₁"和"之"两个。

（1）于₁

吕叔湘和朱德熙（1979：90）指出，"'对于'的用法，一部分是从文言的

'于'字化出来的"。《论语》中的"于₁"应该就是现代汉语中"对于"的前身之一。"于₁"的功能,学者们多有阐述。

较早涉及这一问题的刘淇(1954:39)错误地将"于₁"释为"在":

> 又《广韵》云:"居也。"愚案:居,犹云在也……《论语》:……又云:"始吾于人也。"又云:"君子之于天下也。"

对"于₁"的话题功能阐释最明了的是马建忠,尽管他不可能意识到这一点。马建忠(1983:256-257)说:

> ……以上"于"字之用,要皆缀于所附之后。若"于"之司词为意之所重者,则可先所附焉……《孟·尽下》:"吾于武成取二三策而已矣。""取"外动字,"于武成"者,附于"取"字而为其转词。以其为意之所特重者,故置于动字之先。

马建忠不仅指出了"于₁"介引的宾语原本在动词后,是被提到动词前的这一事实,而且指出了宾语提前的原因,即"'于'之司词为意之所重"。

他虽然不可能指出这个"为意之所重"的"司词"就是今天所说的话题,但他能在当时的条件下做出如此精辟的分析,实在难能可贵。

之后的学者杨树达(1965:428)、王力(1981a:452-453)、杨伯峻(1980:298)、韩峥嵘(1984:539)等一致认为"于₁"作介词,表动作的对象,可译为"对于",不过他们都没有从语用角度对"于₁"介引话题的功能给予说明。

(2)之

刘淇(1954:5)曰:

> 又《大学》:"之其所亲爱而辟焉。"《朱注》云:"之,犹于也。"愚案:之得为于者。《诗·国风》:"于以采蘩。"《笺》谓:"于以,犹言往以。"然则之有往义,故转训为于也。

王引之(1956:198)曰:

> 之,犹"于"也。"诸""之"一声之转,"诸"训为"于",故"之"亦训为"于"。《礼记·檀弓》曰:"之死而致死之,不仁;之死而致生之,不知。"言于死而致死之,则不仁;于死而致生之,则不知也。郑训"之"为往,失之……《大戴礼·事父母》篇曰:"养之内,不养于外,则是越之也;养之外,不养于内,则是疏之也。"之,亦"于"也,互文耳。

杨树达（1965：183）对"之"的第五个义项的解释是"介词，于也"。

杨伯峻（1981：345）认为"'之'偶尔作介词'于'字用"。

韩峥嵘（1984：612-613）则明确指出"之"可作介词，"相当于'于'，引进动作行为的对象或处所，所组成的结构作补语或状语，可译为'对于''在'等。用例见于秦汉以前，数量也不多"。例如：

29）人之其所亲爱而辟焉，之其所贱恶而辟焉，之其所畏敬而辟焉，之其所哀矜而辟焉，之其所敖惰而辟焉。——一般人对于自己所亲近喜爱的人就有偏见，对于自己所轻视厌恶的人就有偏见，对于自己所畏服敬重的人就有偏见，对于自己所同情怜悯的人就有偏见，对于自己所傲视怠慢的人就有偏见。

可见"之"可作"对于"义话题标记，只是很少见，《论语》中仅1见。

3. "在……中"义（"于₂"）

杨树达（1965：430）、杨伯峻（1980：300）、韩峥嵘（1984：536）都指出"于"作介词，可引进动作行为的范围，表"在……中"之义。而陈昌来（2002：228-230）认为范围介词具有介引话题范围的功能，在他列出的范围介词中，就有"在……中"。

4. "从……以后"义（"于₃"）

雷莉（2001：225）、王建国（2009：72-73）将位于句首的"从……以后"视为话题标记。我们采用该观点，将"于₃"看作话题标记。

5. "等到"义（"及"）

杨树达（1965：135）将表"等到"义的"及"释为时间介词，"至也，比也"。杨伯峻（1980：80）认为"'及'作介词，还有'至''到'义。有时用'及至'"。韩峥嵘（1984：155）指出"及"作介词，表示时间、条件，所组成的结构往往自成一个小句，作全句的修饰语，可译为"到……的时候""等到"。王建国（2009：72-74）比较全面地讨论了现代汉语中的介词话题标记，其中提到介引时间的话题标记"等""到""及至"。他举的"及至"的例子引自陈昌来（2002：183）：

30）及至10月上旬，天气依然没有转凉。

这三个词与表"等到"义的"及"相当。据此我们认为表"等到"义的"及"是介引时间话题的话题标记。

（四）动词

《论语》中作话题标记的动词是"若"和"譬如"。两者都表列举，相当于现代汉语的"比如""如""像"。《现代汉语词典》（中国社会科学院语言研究所词典编辑室，2016：1435）对"像"的释义为"动比如；如：～刘胡兰、黄继光这样的英雄人物，将永远活在人民的心中"。而雷莉（2001：225）和王建国（2009：72）虽然将"像"视为话题标记，却将其归入了介词类。雷莉的例子是：

31）像你吧，几乎成了无业游民。

王建国没有举例。

我们认为，"比如""如""像"之类表列举的词是动词类话题标记，不是介词类话题标记。

（五）形容词

《论语》中作话题标记的形容词是"所谓"。

刘淇（1954：192）曰：

《大学》："所谓修身在正其心者。""所谓齐其家在修其身者。"此所谓在首句，欲有所训释，故举前文以发之也。

吕叔湘（1980：456）指出，"所谓"是形容词，意为"通常所说的"，"多用于提出需要解释的词语，接着加以解释。可修饰名词、动词、小句。不作谓语"。

罗竹风（1991：354）将"所谓"释为"所说的，用于复说、引证等"。例如：

32）欲修其身者，先诚其意……所谓诚其意者，毋自欺也。

无论是刘淇的"举前文以发之"，还是吕叔湘先生的"提出需要解释的词语"，抑或罗竹风先生的"用于复说、引证"，都表明受"所谓"修饰的成分是前文已经提及的信息，用"所谓"是为了再次提起。那么"所谓"标记话题的作用就显而易见了。

六、《论语》文本处理

为方便研究，本书对《论语》文本作了某些处理，说明如下。

1. 《论语》的篇章

我们研究《论语》话题结构时根据杨伯峻《论语译注》现有的篇章格局（20篇，512章），将每一章视为一个篇章单位，若须改动篇章界限，随文交代。

2. 《论语》的独句章

我们认为"篇章大于一个句子的长度"（廖秋忠，1991：17），而《论语》中某些"章"只有一个句子，不是严格意义上的篇章，对此我们分别处理：无话题标记标识的独句章，如"子曰：'君子不器。'"，因缺少上下文而无法识别其话题，故不予讨论；有话题标记标识的独句章，如"子曰：'雍也可使南面。'"（话题标记是"也"），含有在一个句子范围内即可被识别的话题，这类话题是《论语》话题的组成部分，我们将之纳入研究范围。

3. 记言式结构

《论语》是语录体，在直接引述时使用了大量"记言式"（郑远汉，1983：87）结构，用以交代说话人、听话人及"说"类动词，如"子曰""子禽问于子贡曰""季康子问""孔子谓季氏"等等。这类结构"属于言语表达的范畴，不是语言结构的范畴"，"在篇章中居于次要地位"，相当于插说成分，因此郑远汉（1983：92）称之为"引导句"。本书将这类结构排除在外，不予讨论。

4. 《论语》的话轮、话对

《论语》的问答模式很普遍，为称说和研究的方便，本书引入"话轮""话对"的概念。

"话轮"是会话结构的基本结构单位，指的是"会话过程中，说话者在任意时间内连续说出一番话，其结尾以说话者和听话者的角色互换或转换或各方的沉默为标志"（刘虹，2004：46）。"会话的特点是话轮替换（turn-taking），发话者与受话者不断交换所扮演的角色（roles），即发话者变为受话者，受话者变为发话者。日常会话的基本单位是话轮（turn），构成话轮的语言单位可以是单词、短语、分句（clause）、句子、句组或更大的单位。"（黄国文，1988：162）

"话对"就是话轮的配对。两个话轮组成一个话对。

在处理《论语》的篇章时，我们用"话轮"和"话对"的概念来称说其会话结构。例如：

33）

话对 1
　　话轮甲：子贡曰："贫而无谄，富而无骄 Ti，何如？"
　　话轮乙：子曰："Øi 可也；未若贫而乐，富而好礼者也。"

$$话对2\begin{cases}话轮甲：子贡曰："《诗》云：'如切如磋，如琢如磨'，其斯之谓与？"\\ \\ 话轮乙：子曰："赐也，始可与言《诗》已矣，告诸往而知来者。"\end{cases}$$

如果话题超出了某话轮的界限，我们称之为话题跨话轮，例如在话对 1 中，话轮甲的话题"贫而无谄，富而无骄"以零形回指形式出现在话轮乙中，则"贫而无谄，富而无骄"为话题跨话轮。

5. 《论语》体式的大致划分

《论语》整体来看是语录体，但具体篇章的情况比较复杂。为了便于确认《论语》的无标记话题，将《论语》的体式大致分为两种：一种是叙述式，另一种是对话式。

（1）叙述式

包括两种情况。

第一，纯叙述式，由纯粹叙述小句构成。例如：

34）a. 子路有闻，未之能行，唯恐有闻。（公冶长）

b. 孺悲欲见孔子，孔子辞以疾。将命者出户，取瑟而歌，使之闻之。（阳货）

第二，杂叙述式，由叙述小句与含有言说义动词（主要是"曰"，偶见"谓"）及其内容的小句共同构成。在杂叙述式中，叙述小句的谓语核心与言说义动词处在同一层次，言说内容处在较叙述小句低一级的层次，因此在确认杂叙述式中的无标记话题时，言说内容用"……"代替，不在考虑范围。例如：

35）a. 子在齐闻《韶》，三月不知肉味，曰："……"（述而）

b. 子谓公冶长，"……"。以其子妻之。（公冶长）

（2）对话式

包括三种情况。

第一，A、B 问答式，问话与答话各为一个话轮。这是典型的对话式，无须举例。

第二，提问式。问话以叙述小句形式出现。例如：

36）a. 孟懿子问孝。子曰："无违。"（为政）

b. 司马牛问君子。子曰："君子不忧不惧。"（颜渊）

"孟懿子问孝""司马牛问君子"我们称为陈述式疑问句，将其看作疑问句的变式，视为一个话轮。

第三，整个篇章仅由"×曰"（主要是"子曰"）及其内容构成。这种体式是语录式，无对话或话轮特征，可看作叙述式。因其用于话语中，我们将其视为一个话轮。例如：

37）a. 子曰："道千乘之国，敬事而信，节用而爱人，使民以时。"（学而）

　　b. 子张曰："士见危致命，见得思义，祭思敬，丧思哀，其可已矣。"（子张）

在对话式中，须明确两个概念，一是话轮内话题，一是跨话轮话题。在一个话轮内被确认的话题我们称为话轮内话题，需要在两个话轮之间被确认的话题我们称为跨话轮话题。

6. 陈述式疑问句

为便于研究，我们将陈述式疑问句转换成疑问式疑问句，使其与后面的直接引语在表述上保持一致。

如何转换呢？陈思坤（1994：39-41）对这类现象做了研究。他称"孟懿子问孝"之类句式为"N 问 N"句（前一个"N"指问话人，后一个"N"指"问"的内容），并解释了不用疑问句而用这种句式的原因：后一个"N""所提示的话语内容是大略的、浑括的、有时甚至是含混的，它只提示话语内容的范围大致是同 N 有关的一些问题"。他同时指出后一个"N""字面上虽然只是一个词，实际表达的却是一个短语的内容"。我们基本同意上述看法，只是陈思坤所用的"N 问 N"句概括力不足，因为少数例子是"N 问 VP"〔如：子路问事君。（宪问）〕而不是"N 问 N"，所以我们用"N_1 问 N_2/VP"来取代陈思坤的"N 问 N"。那么，"N_2/VP"相当于一个什么样的短语呢？从句法结构来看，"N_2/VP"是"问"的宾语，从语义来看，"N_2/VP"表示一个事件，据此我们认为"N_2/VP"相当于一个围绕"N_2/VP"展开的主谓短语。这样一来，"N_1 问 N_2/VP"中的"N_1 问"倒不重要了，它只表示问话者和"问"这个动作。基于此，我们将"N_1 问 N_2/VP"转换成疑问句格式 N 问："主语·谓语（·宾语）？"至于这个主谓句该如何表述，要取决于其后以直接引语形式出现的答话内容。《论语》中这种"N_1 问 N_2/VP"句共 45 例，根据与其后答话内容的关系，分为三类，分别对应于以下三种疑问句。

第一，N_1 问："N_2（指人专名）怎么样？"例如：

38）仲弓问子桑伯子。（雍也）

可译为：仲弓问："子桑伯子这个人怎么样？"[①]

[①] 由于没有译文将"N_1 问 N_2/VP"转换成疑问句，此处 4 条译文是参考译注译出的。

第二，N_1问："什么是N_2？"例如：

39）子游问孝。（为政）

可译为：子游问："什么是孝？"

第三，N_1问："$N_3$①应该怎样VP？"/"N_3怎样才能成为N_2？"例如：

40）仲弓为季氏宰，问政。（子路）

可译为：仲弓做了季氏的总管，向孔子问道："我应该怎样管理政事？"

41）子路问事君。（宪问）

可译为：子贡问："臣子应该怎样侍奉君主？"

42）子贡问君子。（为政）

可译为：子贡问："一个人怎样才能成为君子？"

7. 停顿

话题与述题之间的"停顿"是现代汉语中与提顿词同等重要的话题标记，但殷国光（2002：163）指出，古代汉语的语调已无从查考，而且"无论是传统的句读，还是新式标点，都不是实际言语中自然语音停顿的记录"，因此我们在讨论《论语》的话题标记时不考虑"停顿"这种情况，以免见仁见智、众说纷纭。

---

① 这类句式用于孔子学生或士大夫向孔子请教某个问题。从孔子的回答来看，有些问题是专门针对提问者的，如"仲弓为季氏宰，问政。子曰：'先有司，赦小过，举贤才。'"（子路）这个问题是针对仲弓的；有些问题则具有普遍意义，要么针对某个群体，如"子路问事君。子曰：'勿欺也，而犯之。'"（宪问）这个问题是专门针对臣子的；要么针对类指意义上的人，如"子贡问友。子曰：'忠告而善道之，不可则止，勿自辱焉。'"（颜渊）。针对的对象用"N_3"表示，"N_3"差异很大，我们根据语境灵活处理，针对具体个人的，用"我"补出，针对某个群体的，用该群体的名称补出，针对类指意义上的人的，用表类指的"一个人"补出。

第三章 《论语》话题的构成（上）

本章根据《论语》话题结构系统讨论无标记话题结构中话题的构成。无标记话题分为先行词作话题和回指对象作话题两类。

第一节 先行词作话题

先行词作话题广泛用于叙述式（纯叙述式、杂叙述式）和对话式（话轮内、话轮间）中，共 247 例。

一、叙述式中先行词作话题

（一）纯叙述式中先行词作话题

根据回指对象的形式，这类话题主要分为零形回指话题、代词性回指话题两类，少数是零形式与代词共同回指的话题。

1. 零形回指话题

36 例。根据零形回指位置，话题可分为主位回指、宾位回指、定位回指三种。主要是主位回指，偶见宾位、定位回指。

（1）主位零形回指话题

33 例。有未接续和接续两种情况。

话题未接续式，20 例。这类话题均由名词充当，指人专名 17 例，包括孔子及其学生以及官员、朝代名，普通名词 3 例。例如：

1）a[①] 子$_{Ti}$ 入太庙，

---

① 我们将相关篇章切分为小句后，对小句的标注分情况处理，小句与句读一致的，在小句前用"a、b、c、d……"编号，如例1）。有时几个小句连在一起成为一读，如例4）：季文子三思而后行。（公冶长）

"季文子三思"和"后行"各为一个小句，若分别编号会将篇章切分得支离破碎，故只在"后行"前标出零形式"Ø"，即"季文子三思而Ø后行"，因其后无接续小句，"季文子三思而Ø后行"不编号。整个篇章处理为：

季文子$_{Ti}$三思而Ø$_i$后行。（公冶长）

这种情况下若有接续小句，如：

   b. Ø_i 每事问。（八佾）

2）a. [孔子]_{Ti} 祭于公，

   b. Ø_i 不宿肉。（乡党）

3）a. 仲弓_{Ti} 为季氏宰，

   b. Ø_i 问政。（子路）

4）季文子_{Ti} 三思而 Ø_i 后行。（公冶长）

5）a. 周_{Ti} 有大赉，

   b. Ø_i 善人是富①。（尧曰）

6）a. 朋友_{Ti} 死，

   b. Ø_i 无所归。（乡党）

7）a. 从者_{Ti} 病，

   b. Ø_i 莫能兴。（卫灵公）

8）[野鸡]_{Ti} 翔而 Ø_i 后集。（乡党）

上例中，话题启动后，下一小句即在主位对其零形回指。这些话题未接续即止。例1）b "每事问"中的"每事"并非前移的话题，而是强制前置的周遍性受事宾语。

话题接续式，13例。这类话题也由名词充当，主要是指人专名"孔子"，11例，另有"子路"1例，普通名词"丈人"1例。例如：

9）a. 子_{Ti} 之燕居，

   b. Ø_i 申申如也，

   c. Ø_i 夭夭如也。（述而）

10）a. [孔子]_{Ti} 执圭，

   b. Ø_i 鞠躬如也，

   c. Ø_i 如不胜。

   d. Ø_i 上如揖，

   e. Ø_i 下如授。

   f. Ø_i 勃如战色，

《关雎》，乐而不淫，哀而不伤。（八佾）

则在"《关雎》，乐而 Ø 不淫"前加编号"a"，在"Ø 哀而 Ø 不伤"前加编号"b"。整个篇章处理为：

a. 《关雎》_{Ti}，乐而 Ø_i 不淫，

b. Ø_i 哀而 Ø_i 不伤。（八佾）

① "善人是富"："（言周家受天下大赐。）富于善人。"（刘宝楠，1954：414）

  g. Ø$_i$ 足蹜蹜如有循。

  h. Ø$_i$ 享礼，

  i. Ø$_i$ 有容色。

  j. Ø$_i$ 私觌，

  k. Ø$_i$ 愉愉如也。（乡党）

11）a. 子路 $_{Ti}$ 有闻，

  b. Ø$_i$ 未之能行，

  c. Ø$_i$ 唯恐有闻。（公冶长）

12）a. [丈人]$_{Ti}$ 止子路宿，

  b. Ø$_i$ 杀鸡 Ø$_i$ 为黍而 Ø$_i$ 食之，

  c. Ø$_i$ 见其二子焉。（微子）

  上例中，话题启动后，后续小句在主位零形回指接续。接续小句最少的 2 个[例 9）]，最多的 10 个[例 10）]。例 9）的话题是"主·之·谓"小句的主语"子"；例 10）的话题"孔子"承语境省略，这种省略多达 7 例，集中在记录孔子日常言行与社会活动的《乡党》篇中。

  （2）宾位、定位零形回指话题

  3 例。由指人专名和普通名词充当。例如：

13）a. 柳下惠 $_{Ti}$ 为士师，

  b. 三黜 Ø$_i$。（微子）

14）a. 席 $_{Ti}$ 不正，

  b. 不坐 Ø$_i$。（乡党）

15）舜 $_{Ti}$ 有臣五人而 Ø$_i$ 天下治。（泰伯）

  例 13）和例 14）中，a 的先行词"柳下惠"和"席"分别被 b 的动词"黜"和"坐"的宾语零形回指；例 15）中，先行词"舜"与后续的"天下"有领属关系，即"舜的天下"，因此"天下"前有一个零形式的定语回指"舜"。话题均未接续。

  2. 代词性回指话题

  9 例。回指代词有两类：一是宾位的"之"，二是定位的"其"。用"之"的 7 例，用"其"的 2 例。这些话题在被选取后未接续即止。话题均为指人专名，多为孔子学生。例如：

16）a. 伯牛 $_{Ti}$ 有疾，

  b. 子问之 $_i$。（雍也）

17）a. 南容$_{Ti}$三复白圭，

    b. 孔子以其兄之子妻之$_i$。（先进）

18）a. 伯夷叔齐$_{Ti}$饿于首阳之下，

    b. 民到于今称之$_i$。（季氏）

19）a. 颜渊$_{Ti}$死，

    b. 颜路请子之车以为之$_i$椁。（先进）

20）a. 子华$_{Ti}$使于齐，

    b. 冉子为其$_i$母请粟。（雍也）

上例中，话题启动后，后续小句用宾位代词"之"或定位代词"其"回指。例 19）b 的回指代词"之"作定语，用法同"其"（杨伯峻，1980：220）。

3. 零形式与代词共同回指的话题

4 例。话题主要是指人专名，普通名词仅 1 例［例 21）］。这类话题启动后均被接续，但情况各不相同。

21）a. 祭肉$_{Ti}$不出三日。

    b. Ø$_i$出三日，

    c. 不食之$_i$矣。（乡党）

22）a. 齐景公$_{Ti}$有马千驷，

    b. Ø$_i$死之日，

    c. 民无德而称焉$_i$。（季氏）

23）a. 孔子$_{Ti}$于乡党①，

    b. Ø$_i$恂恂如也，

    c. Ø$_i$似不能言者。

    d. 其$_i$在宗庙朝廷，

    e. Ø$_i$便便言，

    f. Ø$_i$唯谨尔。（乡党）

24）a. [孔子]$_{Ti}$疾，

    b. 君视之$_i$，

    c. Ø$_i$东首，

    d. Ø$_i$加朝服，

---

① 我们将"孔子于乡党""其在宗庙朝廷"中的"于""在"视为动词。

　　e.Ø_i拖绅。（乡党）

　　例21）的话题"祭肉"启动后，b 主位用零形回指，c 宾位用代词"之"回指；例22）与例21）相似，只是回指代词用"焉"不用"之"；例23）的话题"孔子"启动后，b、c 主位用零形回指，d 主位用代词"其"回指，e、f 主位用零形回指；例24）的话题"孔子"启动后，b 宾位用代词"之"回指，c—e 主位用零形回指。

（二）杂叙述式中先行词作话题

　　这类话题也有话题未接续式和话题接续式两类。

1. 话题未接续式

　　21 例。这类话题中，大多为零形回指话题，且为主位回指，零形式与代词共同回指的话题仅 3 例。话题均为指人专名，指孔子的 14 例，指孔子学生的 7 例。例如：

25）a. 子 $_{Ti}$ 在川上^①，

　　 b.Ø_i曰："……"（子罕）

26）冉有、季路 $_{Ti}$ 见于孔子 Ø_i曰："……"（季氏）

27）a. [子贡]$_{Ti}$ 入，

　　 b.Ø_i曰："……"（述而）

28）a. 子 $_{Ti}$ 曰："……"

　　 b.Ø_i以杖叩其胫。（宪问）

29）a. 子 $_{Ti}$ 谓公冶长，"……"。

　　 b.Ø_i以其 $_i$ 子妻之。（公冶长）

30）a. 子 $_{Ti}$ 谓《韶》，"……"。

　　 b.Ø_i谓《武》，"……"。（八佾）

31）a.（季文子三思而后行。）子 $_{Ti}$ 闻之，

---

　　① 例25）类句式的结构是："VP 非言说义……曰：直接引语。"非言说义动词如"在""见""入"等。我们将这种结构视为两个小句。但《论语》中又有这样的句式："VP 言说义……曰：直接引语。"言说义动词如"谓、问、语、告"等。例如：

　　子谓子夏曰："女为君子儒！无为小人儒！"（雍也）

　　太宰问于子贡曰："夫子圣者与？何其多能也？"（子罕）

　　叶公语孔子曰："吾党有直躬者，其父攘羊，而子证之。"（子路）

　　子服景伯以告，曰："夫子固有惑志于公伯寮，吾力犹能肆诸市朝。"（宪问）

　　上例的结构是："言说行为·曰：直接引语。""曰"字仅起引出直接引语的作用，并不表示与言说义动词不同的另一动作，据此我们将这种句式视为一个小句。

b. Ø$_i$曰："……"（公冶长）

32）（子曰："道不行，乘桴浮于海。从我者，其由与？"）子路$_{Ti}$闻之Ø$_i$喜。（公冶长）

上例中，话题启动后主位用零形回指，但例29）比较特殊，话题"子"启动后，b用主位零形式和定位代词"其"共同回指。

例25）—例27）的结构是："VP·曰……"，例28）和例29）的结构是"曰/谓……VP"；例30）用两个言说义动词"谓"；例31）和例32）中有个固定表达，即"事件·话题·闻之（，）·V（引语）"，意为：首先陈述一个事件，接着出现一个话题结构，该结构中的前一动词"闻"的宾语"之"回指所陈述的事件，随后第二动词对事件做出回应。该结构《论语》中有8例。

2. 话题接续式

15例。这类话题多数用主位零形回指，零形式与代词共同回指的仅2例［例40）、例43）］。话题均指人，指人专名13例，名词性偏正结构2例。例如：

33）a. 子$_{Ti}$在齐Ø$_i$闻《韶》，

b. Ø$_i$三月不知肉味，

c. Ø$_i$曰："……"（述而）

34）a. 曾子$_{Ti}$有疾，

b. Ø$_i$召门弟子Ø$_i$曰："……"（泰伯）

35）a. [点]$_{Ti}$鼓瑟希，

b. Ø$_i$铿尔，

c. Ø$_i$舍瑟而Ø$_i$作，

d. Ø$_i$对曰："……"（先进）

36）a. 陈司败$_{Ti}$问昭公知礼乎，

b. 孔子曰："知礼。"

c. 孔子退，

d. Ø$_i$揖巫马期而Ø$_i$进之，

e. Ø$_i$曰："……"（述而）

37）楚狂接舆$_{Ti}$歌而Ø$_i$过孔子Ø$_i$曰："……"（微子）

38）a. 子$_{Ti}$之武城，

b. Ø$_i$闻弦歌之声。

c. 夫子$_i$莞尔而笑，

　　　d. Ø_i曰："……"（阳货）

39）a. 丈人_{Ti}曰："……"

　　　b. Ø_i植其杖而 Ø_i芸。（微子）

40）a.（厩焚。）子_{Ti}退朝，

　　　b. Ø_i曰："……"

　　　c. Ø_i不问马。（乡党）

41）a. 仪封人_{Ti}请见，

　　　b. Ø_i曰："……"

　　　c. 从者见之_i。

　　　d. Ø_i出曰："……"（八佾）

　　上例的话题中，例36）的"陈司败"启动后间隔两个小句被接续。例38）和例41）中，回指话题的既有零形式，又有代词：例38）话题"子"启动后，b 主位用零形回指，c 主位用他称敬辞"夫子"（杨伯峻和何乐士，2001：115）（属第三人称代词）回指，d 主位用零形回指。例41）话题"仪封人"启动后，b 主位用零形回指，c 宾位用代词"之"回指，d 主位用零形回指。

　　上例中的言说义动词"曰"，例33）—例38）在其他动词后，例39）在其他动词前，例40）夹在两个动词之间，例41）出现两次。

二、对话式中先行词作话题

　　与叙述式不同，在对话式中，除指向非言听者的先行词能作话题外，指向言听者的先行词也能作话题，这类先行词分别对应于第一、第二人称代词。因此，对于对话式中话题的讨论，无论是话轮内的还是话轮间的，无论是先行词充当的还是回指对象充当的，我们都分别从指向非言听者、指向言者和指向听者三个角度展开。

　　（一）话轮内先行词作话题

　　1. 指向非言听者的话题

　　这种话题占绝大多数，根据回指形式分为零形回指、代词性回指、名词性回指及由零形式与代词或名词共同回指几种情况。其中以零形回指话题为主，其他的类型不多，有的类型仅为孤例。

　　（1）零形回指话题

　　63 例。根据零形回指的位置，这类话题分为主位回指、宾位回指、定位回指、主位和宾位共同回指、主位和定位共同回指五类。第一类最多，单列一类，其他

类少见，合为一类。

我们先探讨主位零形回指话题。这类话题有 57 例，有话题未接续式和话题接续式两类。

话题未接续式，27 例。这类话题的结构类型比较丰富，名词、名词性结构、动词性结构、假设分句均可充当。例如：

42）（南宫适问于孔子曰：）"禹$_{Ti}$稷$_{Tj}$躬稼而 Ø$_{i+j}$ 有天下。"（宪问）

43）a.（子曰：）"齐$_{Ti}$一变，

b.Ø$_i$至于鲁。"（雍也）

44）a.（子曰：）"君子$_{Ti}$以文会友，

b.Ø$_i$以友辅仁。"（颜渊）

45）a.（子曰：）"人$_{Ti}$无远虑，

b.Ø$_i$必有近忧。"（卫灵公）

46）a.（子曰：）"[人]$_{Ti}$放于利而行，

b.Ø$_i$多怨。"（里仁）

47）a.（子曰：）"[弟子]$_{Ti}$当仁，

b.Ø$_i$不让于师。"（卫灵公）

48）a.（子曰：）"德$_{Ti}$不孤，

b.Ø$_i$必有邻。"（里仁）

49）a.（子曰：）"唯仁者$_{Ti}$能好人，

b.Ø$_i$能恶人。"（里仁）

50）a.（子在川上，曰：）"逝者$_{Ti}$如斯夫！

b.Ø$_i$不舍昼夜。"（子罕）

51）a.（颜渊问仁。子曰：）"为仁$_{Ti}$由己，

b.Ø$_i$而由人乎哉？"（颜渊）

52）a.（子曰：）"苟有用我者$_{Ti}$[①]，期月而已可也，

b.Ø$_i$三年有成。"（子路）

上例中的话题，例 42）和例 43）是专有名词，其中例 42）是指人专名并列，回指对象用 "Ø$_{i+j}$" 表示[②]；例 43）是国名。

例 44）—例 47）是普通名词，以 "君子" 最多，有 9 例。须特别指出的是，

---

① 例 52）的假设分句 "苟有用我者" 是作为整体充当话题的，它与后一分句结合才算一个话题结构，因此即使它本身是小句，也不将它单独编号，只将它与其后分句组成的结构视为一个小句，在其前用 "a" 标出。

② 全文同此。

例 46）和例 47）的话题承语境省略。它们都是类指性的，例 46）泛指一般人，例 47）泛指学生。泛指一般人的意为"一个人……"。如例 46）可译为：

一个人依据个人利益而行动，会招致很多的怨恨[1]。

比较例 45）和例 46）可知，两者唯一的区别是例 45）的话题"人"表类指，出现在句首，例 46）的话题同样表类指，却未出现。杨伯峻（1980：164）将例 45）译为：

一个人没有长远的考虑，一定会有眼前的忧患。

可见例 46）这样的结构中的确存在一个类指话题"人"，我们用"人"补出；同样，例 47）中也存在一个泛指学生的类指话题，我们用"弟子"补出[2]。

例 48）—例 50）是名词性结构：例 48）的"德"形式上是名词，实为名词性结构"有德之人"（钱穆，1985：100）；例 49）和例 50）是"者"字结构。例 51）是述宾结构。

例 52）是假设分句作话题。假设分句充当的话题，范开泰（1985：20）认为是"话语话题"（discourse topic），与"结构话题"（structure topic）（本书涉及的话题即为结构话题）对立，他的例子是：

53）你不去的话，我也不去。小王当然也不会去的。可是小李呢，倒可能会去了。

范先生的意见似可商榷。我们认为，将假设分句充当的话题视为结构话题，在本书的框架内是可行的。我们对话题的研究着眼于话题在小句间的衔接，范先生的用例我们完全可以用处理《论语》话题的分析方法来处理。例如：

53）a. <u>你不去的话</u>$_{Ti}$，我也不去。

　　b. Ø$_i$ 小王当然也不会去的。

　　c. Ø$_i$ 可是小李呢，倒可能会去了。

上例中假设分句"你不去的话"，用曹逢甫（1995：39）的话说是"将其语义范围扩展到一个句子以上"，用屈承熹（2006：198）的话说是"用作小句间的连接"。它符合结构话题的标准，当属结构话题，没必要归入话语话题。至于这种话题的分句性质，并不影响它像名词性词语那样自然地充当话题，也就是说，假设分句一旦有了话题性，就与名词性词语在充当话题这一点上具有了同一性。

话题接续式，30 例。这类话题由代词、名词、名词性结构充当。例如：

54）a.（颜渊喟然叹曰：）"<u>夫子</u>$_{Ti}$ 循循然善诱人，

　　b. Ø$_i$ 博我以文，

---

① 译文主语"一个人"是我们所加，其余引自杨伯峻（1980：38）。他未将主语"一个人"译出，可能是考虑到要忠实原文，且这种类指主语通常无须译出，但该主语事实上是存在的。

② 这种承语境省略的话题，下文同此处理。

c. Ø$_i$ 约我以礼，

d. Ø$_i$〔使我〕[1]欲罢不能。"（子罕）

55）a.（子曰：）"孟之反$_{Ti}$ 不伐，

b. Ø$_i$ 奔而殿，

c. Ø$_i$ 将入门，

d. Ø$_i$ 策其马，

e. Ø$_i$ 曰：'非敢后也，马不进也。'"（雍也）

56）a.（子曰：）"《关雎》$_{Ti}$，乐而 Ø$_i$ 不淫，

b. Ø$_i$ 哀而 Ø$_i$ 不伤。"（八佾）

57）a.（曾子曰：）"士$_{Ti}$ 不可以不弘毅，

b. Ø$_i$ 任重而 Ø$_i$ 道远。"（泰伯）

58）a.（子夏曰：）"君子$_{Ti}$ 信而后 Ø$_i$ 劳其民；

b. Ø$_i$ 未信，

c. 则以为 Ø$_i$ 厉己也。

d. Ø$_i$ 信而后 Ø$_i$ 谏；

e. Ø$_i$ 未信，

f. 则以为 Ø$_i$ 谤己也。"（子张）

59）a.（子曰：）"[君子]$_{Ti}$ 主忠信，

b. Ø$_i$ 无友不如己者，

c. Ø$_i$ 过则 Ø 勿惮改。"（子罕）

60）a.（子曰：）"[人]$_{Ti}$ 亡而 Ø$_i$ 为有，

b. Ø$_i$ 虚而 Ø$_i$ 为盈，

c. Ø$_i$ 约而 Ø$_i$ 为泰，

d. Ø$_i$ 难乎有恒矣。"（述而）

61）a.（子曰：）"[国君]$_{Ti}$ 道千乘之国，

b. Ø$_i$ 敬事而 Ø$_i$ 信，

c. Ø$_i$ 节用而 Ø$_i$ 爱人，

d. Ø$_i$ 使民以时。"（学而）

62）a.（子曰：）"[弟子]$_{Ti}$ 志于道，

b. Ø$_i$ 据于德，

---

① 钱穆（1985：219）将例 54）d 译为："使我欲罢不能。"我们据此补出"使我"。

　　c. Ø_i依于仁，

　　d. Ø_i游于艺。"（述而）

63）a.（闵子骞曰："仍旧贯，如之何？何必改作？"子曰：）"夫人_{Ti}不言，

　　b. Ø_i言必有中。"（先进）

64）a.（子曰：）"志士仁人_{Ti}，无求生以害仁，

　　b. Ø_i有杀身以成仁。"（卫灵公）

65）a.（子谓卫公子荆，）"[卫公子荆]_{Ti}善居室。

　　b. Ø_i始有，

　　c. Ø_i曰：'苟合矣。'

　　d. Ø_i少有，

　　e. Ø_i曰：'苟完矣。'

　　f. Ø_i富有，

　　g. Ø_i曰：'苟美矣。'"（子路）

　　上例中的话题，例54）是代词"夫子"；例55）和例56）是专有名词，其中例55）指人，这种指人专名共3例，以该例话题接续得最长，有4个小句，例56）指物；例57）—例62）是普通名词，均指人，以指"君子"的最多，达10例，其中例58）话题接续最长，有6个小句；例63）—例65）是名词性结构，其中例67）"夫人"是指示代词"夫"＋"人"，意为"那个人"。

　　其他的都是非主位零形回指话题，有6例，由指人专名、普通名词、名词性结构充当。例如：

66）a.（子曰：）"[人]_{Ti}三年无改于父之道，

　　b. 可谓 Ø_i孝矣。"（里仁）

67）a.（子曰：）"伯夷、叔齐_{Ti}不念旧恶，

　　b. Ø_i怨是用希。"（公冶长）

68）a.（子夏曰：）"舜_{Ti}有天下，

　　b. Ø_i选于众，

　　c. Ø_i举皋陶，

　　d. 不仁者远 Ø_i矣。"（颜渊）

69）a.（子曰：）"[人]_{Ti}四十、五十^①而 Ø_i无闻焉，

---

① 杨荣祥（2008：240）认为"名而动"结构中的"名"和"动"一样，是述谓性成分，我们据此将"四十、五十"视为一个小句。

　　b. 斯亦不足畏 Ø$_i$ 也已。"（子罕）

70）a.（子曰："……"谓）"虞仲、夷逸 $_{Ti}$，隐居 Ø$_i$ 放言，

　　b. Ø$_i$ 身中清，

　　c. Ø$_i$ 废中权。"（微子）

上例中，例66）话题启动后，b 宾位用零形回指。例67）话题启动后，b 定位用零形回指（"伯夷、舒齐"与"怨"有领属关系，即"伯夷、舒齐的怨"）。例68）话题启动后，b、c 主位用零形回指，d 宾位用零形回指（"远"义为"离开"（杨伯峻，1980：131））。例69）话题启动后，第二小句主位用零形回指，第三小句宾位用零形回指。例70）话题启动后，第一小句主位用零形回指，第二、第三小句定位用零形回指（"虞仲、夷逸"与"身""废"有领属关系，即"虞仲、夷逸的身""虞仲、夷逸的废"）。

以上话题中例66）和例67）未接续即止，其他均得到接续。

（2）代词性回指话题

5例。回指代词主要是"之"，偶见"焉"［例73）］。话题由指人专名、普通名词、名词性结构充当。例如：

71）a.（孔子沐浴而朝，告于哀公曰：）"陈恒 $_{Ti}$ 弑其君，

　　b. 请讨之 $_i$。"（宪问）

72）a.（季氏富于周公，而求也为之聚敛而附益之。子曰：）"[求]$_{Ti}$ 非吾徒也。

　　b. 小子鸣鼓而攻之 $_i$，可也。"（先进）

73）a.（子曰：）"[尧]$_{Ti}$ 荡荡乎，

　　b. 民无能名焉 $_i$。"（泰伯）

74）a.（子曰：）"唯天 $_{Ti}$ 为大，

　　b. 唯尧则之 $_i$。"（泰伯）

75）a.（子击磬于卫，有荷蒉而过孔氏之门者 $_i$，曰："……"子曰：）"[荷蒉而过孔氏之门者]$_{Ti}$ 果哉！

　　b. 末之 $_i$ 难矣。"（宪问）

上例话题均未接续即止。例75）b 的"末之难"是否定句中宾语前置，即"末难之"，意为"没有办法说服他"（杨伯峻，1980：158）。

（3）名词性回指话题

2例，由普通名词充当。1例指人［例76）］，话题未接续即止，1例指物［例77）］，话题接续了一个小句。例如：

76）a.（子曰：）"人 $_{Ti}$ 能弘道，

    b. 非道弘人ᵢ。"（卫灵公）

77）a.（子曰：）"仁_Ti 远乎哉？

    b. 我欲仁ᵢ，

    c. 斯仁ᵢ至矣。"（述而）

上例中，例 76）话题启动后，b 宾位回指；例 77）话题启动后，b 宾位回指，c 主位回指。回指性名词都是原形式。

（4）零形式与代词或名词共同回指的话题

零形式与名词共同回指的话题 1 例：

78）a.（子曰：）"周_Ti 监于二代，

    b. Øᵢ郁郁乎文哉！

    c. 吾从周ᵢ。"（八佾）

话题"周"形式上是专有名词，实为名词性结构"周朝的礼仪制度"（杨伯峻，1980：28），它启动后，b 主位用零形回指，c 宾位用名词性回指。该话题接续了一个小句。

其他均为零形式与代词共同回指的话题，分零形式与宾位代词、定位代词、主位代词共同回指三类。

第三类仅 1 例：

79）a.（子曰：）"[人]_Ti 不患人之不己知，

    b. Øᵢ患其ᵢ不能也。"（宪问）

例 79）话题"人"启动后，先是在 b 的主位用零形回指，然后在从句主位用代词"其"回指①。

第一、第二类是主要形式。其中零形式与宾位代词共同回指的话题有 11 例，话题由普通名词和名词性结构充当。零形回指主要是主位回指［仅例 86）b 是宾位回指］，宾位代词以"之"为主，偶见"焉"②［例 84）和例 85）］、"诸"③［例 86）］。例如：

80）a.（子贡问政。子曰：）"[政府]_Ti 足食，

---

    ① 杨伯峻和何乐士（2001：128-129）指出，在南朝梁、齐时代前，"其"一般用在领位，也可用作兼语，用作主语必须是在复合句的分句或者包孕句的子句中。此处的"从句"即杨、何所谓的"包孕句的子句"。

    ② 此处的"焉"是合义型兼词，相当于"于是"，"于"介引动作对象，"是"表示动作所向的人（杨伯峻和何乐士，2001：21-22）。为便于标注，我们将"焉"视同代词，将同标符号标在"焉"上。

    ③ 此处的"诸"是合音合义型兼词，用于反问句，相当于"之乎"，其中"之"表示作宾语的代词，"乎"表语气，"诸"兼有代词和语气词的作用（杨伯峻和何乐士，2001：16）。为便于标注，我们将"诸"视同代词，将同标符号标在"诸"上。

b. $\emptyset_i$ 足兵，

c. 民信之$_i$矣。"（颜渊）

81）a.（子夏曰：）"[人]$_{Ti}$贤贤 $\emptyset_i$ 易色，

b. $\emptyset_i$ 事父母，

c. $\emptyset_i$ 能竭其力；

d. $\emptyset_i$ 事君，

e. $\emptyset_i$ 能致其身；

f. $\emptyset_i$ 与朋友交，

g. $\emptyset_i$ 言而有信。

h. 虽曰 $\emptyset_i$ 未学，

i. 吾必谓之$_i$学矣。"（学而）

82）a.（子在陈，曰：）"吾党之小子$_{Ti}$狂简，

b. $\emptyset_i$ 斐然成章，

c. 不知所以裁之$_i$。"（公冶长）

83）a.（子曰：）"[父母]$_{Ti}$生，

b. 事之$_i$以礼；

c. $\emptyset_i$ 死，

d. 葬之$_i$以礼，

e. 祭之$_i$以礼。"（为政）

84）a.（子贡曰：）"是以君子$_{Ti}$恶居下流，

b. 〔$\emptyset_i$ 一居下流，〕[1]

c. 天下之恶皆归焉$_i$。"（子张）

85）a.（颜渊问仁。子曰：）"[人]$_{Ti}$一日克己复礼，

b. 天下归仁焉$_i$。"（颜渊）

86）a.（子谓仲弓，曰：）"犁牛之子$_{Ti}$骍且 $\emptyset_i$ 角，

b. 虽欲勿用 $\emptyset_i$，

c. 山川其舍诸$_i$？"（雍也）

以上话题除例 85）外均得到接续，例 81）接续得最长，达 8 个小句。

零形式与定位代词共同回指的话题有 6 例，由他称敬辞、指人专名、普通名词和名词性结构充当。零形回指均为主位回指，定位代词是"其"。回指分两种

情况：例 87）和例 88）话题未接续，零形式与"其"在同一小句；例 89）—例 91）话题接续，零形式与"其"不在同一小句。例如：

87）a.（子贡问为仁。子曰：）"工 $_{Ti}$ 欲善其事，

　　b. Ø $_i$ 必先利其 $_i$ 器。"（卫灵公）

88）a.（子曰：）"[官员] $_{Ti}$ 不在其位，

　　b. Ø $_i$ 不谋其 $_i$ 政。"（泰伯）

89）a.（子曰：）"臧文仲 $_{Ti}$ 居蔡，

　　b. Ø $_i$ 山节 Ø $_i$ 藻棁，

　　c. 何如其 $_i$ 知也？"（公冶长）

90）a.（子贡曰：）"文武之道 $_{Ti}$，未坠于地，

　　b. Ø $_i$ 在人。

　　c. 贤者识其 $_i$ 大者，

　　d. 不贤者识其 $_i$ 小者。"（子张）

91）a.（公明贾对曰：）"夫子 $_{Ti}$ 时 Ø $_i$ 然后言，

　　b. 人不厌其 $_i$ 言；

　　c. Ø $_i$ 乐 Ø $_i$ 然后笑，

　　d. 人不厌其 $_i$ 笑；

　　e. Ø $_i$ 义 Ø $_i$ 然后取，

　　f. 人不厌其 $_i$ 取。"（宪问）

2. 指向言者的话题

与指向非言听者的话题不同，指向言者的话题以第一人称代词形式出现，具体所指不见于话题结构，需话题结构外的语境来提示。根据回指对象形式，这种话题分零形回指话题、零形式与代词共同回指的话题两类。

（1）零形回指话题

仅 1 例是宾位回指：

92）a.（子曰：）"吾 $_{Ti}$ 岂匏瓜也哉？

　　b. 焉能系 Ø $_i$ 而不食 Ø $_i$？"（阳货）

话题"吾"接续了一个小句，"吾"指向孔子。

其他话题均为主位回指，有未接续式和接续式两类。

话题未接续式，11 例。这类话题由自称代词（含一般人和最高统治者的自称之词）和谦称（杨伯峻和何乐士，2001：100-108）充当（省略的话题用"吾"补

出，下同）。例如：

93）a.（孔子曰：）"以吾_{Ti}从大夫之后，

    b. Ø_i 不敢不告也。"（宪问）

94）a.（颜渊曰：）"[吾]_{Ti} 愿无伐善，

    b. Ø_i 无施劳。"（公冶长）

95）a.（"赤！尔何如？"对曰：）"[吾]_{Ti} 非曰能之，

    b. Ø_i 愿学焉。"（先进）

96）a.（仲弓曰：）"雍_{Ti} 虽不敏，

    b. Ø_i 请事斯语矣。"（颜渊）

97）a.（周有大赉，善人是富。）"[吾]_{Ti} 虽有周亲，

    b. Ø_i 不如仁人。"（尧曰）

98）a.（舜亦以命禹。曰：）"予小子履_{Ti} 敢用玄牡，

    b. Ø_i 敢昭告于皇皇后帝。"（尧曰）

99）a.（舜亦以命禹。曰：）"朕躬_{Ti} 有罪，

    b. Ø_i 无以万方。（尧曰）

上例中的话题，例93）—例95）分别指向孔子及其学生颜渊和赤。例96）的"雍"是第一人称谦称，表示"用自己的名称自己"（杨伯峻和何乐士，2001：104-105），指向仲弓。例97）指向周武王。例98）中，"予小子"是上古帝王自称之词，"履"是商汤的名，"予小子履"是复合形式，译为"我履"（杨伯峻，1980：207），指向帝王商汤。例99）的"朕躬"义为"我、我身"，"多用于天子自称"（罗竹风，1990：1257），也指向帝王商汤。

话题接续式，9例。这类话题由自称代词充当。例如：

100）a.（子曰：）"吾_{Ti} 尝终日不食，

    b. Ø_i 终夜不寝，

    c. Ø_i 以思，

    无益^①，

    d. Ø_i 不如学也。"（卫灵公）

101）a.（子曰：）"我_{Ti} 非生而知之者，

    b. Ø_i 好古，

---

① 例100）中小句"无益"不像其他小句那样与话题"吾"之间有话题——述题关系，是内嵌小句，故不在其前标注编号。

c. Ø_i 敏以求之者也。"（述而）

102）a.（子贡曰："何为其莫知子也？"子曰：）"[吾]_{Ti} 不怨天，

b. Ø_i 不尤人，

c. Ø_i 下学而 Ø_i 上达。"（宪问）

103）a.（陈亢退而喜曰：）"[吾]_{Ti} 问一 Ø_i 得三，

b. Ø_i 闻诗，

c. Ø_i 闻礼，

d. Ø_i 又闻君子之远其子也。"（季氏）

上例中的话题，例101）和例102）指向孔子，例103）指向其学生陈亢。该话题接续最长，有3个小句。

（2）零形式与代词共同回指的话题

3例。情况比较复杂：

104）a.（子闻之，谓门弟子曰：）"吾_{Ti} 何执？

b. Ø_i 执御乎？

c. Ø_i 执射乎？

d. 吾_i 执御矣。"（子罕）

105）a.（子曰：）"吾_{Ti} 不徒行以 Ø_i 为之椁。

b. 以吾_i 从大夫之后，

c. Ø_i 不可徒行也。"（先进）

106）a.（子疾病……曰：）"[吾]_{Ti} 无臣而为 Ø_i 有臣。

b. 吾_i 谁欺？

c. Ø_i 欺天乎！

d. 且予_i 与其死于臣之手也，

e. Ø_i 无宁死于二三子之手乎！

f. 且予_i 纵不得大葬，

g. 予_i 死于道路乎？"（子罕）

上例的话题均指向孔子。零形式和代词均为主位回指：例104）话题启动后，b、c用零形回指，d用代词性回指；例105）话题启动后，a用零形回指，b用代词性回指，c用零形回指；例106）话题启动后，a用零形回指，b用代词性回指，c用零形回指，d用代词性回指，e用零形回指，f、g用代词性回指。这种零形回指与代词性回指交替使用的现象有两点值得注意：①这种交替有没有规律？规律背后的原因何在？②这种现象在指向非言听者的话题中极其罕见，原因何在？这些问题将在《论语》话题链中讨论。

3. 指向听者的话题

指向听者的话题以第二人称代词（包括一般的对称代词和对称敬辞"子"）（杨伯峻和何乐士，2001：109-113）形式出现（省略的话题用"尔"补出，下同）。与指向言者的话题一样，其具体所指不见于话题结构，需话题结构外的语境来提示。这类话题共5例，都是主位用零形回指，话题均未接续。例如：

107）a.（桀溺曰：）"且而$_{Ti}$与其从辟人之士也，
　　　b. Ø$_i$岂若从辟世之士哉？"（微子）

108）a.（子谓子夏曰：）"女$_{Ti}$为君子儒！
　　　b. Ø$_i$无为小人儒！"（雍也）

109）a.（曾子有疾，召门弟子曰：）"[尔]$_{Ti}$启予足！
　　　b. Ø$_i$启予手！"（泰伯）

110）a.（子路曰：）"子$_{Ti}$行三军，
　　　b. 则 Ø$_i$谁与？"（述而）

111）a.（孔子对曰：）"子$_{Ti}$为政，
　　　b. Ø$_i$焉用杀？"（颜渊）

上例中的话题，例107）—例109）是一般的对称代词，分别指向子路、子夏和曾子的门人；例110）和例111）是敬称代词，分别指向孔子和季康子。

（二）话轮间先行词作话题

这类话题突破了话轮的界限，在话轮间展开。与话轮内话题一样，这类话题也分为指向非言听者的、指向言者的和指向听者的三种类型。

1. 指向非言听者的话题

这类话题根据回指形式分为四类：零形回指话题、代词性回指话题、名词性回指话题、零形式与代词共同回指的话题。以第一类为主，其他类型少见。

（1）零形回指话题

这类话题均在主位用零形回指，有未接续式和接续式两类。

话题未接续式，4例。这类话题由指人专名、名词性结构和句群①充当。例如：

112）a. 或问子产$_i$。（有人问："子产$_{Ti}$这个人怎么样？"）

---

① 该句群是《诗经》引语，整体充当话题。

　　b. 子曰："Ø_i惠人也。"（宪问）

113）a. 陈司败问："<u>昭公 _{Ti}</u>知礼乎？"①

　　b. 孔子曰："Ø_i知礼。"（述而）

114）a. 曾皙曰："<u>夫三子者之言 _{Ti}</u>何如？"

　　b. 子曰："Ø_i亦各言其志也已矣。"（先进）

115）a. 子夏问曰："'<u>巧笑倩兮，美目盼兮，素以为绚兮。</u>'_{Ti}何谓也？"

　　b. 子曰："Ø_i绘事后素。"（八佾）

话题接续式，13 例。这类话题由指人专名、普通名词、名词性结构和动词性结构充当。例如：

116）a. 问管仲。（〔有人〕②问孔子："<u>管仲 _{Ti}</u>这个人怎么样？"）

　　b. 曰："Ø_i人也。

　　c. Ø_i夺伯氏骈邑三百，

　　d. Ø_i饭疏食，

　　e. Ø_i没齿无怨言。"（宪问）

117）a. 子路问君子。（子路问："<u>一个人 _{Ti}</u>怎样成为君子？"）

　　b. 子曰："Ø_i修己以敬。"

　　c. 曰："Ø_i如斯而已乎？"

　　d. 曰："Ø_i修己以安人。"

　　e. 曰："Ø_i如斯而已乎？"

　　f. 曰："Ø_i修己以安百姓。"（宪问）

118）a. 子贡曰："<u>君子 _{Ti}</u>亦有恶乎？"

　　b. 子曰："Ø_i有恶：

　　c. Ø_i恶称人之恶者，

　　d. Ø_i恶居下流而讪上者，

　　e. Ø_i恶勇而无礼者，

　　f. Ø_i恶果敢而窒者。"（阳货）

119）a. 子张问政。（子张问："<u>一个人 _{Ti}</u>怎样去治理国家？"）

---

①　关于此句的句读，有两种观点：①朱熹（1992：71）、程树德（1990：495）、杨树达（1986：112）、唐满先（1982：69）、钱穆（1985：181）、来可泓（1996：196）诸本为："陈司败问：'昭公知礼乎？'"②刘宝楠（1954：150）、阮元（1980：2483）、杨伯峻（1980：74）诸本为："陈司败问昭公知礼乎？"我们从便于讨论跨话轮话题的角度出发，采用第一种句读。

②　"有人"承前补出。

b. 子曰："Ø_i居之 Ø_i 无倦，

c. Ø_i行之以忠。"（颜渊）

120）a. 入，曰："<u>伯夷、叔齐</u>_{Ti}何人也？"

b. 曰："Ø_i古之贤人也。"

c. 曰："Ø_i怨乎？"

d. 曰："Ø_i求仁而 Ø_i得仁，

e. Ø_i又何怨？"（述而）

121）a. 子贡曰："<u>贫而无谄，富而无骄</u>_{Ti}，何如？"

b. 子曰："Ø_i可也；

c. Ø_i未若贫而乐，富而好礼者也。"（学而）

以上话题主要在两个话轮间展开，也有超过两个话轮的，最多的延伸到六个话轮〔如例 117）〕。

（2）代词性回指话题

2 例。回指代词分别是他称敬辞"夫子"和第三人称代词"彼"（杨伯峻和何乐士，2001：123）。话题由第三人称代词和指人专名充当。例如：

122）a. 冉有曰："<u>夫子</u>_{Ti}为卫君乎？"（子贡曰："诺；吾将问之。"入，曰："伯夷、叔齐何人也？"曰："古之贤人也。"曰："怨乎？"曰："求仁而得仁，又何怨？"出，）

b. 曰："夫子_i不为也。"（述而）

123）a. 问子西。（〔有人〕^①问孔子：<u>子西</u>_{Ti}这个人怎么样？"）

b. 曰："彼_i哉！彼_i哉！"（宪问）

上例话题均在主位被回指。例 122）话题未接续，它先被插说成分打断，然后被回指。例 123）话题接续了一个小句。

（3）名词性回指话题

3 例。由普通名词和主谓结构充当。例如：

124）a. 子路曰："<u>君子</u>_{Ti}尚勇乎？"

b. 子曰："君子_i义以为上。（阳货）

125）a. 子路愠见曰："<u>君子</u>_{Ti}亦有穷乎？"

b. 子曰："君子_i固穷，

c. 小人穷斯滥矣。"（卫灵公）

---

① "有人"承前补出。

126）a. 定公问："君使臣_{Ti}，臣事君_{Tj}，如之何？"

　　　b. 孔子对曰："君使臣_i以礼，

　　　c. 臣事君_j以忠。"（八佾）

上例话题均在主位被回指，且均未接续。例126）同时启动两个话题。

（4）零形式与代词共同回指的话题

10例。话题均得到接续。零形回指主要是主位回指〔仅例130）e是宾位回指〕。回指性代词有定位的"其"，宾位的"之""焉"，主位的"夫子""是"。话题由第三人称代词、专有名词、普通名词和名词性结构充当。例如：

127）a. 曰："夫子_{Ti}何为？"

　　　b. 对曰："夫子_i欲寡其_i过而 Ø_i未能也。"（宪问）

128）a. 卫公孙朝问于子贡："仲尼_{Ti}焉学？"

　　　b.（子贡曰："文武之道，未坠于地，在人。贤者识其大者，不贤者识其小者。莫不有文武之道焉。）夫子_i焉不学？

　　　c. Ø_i而亦何常师之有？"（子张）

129）a.（子欲居九夷。）或曰："[九夷]_{Ti}陋，

　　　b. 如之_i何？"

　　　c. 子曰："君子居之_i，

　　　d. Ø_i何陋之有？"（子罕）

130）a. 子贡问曰："[人]_{Ti}何如斯可谓之_i士矣？"

　　　b. 子曰："Ø_i行己有耻，

　　　c. Ø_i使于四方，

　　　d. Ø_i不辱君命，

　　　e. 可谓 Ø_i士矣。"（子路）

131）a. 子路问成人。（子路问："一个人_{Ti}应该怎样做才是全人？"）

　　　b. 子曰："Ø_i若臧武仲之知，

　　　c. Ø_i〔若〕^①公绰之不欲，

　　　d. Ø_i〔若〕卞庄子之勇，

　　　e. Ø_i〔若〕冉求之艺，

　　　f. 文之_i以礼乐，

　　　g. Ø_i亦可以为成人矣。"（宪问）

---

① 例131）c—e 的"若"据例131）b补出。

132）a. 子曰："[百姓]_{Ti} 庶矣哉！"

    b. 冉有曰："Ø_i 既庶矣，

    c. 又何加焉^①_i？"

    d. 曰："富之_i。"

    e. 曰："Ø_i 既富矣，

    f. 又何加焉_i？"

    g. 曰："教之_i。"（子路）

133）a. 长沮曰："夫执舆者_{Ti} 为谁？"

    b. 子路曰："Ø_i 为孔丘。"

    c. 曰："是_i 鲁孔丘与？"

    d. 曰："Ø_i 是也。"

    e. 曰："是_i 知津矣。"（微子）

上例中，例 127）话题启动后，第二小句在主位、定位用代词性回指，第三小句在主位用零形回指。例 128）话题启动后被打断，随后在 b 主位用代词性回指，c 主位用零形回指。例 129）话题启动后，b、c 宾位用代词性回指，d 主位用零形回指。例 130）话题启动后，a 宾位用代词性回指，b—d 主位用零形回指，e 宾位用零形回指。例 131）话题启动后，b—e 主位用零形回指，f 宾位用代词性回指，g 主位用零形回指。例 132）话题启动后，b 主位用零形回指，c—d 宾位用代词性回指，e 主位用零形回指，f—g 宾位用代词性回指。例 133）话题启动后，零形式与代词交替回指：b、d 主位用零形回指，c、e 主位用代词性回指。

2. 指向言者的话题

这类话题仅 4 例，主要是主位零形回指［仅例 137）f 是主位零形回指，定位代词性回指］，话题随话轮交替发生人称转换，从第一人称转向第二人称。例如：

134）a. 季路问事鬼神。（季路问："我_{Ti} 怎样侍奉鬼神？"）

    b. 子曰："Ø_i 未能事人，

    c. Ø_i 焉能事鬼？"（先进）

135）a. 子路问："[吾]_{Ti} 闻 Ø_i 斯行诸？"

    b. 子曰："Ø_i 有父兄在，

    c. Ø_i 如之何其闻 Ø_i 斯行之？"（先进）

---

① 此例两处"焉"均为合义型兼词，相当于"于是"，"于"介引动作对象，"是"表示动作所向的人（杨伯峻和何乐士，2001：21-22）。为便于标注，我们将"焉"视同代词，将同标符号标在"焉"上。

136）a. 冉有问："[吾]$_{Ti}$闻 Ø$_i$斯行诸？"

　　　b. 子曰："Ø$_i$闻 Ø$_i$斯行之！"（先进）

137）a. 仲弓为季氏宰，问政。（仲弓问："我$_{Ti}$应该怎样管理政事？"）

　　　b. 子曰："Ø$_i$先有司，

　　　c. Ø$_i$赦小过，

　　　d. Ø$_i$举贤才。"

　　　e. 曰："Ø$_i$焉知贤才而 Ø$_i$举之？"

　　　f. 子曰："Ø$_i$举尔 $_i$所知。"（子路）

上例话题均得到接续，例 134）—例 136）在两个话轮间展开，例 137）在四个话轮间展开。话题依次指向季路、子路、冉有、仲弓。

3. 指向听者的话题

指向听者的话题也随话轮交替发生人称转换，从第二人称转向第一人称。话题有未接续式和接续式两类。

话题未接续式，4 例。这类话题均为主位零形回指。例如：

138）a. 子谓冉有曰："女$_{Ti}$弗能救与？"

　　　b. 对曰："Ø$_i$不能。"（八佾）

139）a. 陈亢问于伯鱼曰："子$_{Ti}$亦有异闻乎？"

　　　b. 对曰："Ø$_i$未也。（季氏）

140）a. 子曰："[尔]$_{Ti}$何晏也？"

　　　b. 对曰："Ø$_i$有政。"（子路）

141）a. 晨门曰："[尔]$_{Ti}$奚自？"

　　　b. 子路曰："Ø$_i$自孔氏。"（宪问）

上例话题依次指向冉有、伯鱼、冉子、子路。

话题接续式，4 例。这类话题主要是主位零形回指［仅例 143）c 是宾位用零形回指，例 144）c 是主位用代词性回指］。例如：

142）a. 从者曰："子$_{Ti}$愠矣！"

　　　b. 曰："Ø$_i$有愠乎？

　　　c. Ø$_i$非夫人之为愠而 Ø$_i$谁为？"（先进）

143）a. 人曰："子$_{Ti}$未可以去乎？"

　　　b. 曰："Ø$_i$直道而事人，

　　　c. Ø$_i$焉往而不三黜 Ø$_i$？

　　　　d. Øᵢ枉道而事人，

　　　　e. Øᵢ何必去父母之邦？"（微子）

144）a. 桀溺曰："子 Ti 为谁？"

　　　b. 曰："Øᵢ为仲由。"

　　　c. 曰："是ᵢ鲁孔丘之徒与？"

　　　d. 对曰："然。"（微子）

145）a. 微生亩谓孔子曰："丘 Ti 何为是栖栖者与？

　　　b. Øᵢ无乃为佞乎？"

　　　c. 孔子曰："Øᵢ非敢为佞也，

　　　d. Øᵢ疾固也。"（宪问）

上例中的话题，例 142）—例 144）是对称敬词"子"，依次指向孔子、柳下惠、仲由；例 145）的"丘"是微生亩呼孔子的名。例 144）话题在四个话轮间展开，其他话题在两个话轮间展开。

第二节　回指对象作话题

回指对象作话题也用于叙述式（纯叙述式、杂叙述式）和对话式（话轮内、话轮间）中，但数量不大，仅 38 例。回指对象充当的话题主要是零形式，实体形式不多见。我们在讨论回指对象所作话题的构成时，话题有实体形式的以实体形式为准，无实体形式的以先行词代表的实体形式为准。

一、叙述式中回指对象作话题

1. 纯叙述式中回指对象作话题

这类话题共 6 例，主要是主位零形回指〔仅例 2）是主位名词性回指〕。话题由指人专名、普通名词和名词性结构充当。例如：

1）a. 君命召〔孔子〕①ᵢ，

　　b. Øᴛᵢ不俟驾 Øᵢ行矣。（乡党）

2）a. 佛肸召〔孔子〕②ᵢ，

　　b. 子 Ti 欲往。（阳货）

---

① 此处据语境补出。

② 此处据语境补出。

3）a. 孟氏使阳肤ᵢ为士师，

　　b. Ø_Ti问于曾子。（子张）

4）a.（子路从而后，）遇丈人ᵢ，

　　b. Ø_Ti以杖荷蓧。（微子）

5）a.〔孔子〕①之三子ᵢ告，

　　b. Ø_Ti不可。（宪问）

上例话题除例1）外均未接续。

2. 杂叙述式中回指对象作话题

这类话题共4例，主要是主位零形回指［仅例8）主位用名词与零形式共同回指］。话题由指人专名和名词性偏正结构充当。例如：

6）a. 子使漆凋开ᵢ仕。

　　b. Ø_Ti对曰："……"（公冶长）

7）a. 康子馈药〔给孔子ᵢ〕②，

　　b. Ø_Ti拜而Øᵢ受之。

　　c. Øᵢ曰："……"（乡党）

8）a. 蘧伯玉使人于孔子ᵢ。

　　b. 孔子_Ti与之坐而Øᵢ问焉，Øᵢ曰："……"（宪问）

9）a. 有荷蒉而过孔氏之门者ᵢ，

　　b. Ø_Ti曰："……"

　　c. Øᵢ既而曰："……"（宪问）

上例话题除例151）外均得到接续。

二、对话式中回指对象作话题

（一）话轮内回指对象作话题

1. 指向非言听者的话题

这类话题根据回指形式分为零形回指话题、名词性回指话题、零形式与代词或名词共同回指的话题三类。

（1）零形回指话题

7例。由专有名词、普通名词和名词性结构充当，除例11）外话题均得到接

---

① 此处据语境补出。

② 此处据语境补出。

续。例如：

10）a.（孔子对曰：）"有颜回者 $_i$ $Ø_{Ti}$ 好学，

　　b. $Ø_i$ 不迁怒，

　　c. $Ø_i$ 不贰过。

　　d. $Ø_i$ 不幸短命死矣。"（雍也）

11）a.（周有大赉，善人是富。）"……百姓有过 $_i$，

　　b. $Ø_{Ti}$ 在予一人。"（尧曰）

12）a.（子曰：）"如有王者 $_i$，

　　b. $Ø_{Ti}$ 必世而后 $Ø_i$ 仁。"（子路）

13）a.（或曰：）"孰谓鄹人之子 $_i$ 知礼乎？

　　b. $Ø_{Ti}$ 入太庙，

　　c. $Ø_i$ 每事问。"（八佾）

上例中例 10）是"有"字兼语句，兼语"颜回"作话题，出现在"有·专名·者"结构中（杨伯峻和何乐士，2001：603）。类似话题有 3 例（1 例重出），比较特殊。杨伯峻和何乐士（2001：603）指出："这样的兼语句多无主语。多用于对具体人物的评论""这种句式都用于专名在文中第一次出现时。它很自然地把叙述对象引进来，并能引起人的注意。'者'在这里只在语气上起提顿和强调作用，并不在兼语的结构之内"。下文还会讨论一种纯粹由提顿词"者"标记的话题，例如：

14）鲁无君子者 $_T$，斯焉取斯？（公冶长）

将例 14）的"得见者"视为有标记话题，而将例 10）的"颜回者"视为无标记话题，是出于如下考虑：虽然"颜回"之后也有提顿词"者"起提顿和强调作用，但"颜回"首先是在"有"字兼语句中被"有"导入成为先行词，然后又以零形式作"好学"的主语的，即"有颜回者 $_i$ $Ø_{Ti}$ 好学"，这一过程符合无标记话题的形成过程，因此我们将其处理为无标记话题，以区别于纯粹由"者"标记的有标记话题。

（2）名词性回指话题

7 例。由普通名词、名词性结构和形容词充当。话题均未接续。例如：

15）a.（孔子退，揖巫马期而进之，曰：）"吾闻君子 $_i$ 不党，

　　b. 君子 $_{Ti}$ 亦党乎？"（述而）

16）a.（舜亦以命禹。曰：）"万方有罪 $_i$，

　　b. 罪 $_{Ti}$ 在朕躬。"（尧曰）

17）a.（子曰：）"必也狂 ᵢ 狷 ⱼ 乎！

b. 狂者 ₜᵢ 进取，

c. 狷者 ₜⱼ 有所不为也。"（子路）

18）a.（子曰：）"放郑声 ᵢ，

b. 远佞人 ⱼ。

c. 郑声 ₜᵢ 淫，

d. 佞人 ₜⱼ 殆。（卫灵公）

19）a.（孔子曰："能行五者于天下为仁矣。"请问之。曰：）"恭 ᵢ，宽 ⱼ，
信 ₖ，敏 ₗ，惠 ₘ。

b. 恭 ₜᵢ 则不侮，

c. 宽 ₜⱼ 则得众，

d. 信 ₜₖ 则人任焉，

e. 敏 ₜₗ 则有功，

f. 惠 ₜₘ 则足以使人。"（阳货）

上例中例 17）—例 19）较有特点。例 17）中，a 一次启动两个话题，b、c
分别在主位用名词性回指；例 18）中，a、b 分别启动一个话题，c、d 分别在主位
用名词性回指；例 19）中，a 一次启动五个话题，b—f 在主位依次用名词性回指。

（3）零形式与代词或名词共同回指的话题

这类话题仅 3 例，但情况不一，列举如下：

20）a.（子曰：）"吾与回 ᵢ 言终日，

b. $\varnothing_{Ti}$ 不违，

c. $\varnothing_i$ 如愚。

d. $\varnothing_i$ 退而 $\varnothing_i$ 省其 ᵢ 私 ①

e. $\varnothing_i$ 亦足以发。"（为政）

21）a.（子曰：）"无为而治者其舜 ᵢ 也与？

b. 夫 ₜᵢ 何为哉？

c. $\varnothing_i$ 恭己正南面而已矣。"（卫灵公）

---

① 朱熹（1992：13）注：

（颜回）其闻夫子之言，默识心融，触处洞然，自有条理。故终日言，但见其不违如愚人而已。及退省其私，
则见其日用动静语默之间，皆足以发明夫子之道，坦然由之而无疑，然后知其不愚也。

据此看来，朱熹认为"退而省其私"是孔子退而省颜回的私，孔子是施事。我们不用此说，而用杨伯峻（1980：
16）的观点，将"退而省其私"的施事看成颜回。

22）a.（子曰："齐一变，）至于鲁$_i$；

    b. <u>鲁</u>$_{Ti}$一变，

    c. Ø$_i$至于道。"（雍也）

上例中，例20）和例21）是零形式与代词共同回指的话题：例20）话题启动后，b、c 主位用零形回指，d 主位用零形回指，定位用代词性回指，e 主位用零形回指；例21）话题启动后，b 主位用代词"夫"回指，c 主位用零形回指。例22）是零形式与名词共同回指的话题，其话题启动后，b 主位用名词性回指，c 主位用零形回指。

上例中的话题，例20）和例21）是指人专名，例22）的"鲁"形式上是名词，实为名词性结构，指"鲁国的政治"（唐满先，1982：57）。以上话题均得到接续。

2. 指向言者或听者的话题

这两类话题共 3 例：

23）a.（子曰："三人行，）必有我$_i$师焉：

    b. Ø$_{Ti}$择其善者而从之，

    c. Ø$_i$〔择〕①其不善者而改之。"（述而）

24）a.（颜渊喟然叹曰："夫子循循然善诱人，）博我$_i$以文，约我$_i$以礼，〔使我$_i$〕欲罢不能。

    b. Ø$_{Ti}$既竭吾$_i$才，

    c. Ø$_i$如有所立卓尔。

    d. Ø$_i$虽欲从之，

    e. Ø$_i$末由也已！"（子罕）

25）a.（子曰：）"吾以子$_i$为异之问，

    b. Ø$_{Ti}$曾由与求之问。"（先进）

上例中的话题，例23）和例24）指向言者孔子和颜渊，例25）指向听者季子然。以上话题中前两例得到接续，最后一例未接续。

（二）话轮间回指对象作话题

这类话题没有指向言者的，指向听者的仅 1 例：

26）a. 子路曰："卫君待子$_i$而 <u>Ø</u>$_{Ti}$为政，

———————————————

① "择"承前补出。

  b. 子ᵢ将奚先？"

  c. 子曰："Øᵢ必也正名乎！"（子路）

例 26）话题启动后，a 主位用零形回指，b 主位用代词性回指，c 主位用零形回指。该话题得到接续，且随话轮交替发生人称转换，从第二人称转向第一人称，话题指向孔子。

其他话题均指向非言听者。

这类话题根据回指形式分为零形回指、代词性回指、名词性回指、零形式与代词共同回指四类，共 7 例。例如：

27）a. 子贡问曰："有一言而可以终身行之者ᵢ乎？"

  b. 子曰："Øₜᵢ其'恕'乎！"（卫灵公）

28）a. 子张问善人之道。（子张问："一个人怎样才算善人ᵢ？"）

  b. 子曰："Øₜᵢ不践迹，

  c. Øᵢ亦不入于室。"（先进）

29）a.（子曰："何晏也？"）对曰："有政ᵢ。"

  b. 子曰："其ₜᵢ事也。"（子路）

30）a.（晨门曰："奚自？"）子路曰："自孔氏ᵢ。"

  b. 曰："是ₜᵢ知其不可而为之者与？"（宪问）

31）a. 司马牛问君子。（司马牛问："一个人应该怎样成为君子ᵢ？"）

  b. 子曰："君子ₜᵢ不忧不惧。"（颜渊）

32）a. 子贡曰："有美玉Øₜᵢ于①斯，

  b. 韫椟而藏诸ᵢ？

  c. 求善贾而沽诸ᵢ？"

  d. 子曰："沽之ᵢ哉！

  e. 沽之ᵢ哉！"（子罕）

33）a. 子贡曰："如有〔人〕②ₜᵢ博施于民而Øᵢ能济众，

  b. Øᵢ何如？

  c. Øᵢ可谓仁乎？"

  d. 子曰："Øᵢ何事于仁！

  e. Øᵢ必也圣乎！

---

① 我们将"于"视为存在动词"在"。

② 杨伯峻（1980：65）将例 33）a、b 译为："假若有这么一个人，广泛地给人民以好处，又能帮助大家生活得很好，怎么样？"据此在此补出"人"。

　　f. 尧舜其犹病诸¡！"（雍也）

　　上例中的话题，例 27）和例 28）是主位零形回指；例 29）和例 30）是主位代词性回指；例 31）是主位名词性回指。例 32）和例 33）是零形式与代词共同回指：例 32）话题启动后，a 主位用零形回指，b—e 宾位用代词性回指；例 33）话题启动后，a—e 主位用零形回指，f 宾位用代词性回指。

　　上例话题除例 27）、例 32）是名词性结构外，其他均为名词。例 28）、例 32）、例 33）话题得到接续，其他未接续。

第四章 《论语》话题的构成（下）

本章根据《论语》话题结构系统讨论有标记话题结构、多话题结构、降级话题结构、内嵌话题结构中话题的构成。

第一节 有标记话题

前面提到，屈承熹（2006：206）将在句法上有明显标识、在小句和句子范围内即可识别的话题称为有标记话题，反之是无标记话题。实际上有标记话题与无标记话题在篇章功能上并无本质区别，都表现出向小句之外扩展的倾向，有的有标记话题甚至能够形成较长的话题链，例如：

1）a. 由$_i$也[1]$_T$升堂矣，Ø$_i$未入于室也。（先进）

b. 君子$_{Ti}$可逝 $_{ei}$也，不可陷 $_{ei}$也；可欺 $_{ei}$也，不可罔 $_{ei}$也。（雍也）

例 1）分别是提顿词"也"和移位结构标记的话题，下文有详细讨论。为便于研究，本章的考察以话题得到标记为目的，将涉及的有标记话题结构限定在小句范围内（并列性结构要超出小句，见下文）。这样处理的结果可能会使某些句子意思不够完整，如例 1）被处理成：

2）a. 由$_i$也$_T$升堂矣。（先进）

b. 君子$_{Ti}$可逝 Ø$_i$也。（雍也）

上例意思不够完整，但"由"和"君子"被确认为话题的目的已达到。至于有标记话题结构构成的话题链，将在后面专题讨论。

有标记话题包括话题标记标识的话题和句法结构标识的话题两种类型。

一、话题标记标识的话题

《论语》中话题标记对话题的标识分两种情况：①单独标记的话题；②合用标记的话题。

---

① 话题标记加着重号，下同。

（一）单独标记的话题

1. 提顿词标记

（1）"也"标记

32 例。由代词、名词、名词性结构、主谓结构和假设分句充当。

"也"标记的代词话题有 4 例，以指人专名形式出现。有两种情况，一是作第一人称谦称代词，"用自己的名称自己"［例 3）］，二是在对方直呼其名时作第二人称代词［例4）］。例如：

3）a. 丘也_T幸。（述而）

  b. 赐也_T何如？（公冶长）

4）赐也_T亦有恶乎？（阳货）

"也"标记的名词话题有 14 例，均为孔子学生的名字。例如：

5）a. 回也_T不愚。（为政）

  b. 求也_T何如？（公冶长）

"也"标记的名词性结构有 7 例，其中普通名词性结构 3 例①。

6）a. 斯民也_T，三代之所以直道而行也。（卫灵公）

  b. 人之过也_T，各于其党。（里仁）

  c. 吾友张也_T为难能也，然而未仁。（子张）

"也"标记的"A 之于 B"结构②有 4 例：

7）a. 知其说者之于天下也_T，其如示诸斯乎！（八佾）

  b. 吾之于人也_T，谁毁谁誉？（卫灵公）

  c. 民之于仁也_T，甚于水火。（卫灵公）

---

① 另有"斯人也而有斯疾也"两例，杨伯峻（1980：58）将之译为："这样的人竟有这样的病！"他显然将"斯人"看成了该小句的主语。何乐士（2004：447）也将《左传》"名而动"结构中的"名"视为主语。如此的话，"斯人"该看成"也"标记的话题。但杨荣祥（2008：242）认为"斯人也而有斯疾也"实为"话题性主语+名而动"结构省略"话题性主语"的结果，"斯人"并非主语，而是"名而动"中的"名"。它与"有斯疾也"一样，是谓述性成分。我们采用杨荣祥的观点，不将"斯人也"中的"也"视为提顿词，"斯人"也就不能视为"也"标记的话题，故将这两例排除。

② "A 之于 B"结构马建忠（1983：13）、吕叔湘（2002：231）、王力（1980：78；1981a：102）、楚永安（1986：651）、洪成玉（1990：28）、张国光（1995：72）、王永安和万新（1998：82-86）、许仰民（2001：201）、陈仕益（2008：69-73）等都有研究，他们一致认为"A 之于 B"结构是古汉语中普遍存在的固定结构，但对其结构性质众说纷纭。本书采用王永安和万新（1998：84）的观点，将"A 之于 B"归入名词性结构。

d. <u>君子之于天下也</u>~T~，无适也。（里仁）

"也"标记的主谓结构有 4 例，其中"也"标记的"主·之·谓"结构①有 3 例：

8）a. <u>夫子之求之也</u>~T~，其诸异乎人之求之与？（学而）

b. <u>中庸之为德也</u>~T~，其至矣乎！（雍也）

c. <u>君子之仕也</u>~T~，行其义也。（微子）

"也"标记的"主·谓"结构有 1 例：

9）<u>吾闻之~i~也</u>~T~：君子周急不继富~i~。（雍也）

其宾语"之"与述题构成下指（cataphora）②关系。

"也"标记的假设分句有 3 例：

10）a. <u>是道也</u>~T~，何足以臧？（子罕）

b. <u>莫己知也</u>~T~，斯己而已矣。（宪问）

c. <u>如知为君之难也</u>~T~，不几乎一言而兴邦乎？（子路）

例 10）a、b 的话题"是道""莫己知"各是一个假设分句，杨伯峻（1980：95，159）将它们分别译为"仅仅这个样子，（怎么能够好得起来？）"和"没有人知道自己，（这就罢休好了。）"。

（2）"者"标记

7 例。由名词性结构和假设分句充当。

"者"标记的名词性结构有 2 例：

11）a. <u>三家者</u>~T~以《雍》撤。（八佾）

b. <u>今之成人者</u>~T~何必然？（宪问）

"者"标记的假设分句有 5 例。例如：

12）a. <u>力不足者</u>~T~，中道而废。（雍也）

b. <u>夫子之得邦家者</u>~T~，所谓立之斯立……（子张）

---

① 王力（1989：232）认为主谓结构插进了"之"字，就成了名词性词组。何乐士（2004：71）在充分比较了《左传》中的"主·之·谓"结构与名词性结构的差异后明确指出，"主·之·谓"结构不是名词性结构，而是主谓结构。我们采用何先生的观点。

② 下指是"标明正在表达的和即将表达的两者指称相同的一种方式"（戴维·克里斯特尔，2000：51）。例 9）中的"之"与下文"君子周急不继富"指称相同，两者为下指关系。

    c. <u>予所否者</u> _T，天厌之！（雍也）

例 12）的"所……者"相当于"假如……的话"，只用于誓词中（唐满先，1982：58）。

（3）"矣"标记

2 例。

13）a. <u>商闻之 _i 矣</u> _T：死生有命，富贵在天 _i。（颜渊）

    b. <u>苟志于仁矣</u> _T，无恶也。（里仁）

例 13）中的话题，a 是"主·谓"结构，其宾语"之"与述题构成下指关系，b 是假设分句。

（4）"云"标记

2 例，由名词充当，以"N 云 N 云"形式重复。例如：

14）a. <u>礼云礼云</u> _T，玉帛云乎哉？（阳货）

    b. <u>乐云乐云</u> _T，钟鼓云乎哉？（阳货）

（5）"兮"标记

1 例，由名词充当，以"N 兮 N 兮"形式重复。例如：

15）<u>凤兮凤兮</u> _T！何德之衰？（微子）

（6）"之"标记

1 例，由指人专名充当。例如：

16）<u>予之</u> _T不仁也！（阳货）

2. 提掣连词标记

单话题结构中标记话题的提掣连词是"夫"。它标记的话题有 4 例，由名词性结构[例 17），仅 1 例]和动词性结构[例 18），共 3 例]充当。例如：

17）<u>夫三年之丧</u> _T，天下之通丧也……（阳货）

18）a. <u>夫如是</u> _T，奚其丧？（宪问）

    b. <u>夫如是</u> _T，奚而不丧？（宪问）

    c. <u>夫如是</u> _T，则四方之民襁负其子而至矣……（子路）

例 18）中的三个"是"分别指代前文的"仲叔圉治宾客，祝鮀治宗庙，王孙贾治军旅"、"卫灵公之无道"和"盖均无贫，和无寡，安无倾"。前文所述新信息在此被"是"指代，再经提掣连词"夫"的标记，便成了旧信息，适合作话题。

3. 介词标记

（1）"至于"义介词标记

3 例，由名词性结构充当。例如：

19）a. <u>至于犬马</u>ᴛ，皆能有养。（为政）

　　b. <u>如其礼乐</u>ᴛ，以俟君子。（先进）

　　c. <u>若圣与仁</u>ᴛ，则吾岂敢？（述而）

（2）"于₂"（表"在……中"义）标记

2 例，由名词性结构充当。例如：

20）a. <u>于斯三者</u>ᴛ何先？（颜渊）

　　b. <u>于斯二者</u>ᴛ何先？（颜渊）

4. 动词标记

单话题结构中标记话题的动词是"譬如"。它标记的话题有 2 例，由动词性结构充当。例如：

21）a. <u>譬如为山</u>ᴛ，未成一篑……（子罕）

　　b. <u>譬如平地</u>ᴛ，虽覆一篑……（子罕）

（二）合用标记的话题

合用的话题标记同时出现在话题前后，对话题身份进行明确标注。合用标记的话题共 7 例，由指人专名、普通名词、名词性结构和形容词充当。例如：

22）a. <u>夫达也者</u>ᴛ，质直而好义……（颜渊）

　　b. <u>夫闻也者</u>ᴛ，色取仁而行违……（颜渊）

　　c. <u>夫仁者</u>ᴛ，己欲立而立人……（雍也）

　　d. <u>于予与</u>ᴛ何诛？（公冶长）

　　e. <u>于予与</u>ᴛ改是。（公冶长）

　　f. <u>所谓大臣者</u>ᴛ，以道事君……（先进）

　　g. <u>若由也</u>ᴛ，不得其死然。（先进）

上例中的话题，分别由"夫……也者"、"夫……者"、"于₁……与"（"于₁"表"对于"义）、"于₃……与"（"于₃"表"从……以后"义）、"所谓……者"、"若……也"（"若"，动词，义为"比如""像"）标记。

例22）中，e 话题"予"形式上是指人专名，实为名词性结构"宰予的事件"（杨伯峻，1980：46）。g 中，述题"不得其死""何晏集解引孔安国曰：'不得以寿终'……亦省作'不得死'"（罗竹风，1986：443）。可见"不得其死"是固定结构，"其"并非指代话题"由"，因此我们不把该例视为移位型话题结构。

二、句法结构标识的话题

可标识话题的句法结构的特点在于：当一个或多个（针对比较句和并列性结构）名词性词语出现在小句中时，它（们）能够被确认为话题。这些特定句法结构自然也就成了话题结构。

在讨论特定句法结构标识的话题前，先说明一点，就是在这些句法结构对话题进行标识的同时，这些话题前面或后面也可能出现话题标记。例如：

23）a. 雍ᵢ也ᴛ可使 eᵢ南面。（雍也）

　　b. 今之孝ᵢ者ᴛ，是ᵢ谓能养〔爹娘〕①。（为政）

话题标记的出现使话题身份更加明显，但考虑到"任何话题都有后接停顿或者停顿虚词的可能"（屈承熹，2006：207），我们在讨论由特定句法结构标识的话题时不再对这些话题标记进行专门处理。

《论语》中能够标识话题的特定句法结构有移位结构、汉语式话题结构、句首时地词结构、框架话题结构、类与成员框架结构、主谓倒置结构、被动结构、比较结构、并列性结构九种。

（一）移位结构标识的话题

移位结构在《论语》中使用频率很高。所谓"移位"，是指某成分从句中前移至句首。这有两种情况，一是某成分前移后在移出位置留下一个代词，回指该成分；二是某成分前移后在移出位置留下一个空语类。我们采用陈平和徐纠纠（1996：27-28）的观点，将前一种称为"左置话题结构"，后一种称为"话题化话题结构"。

1. 左置话题结构标识的话题

左置话题结构中的代词有人称代词和指示代词两类，该结构相应地分为含人称代词的和含指示代词的两类。

---

① 杨伯峻（1980：14）将例 23）b 译为："现在的所谓孝，就是说能够养活爹娘便行了。"据此在此补出"爹娘"。

（1）人称代词性回指的话题

主要是第三人称代词"之""其""诸""焉"。

"之"回指的话题中，话题由名词、名词性结构、动词性结构和主谓结构充当。

名词。9例，主要是普通名词，专有名词仅1例[例25）]。例如：

24）a. 士$_{Ti}$何如斯可谓之$_i$达矣？（颜渊）

　　b. 草$_{Ti}$上之$_i$〔以〕①风。（颜渊）

　　c.[人]$_{Ti}$乡人皆好之$_i$。（子路）

　　d.[民]$_{Ti}$道之$_i$以政，（齐之以刑，民免而无耻。）（为政）

25）孔文子$_{Ti}$何以谓之$_i$"文"也？（公冶长）

例24）中，c、d的移位成分前移后留下代词，但前移成分省略。c的"之"指向一般人，d的"之"指向后文"民免而无耻"的"民"。

名词性结构。共15例，既可指人，也可指物。例如：

26）a. 好仁者$_{Ti}$，无以尚之$_i$。（里仁）

　　b. 诲女$_{Ti}$，知之$_i$乎？②（为政）

　　c. 禘自既灌而往者$_{Ti}$，吾不欲观之$_i$矣。（八佾）

上例中，例26）b的话题"诲女"形式上是动词性结构，实为名词性结构，意为"教给你的学问"。例26）c的话题"禘自既灌而往者"是定语后置的名词性偏正结构，"者"是定语后置标记，"禘"是中心语，"自既灌而往"是定语。

动词性结构。7例，其中6例的话题是从"谓之"结构的宾语位置前移而来的。例如：

---

① 杨伯峻和何乐士（2001：563）认为，"草上之风"中，"'之'代'草'，表示加风的处所……在理解时可添加语义介词'以'使变为动补式，如上之（以）风"。我们采用该观点，在例24）b中添加介词"以"，将"草"视为左置话题结构标识的话题。

② 刘宝楠（1954：33）曰：

　　诲女知之者。言我诲女之言。女知之否耶。俞氏樾平议据荀子子道篇及韩诗外传所述此文并言志之。谓知与志通。亦是也。

程树德（1990：110-111）曰：

　　郑注云："志，犹知也。"然则知与志义通。"诲女知之乎"即"诲女志之乎"，言我今诲女，女其谨志之也……《皇疏》：若不知知知，此则是无知之人耳……又一通云：孔子呼子路名云：由！我从来教化于汝，汝知我教汝以不乎？汝若知我教则云知，若不知则云不知。

由这两处注疏可知，无论"知"与"志"是否相通，"诲女"都当是"之"所指称的内容，意为"教给你的学问"。唐满先（1982：13）将该句断为"诲女，知之乎？"，译为"我教给你的，你懂了吗？"，正是以此为据。相反，杨伯峻（1980：19）将该句译为："教给你对待知或不知的正确态度吧！"来可弘（1996：46）译为："教诲你对待知与不知的正确态度吧！"两人译文几乎一模一样，原文中"知之"的"之"都没有坐实，译文很牵强。钱穆（1985：38）将该句译为："我教你如何求知吧！"意译色彩更重。因此我们采用唐满先对该句的点断和解释。

27）a. 言未及之而言 $_{Ti}$ 谓之 $_i$ 躁。（季氏）

　　b. 不教而杀 $_{Ti}$ 谓之 $_i$ 虐。（尧曰）

　　c. 匿怨而友其人 $_{Ti}$，左丘明耻之 $_i$。（公冶长）

主谓结构。1 例：

28）道之不行 $_{Ti}$，已知之 $_i$ 矣。（微子）

"其"回指的话题有 5 例，由名词充当。例如：

29）a. 骥 $_{Ti}$ 不称其 $_i$ 力。（宪问）

　　b. 父母 $_{Ti}$ 唯其 $_i$ 疾之忧①。（为政）

　　c. [人] $_{Ti}$ 视其 $_i$ 所以，（……人焉廋哉？）（为政）

上例中，例 29）的述题"唯其疾之忧"是"唯忧其疾"的倒装，"之"为宾语前置标记，不是代词。

"诸"回指的话题有 3 例：

30）色厉而内荏 $_{Ti}$，譬诸 $_i$ 小人。（阳货）

31）a. 尔所不知 $_{Ti}$，人其舍诸 $_i$？（子路）

　　b. 修己以安百姓 $_{Ti}$，尧舜其犹病诸 $_i$？（宪问）

上例中，例 30）的"诸"相当于"之于"的合音合义词，"之"是代词，"于"是介词。"诸"兼有代词和介词的作用（杨伯峻和何乐士，2001：14）。例 31）的"诸"相当于"之乎"的合音合义词，"之"是代词，"乎"是语气词。"诸"兼有代词和语气词的作用（杨伯峻和何乐士，2001：16）。例 30）的话题形式上是动词性结构，实为名词性结构，即"色厉而内荏的人"；例 31）中的话题，a 是名词性结构，b 是动词性结构。

"焉"回指的话题有 2 例：

32）a. 自行束脩以上 $_{Ti}$②，吾未尝无诲焉 $_i$。（述而）

　　b. 虽小道 $_{Ti}$，必有可观者焉 $_i$。（子罕）

---

① 据杨伯峻（1980：14），"其"有指代父母和指代儿女两说，且两说皆可通。我们取"其"指代父母之说，该句便为左置话题结构，"父母"为话题；若"其"指代"儿女"，该句与话题无关。

② 何晏引孔安国的话将该句解为："言人能奉礼。自行束脩以上。则皆教诲之也。"（何晏和皇侃，1937：87）显然孔安国是将"束脩"当"礼"解的，皇侃又将此"礼"明确为"十束脯也"，即十条干肉，后世多从之。刘宝楠（1954：138）则引李贤《后汉·延笃传》注曰：

束脩，谓束带修饰。郑注论语曰。束脩。谓年十五以上也……人年十六为成人。十五以上可以行

挚见师。故举其所行之挚以表其年。

可见刘氏认为"束脩"并非指十条干肉，而是代指成人。今人王泗原（1988：290-291）用大量例证证明，"束脩"代指"十五岁"，"行"指"行年"，"'行束脩'，直言之，则为行年十五"。我们同意刘、王的看法，并在此意义上将该例处理为左置话题结构。

例 32）a 的"焉"是人称代词，例 32）b 的"焉"是兼词，"作'于是''于此'义"（杨伯峻和何乐士，2001：21）。两例的话题由名词性结构充当。

回指话题的除第三人称代词外，还有少数第二人称代词"女"和"尔"。它们在述题中作主语［如例 33）a、b］、宾语［如例 33）c］和定语［如例 33）d］。话题均指向孔子的学生，共 7 例。例如：

33）a. 由ᵢ也 T！女ᵢ闻六言六蔽矣乎？（阳货）

　　b. 求 Tᵢ！尔ᵢ何如？（先进）

　　c. 求 Tᵢ！无乃尔ᵢ是过与？（季氏）

　　d. 赐ᵢ也 T，非尔ᵢ所及也。（公冶长）

例 33）c 的述题"无乃尔是过与？"是疑问句中动词宾语前置，"是"为前置标记，"尔是过"即"过尔"，"尔"作"过"的宾语。例 33）d 中，述题"非尔所及"的"尔"作定语，修饰"所及"。

（2）指示代词性回指的话题

指示代词包括"是""其""然""斯""夫"五个。

"是"回指话题时，在述题中作主语，它回指的话题由名词性结构、动词性结构、形容词性结构和主谓结构充当。

名词性结构。1 例：

34）今之孝ᵢ者 T，是ᵢ谓能养。（为政）

动词性结构。7 例，有单个动词性结构，也有并列动词性结构。例如：

35）a. 以不教民战 Tᵢ，是ᵢ谓弃之。（子路）

　　b. 不逆诈，不亿不信，抑亦先觉者 Tᵢ，是ᵢ贤乎！（宪问）

形容词性结构。2 例：

36）a. 富与贵 Tᵢ，是ᵢ人之所欲也。（里仁）

　　b. 贫与贱 Tᵢ，是ᵢ人之所恶也。（里仁）

主谓结构。2 例：

37）a. 吾无行而不与二三子者 Tᵢ，是ᵢ丘也。（述而）

　　b. 虎兕出于柙，龟玉毁于椟中 Tᵢ，是ᵢ谁之过与？（季氏）

"其"回指的话题有两种情况。

"其"作主语，相当于"那"。5 例：

38）a. 乐 Tᵢ其ᵢ可知也。（八佾）

　　b. 孝弟ᵢ也者 T，其ᵢ为仁之本与！（学而）

c. 人而不为《周南》《召南》$_{Ti}$，其$_i$犹正墙面而立也与？（阳货）

d. 大车无輗，小车无軏$_{Ti}$，其$_i$何以行之哉？（为政）

例38）中的话题分别由名词、动词性结构和主谓结构充当，其中c是"名而动"动词性结构。

"其"作定语，与"中"组成"其中"，相当于"在那里面"。4例：

39）a. 饭疏食饮水，曲肱而枕之$_{Ti}$，乐亦在其$_i$中矣。（述而）

b. 博学而笃志，切问而近思$_{Ti}$，仁在其$_i$中矣。（子张）

c. 言寡尤，行寡悔$_{Ti}$，禄在其$_i$中矣。（为政）

d. 父为子隐，子为父隐$_{Ti}$。——直在其$_i$中矣。（子路）

上例中的话题，a、b由动词性结构充当，c、d由主谓结构充当。

"然"在回指话题时，与"后"组成"然后"，相当于"这以后"，2例。话题由主谓结构充当。例如：

40）a. 岁寒$_{Ti}$，然$_i$后知松柏之后凋也。（子罕）

b. 文质彬彬$_{Ti}$，然$_i$后君子。（雍也）

"斯"在回指话题时，表近指，相当于"这"，它回指的话题有3例，由动词性结构充当。例如：

41）a. 攻乎异端$_{Ti}$，斯$_i$害也已[①]。（为政）

[①] 杨伯峻（1980：18）认为"攻"是"攻击"；"斯"是连词，"这就"；"已"是动词，"止也"，译为"消灭"。该句当译为："批判那些不正确的议论，祸害就可以消灭了。"理由是：

《论语》共用四次"攻"字，像《先进篇》的"小子鸣鼓而攻之"，《颜渊篇》的"攻其恶，无攻人之恶"的三个"攻"字都当"攻击"解，这里也不应例外。很多人却把它解为"治学"的"治"。如果把"攻"字解为"治"，那么"斯"字得看作代词，"这"的意思；"也已"得看作语气词。全文便如此译："从事于不正确的学术研究，这是祸害哩。"一般的讲法是如此的，虽能文从字顺，但和《论语》词法和句法都不合。

我们认为该说可商榷：①认为四个"攻"应该相同，不该有例外，作了例外解释就是与《论语》词法不合，缺少证据；②如果将"攻"解为"治"，"斯"就作代词，"也已"作气词。这并不违背《论语》句法。在《论语》中，"斯"毫无疑问可以作代词，"也已"作语气词的也有6例。例如：

能近取譬，可谓仁之方也已。（雍也）

虽欲从之，末由也已！（颜渊）。

程树德（1990：104-105）在对该句的"考异"中指出：

皇本"已"下有"矣"字。《天文本论语校勘记》：天文本"已"下有"矣"字，古本、唐本、津藩本、正平本同……阮公《校勘记》云："皇本、高丽本'已'下有'矣'字。则'也已矣'三字连文，皆语辞，与'吾末如之何也已矣'例同，可证已字不得训止也。"

也就是说，杨伯峻用的本子中是"斯害也已"，"已"解为"止"没有问题，但既然多个本子中的"斯害也已"实为"斯害也已矣"，"已"就不能解为"止"，只能是"也已矣"一起作语气词。相应地，"斯"就只能作代词，唐满先（1982：13）、钱穆（1985：37）、来可泓（1996：45）都如此处理。我们也认为"斯"是代词，回指"攻乎异端"。

b. 尊五美，屏四恶_{Ti}，斯_i可以从政矣。（尧曰）

c. 因民之所利而利之_{Ti}，斯_i不亦惠而不费乎？（尧曰）

"夫"在回指话题时，表远指，相当于"那"，它回指的话题有2例，由动词性结构充当。例如：

42）a. 内省不疚_{Ti}，夫_i何忧何惧？（颜渊）

b.（未之思也，）[真的想念]_{Ti}，夫_i何远之有？（子罕）

例42）的话题承语境省略，杨伯峻（1980：96）将其补为"真的想念，（有什么遥远呢？）"。

2. 话题化结构标识的话题

这类话题在述题中留有一个空语类。空语类主要出现在宾语位置，也可出现在定语、兼语位置。

（1）宾语空语类回指的话题

宾语空语类主要是动词宾语空语类，也有少数介词空语类。

在动词宾语空语类回指的话题中，空语类的位置有两种情况。

可以出现在间接宾语位置（5例）。其中4例是"$_{Ti}$（，）可谓 $_{ei}$NP"[1]结构：

43）a. 泰伯_{Ti}，其可谓 _{ei}至德也已矣。（泰伯）

b. 仲由、冉求_{Ti}可谓 _{ei}大臣与？（先进）

c. 周之德_{Ti}，其可谓 _{ei}至德也已矣。（泰伯）

d. 能近取譬_{Ti}，可谓 _{ei}仁之方也已。（雍也）

1例是"$_{Ti}$托 $_{ei}$NP"结构：

44）[人]_{Ti}可以托 _{ei}六尺之孤。（泰伯）

例43）和例44）的话题由指人专名、普通名词、名词性结构和动词性结构充当。

也可以出现在单宾语位置。

这种情况最常见，类型也最多。根据动词类型可分为如下几类。

（不）可V类（13例）。话题由名词和名词性结构充当。

名词。6例，既有专有名词，也有普通名词。例如：

45）a.（子谓公冶长，）"[公冶长]_{Ti}可妻 _{ei}也。"（公冶长）

b. 仲尼_{Ti}不可毁 _{ei}也。（子张）

c. 后生_{Ti}可畏 _{ei}。（子罕）

d. 朽木_{Ti}不可雕 _{ei}也。（公冶长）

[1] T，Topic，表示话题；e，empty，表示空语类。

　　　　e. 言 _{Ti} 不可不慎 _{ei} 也。（子张）

名词性结构。7 例，均指物。例如：

46）a. 十世 _{Ti} 可知 _{ei} 也？（为政）

　　　b. 夫子之文章 _{Ti}，可得①而闻 _{ei} 也。（公冶长）

　　　c. 粪土之墙 _{Ti} 不可朽 _{ei} 也。（公冶长）

　　　d. 父母之年 _{Ti}，不可不知 _{ei} 也。（里仁）

不/勿/无/足 V 类（15 例）。主要是"不 V"（8 例），话题由名词性结构充当。例如：

47）a. 成事 _{Ti} 不说 _{ei}。（八佾）

　　　b. 帝臣 _{Ti} 不蔽 _{ei}。（尧曰）

　　　c. 有罪 _{Ti} 不敢赦 _{ei}。（尧曰）

　　　d. 暴虎冯河，死而无悔者 _{Ti}，吾不与②_{ei} 也。（述而）

　　　e. 君子之至于斯 _i 也 _T，吾未尝不得见 _{ei} 也。（八佾）

48）a. 非礼 _{Ti} 勿视 _{ei}。（颜渊）

　　　b. 非礼 _{Ti} 勿听 _{ei}。（颜渊）

　　　c. 己所不欲 _{Ti}，勿施 _{ei} 于人。（卫灵公）

49）a. 法语之言 _{Ti}，能无从 _{ei} 乎？（子罕）

　　　b. 巽与之言 _{Ti}，能无说 _{ei} 乎？（子罕）

50）斗筲之人 _{Ti}，何足算 _{ei} 也？（子路）

　　例 47）中，b 的"帝臣"指"帝臣的善恶"（杨伯峻，1980：207）；c 的"有罪"形式上是动词性结构，实为名词性结构，指"有罪的人"（杨伯峻，1980：207）；e 的"君子之至于斯"是定语后置的名词性偏正结构，"之"是定语后置标记，杨伯峻将其译为"所有到了这个地方的有道德学问的人"（杨伯峻，1980：33）。例 48）中，a 的"非礼"指"不合礼的事"，b 的"非礼"指"不合礼的话"（杨伯峻，1980：123）。

　　其他类。该类动词没什么规律，包括"蹈""是""存""养""有""比""视""取""入" 9 个，各 1 例，共 9 例。话题可由名词性结构、动词性结构、形容词性结构和主谓结构充当。

　　名词性结构充当的，例如：

---

① "得"是"助动词，表示客观条件的可能"（杨伯峻，1980：275）。

② "与"，动词，"协同"（杨伯峻，1980：69）。

51）a. 水火 $_{Ti}$，吾见蹈 $_{ei}$ 而死者矣。（卫灵公）

　　b. 滔滔者 $_{Ti}$ 天下皆是 $_{ei}$ 也。（微子）

　　c. 笾豆之事 $_{Ti}$，则有司存 $_{ei}$。（泰伯）

　　d. 唯女子与小人 $_{Ti}$ 为难养 $_{ei}$ 也。（阳货）

　　e. 执德不弘，信道不笃 $_{Ti}$，焉能为有 $_{ei}$？（子张）

动词性结构充当的，例如：

52）a. 亲于其身为不善者 $_{Ti}$，君子不入 $_{ei}$ 也。（阳货）

　　b. 述而不作，信而好古 $_{Ti}$，窃比 $_{ei}$ 于我老彭。（述而）

形容词性结构充当的，例如：

53）不义而富且贵 $_{Ti}$，于我〔视〕$^{①}{}_{ei}$ 如浮云。（述而）

主谓结构充当的，例如：

54）"相维辟公，天子穆穆" $_{Ti}$，奚取 $_{ei}$ 于三家之堂？（八佾）

上例中，例 51）e 的话题"执德不弘，信道不笃"形式上是动词性结构，实为名词性结构，指"执德不弘，信道不笃的人"；例 54）是引用的诗句，作为整体充当话题，由主谓结构充当。

在介词宾语空语类回指的话题中，分介词出现和不出现两种情况。

介词出现（7 例）。介词有"与""以"两个。话题由名词、名词性结构和动词性结构充当。例如：

55）a. 鸟兽 $_{Ti}$ 不可与 $_{ei}$ 同群。（微子）

　　b. 士志于道，而耻恶衣恶食者 $_{Ti}$，未足与 $_{ei}$ 议也。（里仁）

56）a. 温故而知新 $_{Ti}$，可以 $_{ei}$ 为师矣。（为政）

　　b. 事君尽礼 $_{Ti}$，人以 $_{ei}$ 为谄也。（八佾）

例 55）中，b 的话题是偏正结构，"者"是定语后置标志，中心语是"士"，"志于道，而耻恶衣恶食者"是其定语。

介词不出现（13 例）。这种情况是指，从转换生成语法的深层语义结构观点来看，介词与其宾语同时前移至小句句首后介词被删除，因此在述题中只有前移宾语留下的空位而没有介词。这种话题分为两类。

话题是述题的谈论对象（7 例）。这类话题可进入"对于""就……而言"等介词或其结构，是述题的谈论对象。话题由名词和动词性结构充当。例如：

---

① 例 53）中，"于我如浮云"的"于"是介词，"把表意旨的主动者介绍出来"（杨伯峻，1980：254），即"于"介引施事主语"我"。我们认为"我"后应该有个动词，故用"视"补出。那么"不义而富且贵"就是从"视"的宾语位置前移成为话题的。

57）a. 禹 _{Ti}，吾 _{ei}①无间然矣。（泰伯）

　　b. 礼 _{Ti}，_{ei}与其奢也，宁俭。（八佾）

　　c. 听讼 _{Ti}，_{ei}吾犹人也。（颜渊）

　　d. 弑父与君 _{Ti}，_{ei}亦不从〔上级〕②也。（先进）

话题是述题的谈论范围（6 例）。这类话题可进入"在……中"介词结构，表示述题的谈论范围。话题由名词和名词性结构充当。例如：

58）a. 弟子 _{Ti}孰 _{ei}为好学？（雍也）

　　b. 师与商 _i也 _T孰 _{ei}贤？（先进）

　　c. 小子 _{Ti}何莫 _{ei}学夫诗？（阳货）

例 58）中，a、b 是疑问代词"孰"作主语，c 是无指代词"莫"（杨伯峻和何乐士，2001：158）作主语，意为"没有人"。

（2）定语空语类回指的话题

5 例。话题与主语间有领属关系，可以认为主语前有一个定语空位，该空位与话题同指。话题由名词和名词性结构充当。例如：

59）a. [人]_{Tiei}父在，（观其志）。（学而）

　　b. 巧言令色 _{Ti}，鲜矣 _{ei}仁！（学而）

例 59）中，b 的话题"巧言令色"实为"巧言令色的人"。该例述题是主谓倒置结构，"鲜矣仁"即"仁鲜矣"。

（3）兼语空语类回指的话题

兼语空语类都出现在动词性结构"可使"后面。这类话题共 5 例，由指人专名和普通名词充当。例如：

60）a. 雍 _i也 _T可使 _{ei}南面。（雍也）

---

① 这类引介宾语的介词未出现，但介词宾语是从小句主语和谓语之间移出的，因此我们将"e"标在小句主语后、谓语前的位置。

② 从《论语》中该句前文"然则从之者与？"可推断"弑父与君，亦不从也"中"从"的空位宾语不是"弑父与君"，而是"之"，指代"上级"（杨伯峻，1980：118）。

程树德（1990：532）曰：

《论语稽》：对于民，其可者使其自由之，而所不可者亦使知之。或曰：舆论所可者，则使共由

之。其不可者，亦使共知之。均可备一说。

针对此说，杨伯峻（1980：81）指出，若按《论语稽》所言，原文当读为"民可，使由之；不可，使知之。"但恐怕古人无此语法。若是古人果是此意，必用"则"字，甚至"使"下再用"之"字以重指"民"，作"民可，则使（之）由（之）；不可，则使（之）知之"，方不致晦涩而误解。另外《论语集注》《十三经注疏·论语注疏》《诸子集成·论语正义》《论语疏证》《论语今译》《论语新解》《论语直解》中均无《论语稽》所言观点，故我们信从杨伯峻的观点，不采用"民可，使由之；不可，使知之"的点断法。

b. 仲由 $_{Ti}$ 可使 $_{ei}$ 从政也与？（雍也）

c. 民 $_{Ti}$ 可使 $_{ei}$ 由之（不可使知之）。（泰伯）

（二）汉语式话题结构标识的话题

当前学界所说的汉语式话题结构指的是下面这类结构：

61）a. 这本书我读得很累。

b. 那场火幸亏消防队来得快。

c. 象鼻子长。

陈平和徐纠纠（1996：28）认为，这类结构与移位结构不同，它们"既没有句法话题的句法上的空位，在句子的其他部分中也没有同指的代词"。对话题结构其他部分的谓语动词来说，这类话题"在语义上既可以是一个参与者"［如例61）a］，"也可以是一个场景"［如例61）b］，"也可以没有直接的语义关系"［如例61）c］，"如果这类句法话题在英语中有对应的表达式的话，那经常是由介词短语充当"。

汉语式话题结构标识的话题在《论语》中不多见，单话题结构中有如下4例。

62）a. 为命 $_{Ti}$，裨谌草创之 $_i$。（宪问）

b. 事君 $_{Ti}$，敬其 $_i$ 事而后其 $_i$ 食。（卫灵公）

c. 二 $_T$，吾犹不足。（颜渊）

d. 丧 $_T$ 致乎哀而止。（子张）

例62）中，尽管 a、b 话题的一部分与述题同指，但整个话题与述题并不同指，c、d 的话题与述题也不同指。这说明以上话题与其述题之间都没有语义选择关系，二者是通过语境的"有关性"（aboutness）建立联系的（屈承熹，2003：1）。c 的话题"二"指"十分抽二的税率"（杨伯峻，1980：127），是名词性结构；其他话题是动词性结构，其中 d 的"丧"指"居丧"。

（三）句首时地词结构标识的话题

曹逢甫（2005：115-116）通过详细论证，证明时间、处所词居于句首时应被看作话题。屈承熹（2006：207）也将居于句首的时间、地点视为话题。徐烈炯和刘丹青（2007：113-114）将居于句首的时间、处所词称为"时地语域式话题"。他们认为"话题为述题提供时间、处所方面的语域，这是汉语话题的很常见的语义类别。主语前或无主语句句首的时间处所词一般都是这种话题"。几位学者对话题的观点不尽相同，但在时间、处所词居于句首时应视为话题这一点上却高度一致。他们的观点在学界得到广泛认同，本书也信从这一观点。

《论语》中居于句首的时间话题共 8 例（1 例重出），由"今"充当的就有 5 例。话题由时间名词和表时间的名词性结构充当。例如：

63）a. <u>今也</u>$_T$则亡。（雍也）

　　b. <u>今</u>$_T$女画。（雍也）

　　c. <u>明日</u>$_T$，子路行以告。（微子）

　　d. <u>而今而后</u>$_T$，吾知免夫！（泰伯）

　　e.（才难，不其然乎？）<u>唐虞之际</u>$_{Ti}$，〔才〕[①]于斯$_i$为盛。（泰伯）

例 63）中，d 的话题"而今而后"意为"从今以后"（杨伯峻，1980：79）；e 的话题"唐虞之际"与述题中的"斯"同指。

居于句首的处所话题共 5 例，由处所名词和表处所的名词性结构充当。例如：

64）a. <u>殷</u>$_{Ti}$有三仁焉$_i$。（微子）

　　b.（子路使子羔为费宰……）[<u>费</u>]$_{Ti}$有民人焉$_i$。（先进）

　　c. <u>十室之邑</u>$_{Ti}$，必有忠信如丘者焉$_i$。（公冶长）

　　d.（三人行，）[<u>三人</u>]$_{Ti}$必有我师焉$_i$。（述而）

　　e. <u>吾党</u>$_T$有直躬者。（子路）

上例中，例 64）d 的话题"三人"意为"在这三人当中"。例 64）均为含"有"字的存现句，其中 a—d 的话题与述题中的兼词"焉"同指。

以上讨论的时间、处所话题都与其述题具有回指关系（有些述题中零形回指前不出现介词），这种情况理应按移位结构来处理，但考虑到时间、处所话题之间具有更多的共性，我们将其单独归为一类。

（四）框架话题结构标识的话题

框架话题结构指的是"……（者，）……也"结构，"者"有时不出现。王力（1981a：242）在谈古代汉语的判断句时指出，秦汉以前的判断句一般不用系词，通常是在主语后用语气词"者"字表提顿，再在谓语后用语气词"也"字，或者只在谓语后用语气词"也"字。这种用"也"字煞尾和用"者"字照应的句子是古代汉语判断句的典型结构。吕叔湘（1959：13）、杨伯峻（1981：337）、韩峥嵘（1984：596-597）等有类似看法。我们认为，从话题角度来看，"……（者，）……也"结构是典型的话题结构式，"者"标记话题，"也"标记述题。

---

① "才"承前补出。

《论语》中的框架话题结构主要是"……，……也"，"……者，……也"仅 2 例。该结构标识的话题有 14 例，由代词、名词、名词性结构和动词性结构充当。例如：

65) a. 女_T，器也。（公冶长）

    b. 是_T礼也。（八佾）

66) a. 政_T者，正也。（颜渊）

    b. 仲尼_T，日月也。（子张）

67) a. 他人之贤_T者，丘陵也。（子张）

    b. 鲁卫之政_T，兄弟也。（子路）

68) a. 道听而途说_T，德之弃也。（阳货）

    b. 先进于礼乐_T，野人也。（先进）

（五）类与成员框架结构标识的话题

类与成员框架结构式是：NP1：NP2。NP1 划定某个范围，NP2 是从属于该范围的若干名词（指人专名或普通名词），前后有类与成员的关系，二者构成一个结构框架，故称其为"类与成员框架结构"。我们认为 NP1 是话题，NP2 是述题。此类结构有 4 例。例如：

69) a. 德行_T：颜渊，闵子骞，冉伯牛，仲弓。

    b. 言语_T：宰我，子贡。

    c. 政事_T：冉有，季路。

    d. 文学_T：子游，子夏。（先进）

70) a. 逸民_T：伯夷、叔齐、虞仲、夷逸、朱张、柳下惠、少连。（微子）

    b. 所重_T：民、食、丧、祭。（尧曰）

    c. 子之所慎_T：斋，战，疾。（述而）

例 69) 是四个话题结构并列，话题均为普通名词；例 70) 的话题分别是普通名词、"所·V"型名词性结构和"之""所"构成的名词性结构。

（六）主谓倒置结构标识的话题

张伯江和方梅（1996：29-70）、林书武和纪云霞（2002：130-136）、周士宏（2010：28-36）等从信息结构角度对汉语中的主谓倒置结构做过研究。他们认为，主谓倒置结构中处在谓语之后的"主语"实际上是话题 [张伯江、方梅称之为"话题主位"，林书武、纪云霞称之为反位话题（antitopic）]。周士宏（2010：28-29）的最新研究明确指出，在传统语法中被称为"主谓倒装句"的结构中的倒装成分跟常规话题句中的话题成分相当，"从信息结构的角度看，这些句子是跟常规的'话题—述题'结构相对应的'句末话题'结构（anti-topic construction）"，"这种句子在句法、语义和语用上跟常规话题句之间存在着严格的对应关系，是常规话题句的'镜像结构'（mirror construction）"。

《论语》中也存在主谓倒置结构，共 26 例。这种结构中的话题由名词、名词性结构、主谓结构和动词性结构充当。

1. 名词

主要是指人专名，有 8 例（1 例重出），另有普通名词 3 例。例如：

71）a. 大哉孔子 ₜ！（子罕）

    b. 贤哉，回也 ₜ！（雍也）

72）a. 大哉问 ₜ！（八佾）

    b. 富哉言乎 ₜ！（颜渊）

例 72）a 的"问"指"问题"，例 72）b 的"言"指"所说的话"。

2. 名词性结构

6 例（1 例重出）。例如：

73）a. 君子哉若人 ₜ！（宪问）

    b. 诚哉是言也 ₜ！（子路）

    c. 有是哉，子之迂也 ₜ！（子路）

3. 主谓结构

其中"主·之·谓"和"主·谓"结构 6 例：

74）a. 大哉尧之为君也 ₜ！（泰伯）

    b. 巍巍乎，舜禹之有天下也而不与焉 ₜ！（泰伯）

75）a. 甚矣吾衰也 ₜ！（述而）

    b. 久矣吾不复梦见周公 ₜ！（述而）

"其·VP"结构①2 例：

---

① 王力（1989：238-239）认为上古汉语里"其""永远处于领位"，"'其'字的意义等于名词+'之'"，从而否定了马建忠、杨树达、黎锦熙提出的"'其'字可以居主位"的观点，将"其·VP"结构归入名词性词组。何乐士等（1985：414）则认为"其""有时也用作为造句成分的主谓结构的主语"。例证是："其为政也，善因祸而为福，转败而为功。"（《史记·管晏列传》）可见何先生将"其·VP"结构视为主谓结构。我们赞同其观点，将"其·VP"结构归入主谓结构。

76）a. 巍巍乎<u>其有成功也</u>_T。（泰伯）

   b. 焕乎<u>其有文章</u>_T！（泰伯）

4. 动词性结构

1 例：

77）有心哉，<u>击磬乎</u>_T！（宪问）

（七）被动结构标识的话题

曹逢甫（2005：83-95）用专门章节证明"被动句"中的"受事占据了主题/主语的位置"，"被动句应该是作为主语选择过程的一部分在基础部分生成，此后主语再进一步被主题化"。屈承熹（2006：209-210）指出，"被"字句是受事话题化的手段，它将受事宾语前置，使其成为主要话题，并且经常（虽然不总是）含有不如意的意思。

被动结构话题仅 3 例（1 例重出），格式为"N₁·V·于·N₂"，"N₁"是受事，作话题，"于"是被动标记，"N₂"是施事。例如：

78）a. <u>子</u>_T 畏于匡①。（子罕）

   b. <u>夫子</u>_T 固有惑志于公伯寮。（颜渊）

例 78）的话题分别是指人专名"孔子"和第三人称代词"夫子"（相当于"他老人家"）。

（八）比较结构标识的话题

"众所周知，汉语中表示比较的项目必须用作话题，因而表示比较的结构就成为话题的标记。"（屈承熹，2006：208）比较结构中的比较项有两个，话题也就有两个，因此不是单话题结构，放在这里讨论主要是考虑到比较结构是个独立小句，话题能在这种结构中被识别。

我们采用吕叔湘（1982：351-370）的分类法，将《论语》的比较结构分为"比拟""不及""胜过"三类。

1. 比拟

6 例。格式是"A 犹（如）B"，其中"A 犹 B"5 例，"A 如 B"1 例，"A"

---

① 该例一次出现在《子罕》中，杨伯峻（1980：88）译为"孔子被匡地的群众所拘役"，将"匡"译为施事"匡地的群众"；一次出现在《先进》中，译为"孔子在匡被囚禁了之后"（杨伯峻，1980：117），将"匡"译为地名"匡"，"于"成了介引处所的介词。我们认为两处的"于"都是被动标记，"匡"都是施事，应同样处理。

"B" 为话题。例如：

79）<u>文</u>T 犹<u>质</u>T 也。（颜渊）

80）<u>君子之过也</u>T，如<u>日月之食</u>T 焉。（子张）

81）<u>夫子之不可及也</u>T，犹<u>天之不可阶而升</u>T 也。（子张）

82）<u>过</u>T 犹<u>不及</u>T。（先进）

上例中的话题，例 79）—例 81）分别是名词、名词性结构和"主·之·谓"主谓结构；例 82）的"过"和"不及"，前一个是动词，后一个是动词性结构。

2. 不及

3 例。格式是"A 不（弗）如 B"，其中"A 不如 B"2 例，"A 弗如 B"1 例，"A""B"为话题。例如：

83）a. <u>夷狄之有君</u>T，不如<u>诸夏之亡</u>T 也。（八佾）

b. <u>纣之不善</u>T，不如<u>是之甚</u>T 也。（子张）

84）（赐也何敢望回？……）[<u>赐</u>]T 弗如[<u>回</u>]T 也。（公冶长）

上例的话题，例 83）和例 84）分别是"主·之·谓"主谓结构和名词。

3. 胜过

4 例。有两种情况。

"A·形·介·B"。形容词是"贤"，介词有"于"（2 例）、"乎"（1 例），"A""B"为话题。例如：

85）a. <u>子贡</u>T 贤于<u>仲尼</u>T。（子张）

b. <u>仲尼</u>T 岂贤于<u>子</u>T 乎？（子张）

86）<u>为之</u>，犹贤乎<u>已</u>T。（阳货）

上例的话题，例 85）是名词，例 86）的"为之"是动词性结构，"已"是动词，"不动作"的意思（杨伯峻，1980：190）。

"A·动·B"。1 例，动词是"过"，"A""B"是话题。例如：

87）<u>由也</u>T 好勇过<u>我</u>T。（公冶长）

例 87）中，"过"指"超出、超过"（杨伯峻，1980：293）。两个话题前一个是指人专名，后一个是人称代词。

（九）并列性结构标识的话题

徐烈炯和刘丹青（2007：198，199，203）分析过"其室则迩，其人甚远"（《诗经·郑风·东门之墠》）之类的结构，指出"其室""其人"是对比性话题。这类结构是由对称整齐的对比性小句构成的复句，每个小句的主语都带有对比重音，对称整齐的句法形式和主语上的对比重音，将对比性小句的主语标记为话题，同时小句中的虚词"则"对标记话题也起一定作用，"它加在述题前表示其后的成分是述题，同时标明其前的成分是话题，而且常常是对比性话题"。我们同意这种分析，只是徐、刘二位将"其室则迩，其人甚远"之类结构称为"对比性复句"，而在《论语》中，虽然对比性复句占绝大多数，但并不限于此，构成小句有时多至三四个，最多时达七个，有的是对比，有的是平列。因此我们一并称作"并列性结构"。

并列性结构涉及不止一个话题，不是单话题结构，但考虑到话题在该结构内易于识别，我们放在这里讨论。并列性结构有两种情况。

1. 构成小句是非话题结构

其话题结构身份是通过小句间的并列实现的，有 43 例。话题由名词、名词性结构、动词性结构、形容词和主谓结构充当。

名词。主要是一对指人反义词"君子"和"小人"，有 11 例。例如：

88）a. 君子$_T$喻于义，小人$_T$喻于利。（里仁）

　　b. 君子$_T$和而不同，小人$_T$同而不和。（子罕）

也有其他名词，6 例。例如：

89）a. 晋文公$_T$谲而不正，齐桓公$_T$正而不谲。（宪问）

　　b. 百姓$_T$足，君$_T$孰与不足？（颜渊）

　　c. 性$_T$相近也，习$_T$相远也。（阳货）

名词性结构。主要是"者"字结构，9 例。例如：

90）a. 仁者$_T$安仁，知者$_T$利仁。（里仁）

　　b. 知者$_T$不惑，仁者$_T$不忧，勇者$_T$不惧。（子罕）

　　c. 益者$_T$三友，损者$_T$三友。（雍也）

也有其他名词性结构。4 例：

91）a. 古之学者$_T$为己，今之学者$_T$为人。（宪问）

　　b. 大师挚$_T$适齐，亚饭干$_T$适楚，三饭缭$_T$适蔡，四饭缺$_T$适秦，鼓方叔$_T$入于河，播鼗武$_T$入于汉，少师阳、击磬襄$_T$入于海。（微子）

　　c. 大德$_T$不逾闲，小德$_T$出入可也。（子张）

　　d. 君子之德$_T$风，小人之德$_T$草。（颜渊）

动词性结构。6例。例如：

92）a. 学而不思_T则罔，思而不学_T则殆。（为政）

b. 贫而无怨_T难，富而无骄_T易。（宪问）

c. 恭而无礼_T则劳，慎而无礼_T则葸，勇而无礼_T则乱，直而无礼_T则绞。（泰伯）

形容词。2例：

93）a. 深_T则厉，浅_T则揭。（宪问）

b. 宽_T则得众，信_T则民任焉，敏_T则有功，公_T则说。（尧曰）

主谓结构。5例。例如：

94）a. 质胜文_T则野，文胜质_T则史。（雍也）

b. 君子有勇而无义_T为乱，小人有勇而无义_T为盗。（货阳）

c. 禄之去公室_T五世矣，政逮于大夫_T四世矣。（季氏）

例94）中的话题，a、b构成均相同；c的"禄之去公室"是"主·之·谓"结构，"政逮于大夫"是"主·谓"结构。

2. 构成小句含话题结构

这种小句自身是话题结构或其中一部分是话题结构。构成小句组合在一起，使原本的话题带有对比性，原本不是话题的，具有话题性，有25例。话题主要由名词和名词性结构充当。

名词。8例。例如：

95）a. 回也_T闻一以知十，赐也_T闻一以知二。（公冶长）

b. 古者_T民有三疾，今也_T或是之亡也。（阳货）

c. 三军_{Ti}可夺_{ei}帅也，匹夫_{Tj}不可夺_{ej}志也。（子罕）

96）回_j也_T，其_j心三月不违仁，其余_T则日月至焉而已矣。（雍也）

例95）各小句都是话题结构；例96）前一小句是话题结构，后一小句不是话题结构。

名词性结构。11例。例如：

97）a. 古之狂也_T肆，今之狂也_T荡。（阳货）

b. 俎豆之事_{Ti}，则尝闻之_i矣；军旅之事_{Tj}，未之_j学也。（卫灵公）

c. 中人以上_{Ti}，可以语_{ei}上也；中人以下_{Tj}，不可以语_{ej}上也。（雍也）

d. 往者_{Ti}不可谏_{ei}，来者_{Tj}犹可追_{ej}。（微子）

除名词和名词性结构外，还有少数动词、主谓结构和代词充当的话题，共 5 例：

98）a. <u>过也</u>$_T$，人皆见之；<u>更也</u>$_T$，人皆仰之。（子张）

　　b. <u>耕$_j$也</u>$_T$，馁在其$_j$中矣；<u>学$_j$也</u>$_T$，禄在其$_j$中矣。（卫灵公）

99）a. <u>天之将丧斯文也</u>$_T$，后死者不得与于斯文也；<u>天之未丧斯文也</u>$_T$，匡人其如予何？（子罕）

　　b. <u>道之将行也与</u>$_T$，命也；<u>道之将废也与</u>$_T$，命也。（宪问）

100）<u>赐也</u>$_T$贤乎哉？<u>夫我</u>$_T$则不暇。（宪问）

上例各小句都是话题结构。例 98）、例 99）的话题分别由动词和"主·之·谓"主谓结构充当。例 100）的话题由代词充当，其中"赐"形式上是指人专名，实为第二人称代词，用于直呼其名；"我"是第一人称代词。

另有 1 例比较特殊：

101）<u>文</u>$_T$，莫吾犹人也。<u>躬行君子</u>$_{Ti}$，则吾未之$_i$有得。（述而）

上例前一小句是话题化结构，后一小句是左置话题结构。话题分别由名词和动词性结构充当。

第二节　多话题结构中的话题

多话题结构指含有不止一个话题的话题结构。

霍凯特（2002：167）、赵元任（1980：54）、曹逢甫（2005：57）、屈承熹（2006：97）、徐烈炯和刘丹青（2007：191）、袁毓林（1996：241-254）、高顺全（1998：12）、雷莉（2001：227）等都认为汉语中存在多话题现象（赵元任将不同话题分别称为总主语和小主语），但多数学者没有就此问题深入展开。对这一问题进行详细讨论的主要是曹逢甫和徐烈炯、刘丹青。徐、刘二位将话题视为句法成分，完全在句法层面讨论多话题问题，将话题分为主话题、次话题和次次话题。这种观点受到学界的不少质疑。

曹逢甫（2005：57-184）在篇章层面研究话题，用话题的超句特征，即"它可以而且经常将其语义管辖范围扩展到多个子句"来确认话题。他从话题的层级性出发，根据话题出现的先后顺序，提出了"基本主题"、"次要主题"〔包括"在地次要主题"（local secondary topic）、"非在地次要主题"（non-local secondary topic）〕、"三级主题"等概念，并且提出了一条话题层级性的一般性解释规则：

基本主题＞次要主题＞三级（tertiary）主题＞……

其中，＞的意思是"比……有更大的辖域"。

曹逢甫在将句首话题确定为"基本主题"后，经过论证，确认了五种"次要主题"，但没有对"三级主题"及更低级别的"主题"进行讨论。不过通过上面的解释规则，我们不难理解，所谓"三级主题"及更低级别的"主题"就是辖域比"基本主题"和"次要主题"小的"主题"。

曹逢甫从层级性角度研究多话题结构的思路对本书有重大启发。我们在讨论《论语》的多话题结构时，一方面借鉴这一思路，以话题辖域为框架，依据辖域的层级性将话题依次命名为首要话题（记为 Ta）、次要话题（记为 Tb）和三级话题（记为 Tc）（《论语》的话题最多达三级）。另一方面，在确认《论语》中不同层级的话题时，与确认单话题结构中的话题一样，我们坚持本书确认话题的原则，即根据"选取"原则确认无标记话题，根据话题标记和特定句法结构确认有标记话题。

《论语》中的多话题结构有 103 例，分两种类型。

一、双层话题结构

双层话题结构指一个话题结构内既有首要话题又有次要话题，次要话题在首要话题的辖域内，可记为 Ta＞Tb。

这类话题结构共 97 例，有两种情况。一是首要话题和次要话题都只有一个，即

Ta＞Tb

二是首要话题只有一个，次要话题不止一个。各次要话题共同处于首要话题的辖域内，彼此间是并行关系，即

　　Tb1
Ta＞Tb2
　　Tb3

Ta＞Tb 式双层话题结构中，首要话题和次要话题的构成比较复杂，根据话题确认原则可分为五类。

（一）Ta、Tb 均有标记

33 例，分三种情况。

1. Ta、Tb 被话题标记标识

8 例。例如：

1）a. 夫颛臾 Ta，昔者 Tb 先王以为东蒙主，且在邦域之中矣，是社稷之臣也。

何以伐为？（季氏）

b. 昔者 Ta 偃也 Tb 闻诸夫子曰……（阳货）

c. 我之大贤与 Ta，于人① Tb 何所不容？（子张）

2）a.（回也 Ta 非助我者也，）eTa 于吾言 Tb 无所不说。（先进）

b.（由也 Ta 果，）eTa 于从政乎 Tb 何有？（雍也）

例1）Ta、Tb 连用，例2）Ta、Tb 间有述题隔开。上例中的 Ta，例1）b、例1）c 分别是时间名词和"主·之·谓"主谓结构，其他为专有名词；Tb 依次是时间名词、指人专名、旁称代词、名词性结构和动词性结构。

2. Ta、Tb 被句法结构标识

11 例。例如：

3）a. 由 i 也 Ta，千乘之国 Tbj，可使 ei 治其 j 赋也。（公冶长）

b.《诗》三百 Tai，一言 Tbj 以 ej 蔽之 i。（为政）

c.（[学]② Tai）予 eTai 一 Tbj 以 ej 贯之 i。（卫灵公）

4）a. [孔子] Tai 其 i 生也 Tb1 荣，eTai 其 i 死也 Tb2 哀。（子张）

b.（鄙夫 Tai 可与 ei 事君也与哉？）eTai 其未得之也 Tb1，患得之。eTai〔其〕③

既得之 Tb2，患失之。苟患失之，无所不至矣。（阳货）

5）今 Ta 由与求 i 也 Tb，可谓 ei 具臣矣。（先进）

上例中，例4）Tb 有延展；例5）Ta 表时间；例3）c、例4）b 的 Ta、Tb 间有述题隔开。Ta 由指人专名、时间名词、普通名词和名词性结构充当，Tb 由名词、名词性结构和主谓结构充当。

---

① 杨伯峻和何乐士（2001：133）指出，"人"字若用来"称除自己或我以外的人，便不应看作名词"，而应看作旁称代词。

② 例3）c 的话题承语境省略。钱穆（1985：372）注解说：

本章一以贯之，与孔子告曾子章一以贯之，两章之字所指微不同。告曾子是吾道一以贯之，之指道。本章告子贡多学一以贯之，之指学。

据此将"之"回指的话题用"学"补出。

③ "其"承前省略。

3. Ta、Tb 中话题标记标识、句法结构标识同现

14 例。例如：

6）a. 仁者_{Tai}，其_j言也_{Tb} 切。（颜渊）

b. 以能问于不能，以多问于寡；有若无，实若虚，犯而不校_{Tai}——昔者_{Tb} 吾友尝从事于斯_i矣。（泰伯）

7）a.（君子_{Tai} 易事_{ei} 而难说_{ei} 也。说之不以道，不说也；）_{eTai} 及其使人也_{Tb}，器之。（子路）

b.（诗_{Tai}，可以_{ei}兴，可以_{ei}观，可以_{ei}群，可以_{ei}怨。）_{eTai} 迩之_{Tb1}事父，_{eTai} 远之_{Tb2}事君；多识于鸟兽草木之名。（阳货）

c.（今夫颛臾_{Ta}，固而近于费。）_{eTa} 今_{Tb1} 不取，_{eTa} 后世_{Tb2} 必为子孙忧。（季氏）

上例中，例6）Ta、Tb 连用，例7）Ta、Tb 间有述题隔开。Ta 由指物专名、普通名词、名词性结构和动词性结构充当，Tb 由时间名词、名词性结构、形容词和"其·VP"主谓结构充当。

（二）Ta、Tb 均无标记

15 例。例如：

8）a.（人_{Tai}洁己以进，）_{eTai}[吾]_{Tbj}与其_i洁也，Ø_j不保其_i往也。（述而）

b.（子谓颜渊，曰：[颜渊]_{Tai}惜乎！）_{eTai}吾_{Tbj}见其_i进也，Ø_j未见其_i止也。（子罕）

c.（〔[纣王]_{Tai}昏乱残暴，〕①微子去之_i，箕子为之_i奴，）_{eTai}比干_{Tbj}谏而_{Øj}死。（微子）

d.（阙党童子将命。或问之曰："[阙党童子]_{Tai}益者与？"子曰：）"_{eTai}吾_{Tbj}见其_i居于位也，Ø_j见其_i与先生并行也。Ø_i非求益者也，Ø_i欲速成者也。"（宪问）

e.（君子_{Tai}不施其亲，Ø_i不使大臣怨乎不以。）_{eTai}故旧_{Tbj}无大故，则Ø_i不弃Ø_j也。Ø_i无求备于一人。（微子）

9）a.（吾_{Tai}有知乎哉？Ø_i无知也。有鄙夫_j）_{eTai}Ø_{Tbj}问于我，Ø_i空空如也。

---

① 该处据杨伯峻（1980：192）译文补出。

我$_i$叩其两端而 $\emptyset_i$ 竭焉。（子罕）

b.（原思$_{Tai}$ 为之$_j$宰，）eTai$\emptyset$Tbj 与之$_i$粟九百，$\emptyset_i$辞。（雍也）

c.（阳货$_{Tai}$ 欲见孔子$_j$，）eTai孔子$_{Tbj}$不见，$\emptyset_i$归孔子$_j$豚。（阳货）

d.（晏平仲$_{Tai}$ 善与人$_j$交，）eTai$\emptyset$Tbj久而敬之$_i$。[1]（公冶长）

e.（二三子$_{Tai}$ 以我为隐乎？）eTai吾$_{Tbj}$无隐乎尔$_i$。（述而）

上例的 Ta 都由先行词充当；Tb 中，例 8）由先行词充当，例 9）由回指对象充当。Ta、Tb 间有述题隔开。Ta 由旁称代词、第一人称代词、指人专名、普通名词和名词性结构充当，Tb 由旁称代词、第一人称代词、指人专名和普通名词充当。

（三）Ta 有标记，Tb 无标记

9 例。例如：

10）a. 赤之适齐也$_{Ta}$，[赤]$_{Tbi}$乘肥马，$\emptyset_i$衣轻裘。（雍也）

b. 夫君子之居丧$_{Ta}$，[君子]$_{Tbi}$食旨 $\emptyset_i$ 不甘，$\emptyset_i$闻乐 $\emptyset_i$ 不乐，$\emptyset_i$居处 $\emptyset_i$ 不安，故 $\emptyset_i$ 不为也。（阳货）

c. 夫如是$_{Ta}$，故远人$_{Tbi}$不服，则修文德以来之$_i$。既来之$_i$，则安之$_i$。（季氏）

11）a. 隐居以求其志，行义以达其道$_{Tai}$。吾$_{Tbj}$闻其$_i$语矣，$\emptyset_j$未见其$_i$人也。（季氏）

b 人虽欲自绝$_{Tai}$，其$_{Tbi}$何伤于日月乎？$\emptyset_i$多见其不知量也。（子张）

---

[1] "久而敬之"一句注家们有不同理解。

刘宝楠（1954：101）《论语正义》曰：

　　皇本作"久而人敬之"。疏云：凡人交易绝，而平仲交久而人愈敬之也。此就所据本说之，实则当从郑本无"人"字，解为"平仲敬人"。

显然，刘宝楠认为"久而敬之"是晏平仲敬重别人。

程树德（1990：327-328）曰：

　　皇本作"久而人敬之"。《七经考文》：足利本同有"人"字。《天文本论语校勘记》：古本、唐本、津藩本、正平本均作"久而人敬之"。

程树德提到的诸多本子表明，"久而敬之"是别人尊敬晏平仲。

杨伯峻（1980：48）也指出：

　　《魏著作郎韩显宗墓志》，"善与人交，人亦久而敬焉"，即本《论语》，义与别本《论语》作"久而人敬之"者相合。故我以"之"字指晏平仲自己。

据此我们认为"久而敬之"的"之"指代晏平仲比较符合《论语》本意。如此的话，"晏平仲"就是首要话题，"人"是次要话题。若按刘宝楠的注解，该例只有一个话题"晏平仲"，"人"不是话题。

c. [非义]①$_{Tai}$ 我 $_{Tbj}$ 不欲人之加诸 $_j$ 我也，吾 $_j$ 亦欲无加诸 $_i$ 人。（公冶长）

d. 宗庙之事，如会同 $_{Ta}$，[吾]$_{Tbi}$ 端章甫，Ø$_i$ 愿为小相焉。（先进）

上例中，Ta、Tb 连用，Tb 是先行词充当的话题。Ta 由名词性结构、动词性结构和主谓结构充当，Tb 由第一人称代词、指示代词、指人专名、普通名词和名词性结构充当。

（四）Ta 无标记，Tb 有标记

38 例。话题构成比较复杂：Ta 由先行词充当，Tb 类型比较丰富。我们根据 Tb 类型分别讨论。

1. Tb 被话题标记标识

4 例。例如：

12）吾 $_{Tai}$ 少也 $_{Tb}$ 贱，Ø$_i$ 故多能鄙事。（子罕）

13）a.（[人]$_{Tai}$ 年四十而 Ø$_i$ 见恶焉，）$_{eTai}$ 其 $_i$ 终也 $_{Tb}$ 已。（阳货）

  b.（[国君]$_{Tai}$ 苟正其身矣，）$_{eTai}$ 于从政乎 $_{Tb}$ 何有？Ø$_i$ 不能正其身，Ø$_i$ 如正人何？（子路）

上例中，例 12）Ta、Tb 连用，例 13）Ta、Tb 间有述题隔开。Ta 由第一人称代词和普通名词充当，Tb 由形容词、名词性结构和动词性结构充当。

2. Tb 被句法结构标识

并列性结构。21 例。例如：

14）a. [吾]$_{Tai}$ 朝 $_{Tb1}$ 闻道，$_{eTai}$ 夕 $_{Tb2}$ 死可②矣。（里仁）

  b. [人]$_{Tai}$ 奢 $_{Tb1}$ 则不孙，$_{eTai}$ 俭 $_{Tb2}$ 则固。Ø$_i$ 与其不孙也，Ø$_i$ 宁固。（述而）

  c. 弟子 $_{Tai}$，入 $_{Tb1}$ 则孝，$_{eTai}$ 出 $_{Tb2}$ 则悌，Ø$_i$ 谨而 Ø$_i$ 信，Ø$_i$ 泛爱众，而 Ø$_i$ 亲仁。$_{eTai}$ 行有余力 $_{Tb3}$，则以学文。（学而）

  d.（子路问曰："子见夫子乎？"丈人曰：）"[尔]$_{Tai}$ 四体 $_{Tb1j}$ 不勤 $_{ej}$，$_{eTai}$ 五谷 $_{Tb2k}$ 不分 $_{ek}$。（微子）

15）a.（君子 $_{Tai}$ 有三戒：）$_{eTai}$ 少之时 $_{Tb1}$，血气未定，Ø$_i$ 戒之在色；$_{eTai}$ 及其 $_i$

---

① 钱穆（1985：113）注解说：

  加诸我：加，凌义，谓以非义加入。非而所及：及犹能义。此句有两解：一谓不加非义于人，此固能及，不欲人加非义于我，则不能及也。

据此将话题用"非义"补出。

② "可"是助动词作谓语，表示对条件的强调（杨伯峻和何乐士，2001：759）。

壮也$_{Tb2}$，血气方刚，$\emptyset_i$戒之在斗；$_{eTai}$及其$_i$老也$_{Tb3}$，血气既衰，$\emptyset_i$戒之在得。（季氏）

b.（子谓子产："[子产]$_{Tai}$有君子之道四焉：）$_{eTai}$其$_i$行己也$_{Tb1}$恭，$_{eTai}$其$_i$事上也$_{Tb2}$敬，$_{eTai}$其$_i$养民也$_{Tb3}$惠，$_{eTai}$其$_i$使民也$_{Tb4}$义。"（公冶长）

c.（[人]$_{Tai}$笃信$\emptyset_i$好学，$\emptyset_i$守死善道。）$_{eTai}$危邦$_{Tb1j}$不入$_{ej}$，$_{eTai}$乱邦$_{Tb2k}$不居$_{ek}$。$_{eTai}$天下有道$_{Tb3}$则见，$_{eTai}$〔天下〕^{①}无道$_{Tb3}$则隐。（泰伯）

d.（君子$_{Tai}$有九思：）$_{eTai}$视$_{Tb1}$思明，$_{eTai}$听$_{Tb2}$思聪，$_{eTai}$色$_{Tb3}$思温，$_{eTai}$貌$_{Tb4}$思恭，$_{eTai}$言$_{Tb5}$思忠，$_{eTai}$事$_{Tb6}$思敬，$_{eTai}$疑$_{Tb7}$思问，$_{eTai}$忿$_{Tb8}$思难，$_{eTai}$见得$_{Tb9}$思义。（季氏）

上例中，例14）Ta、Tb 连用，例15）Ta、Tb 间有述题隔开。Ta 由第一、第二人称代词、指人专名和普通名词充当，Tb 由时间名词、普通名词、名词性结构、动词、动词性结构、形容词和主谓结构充当。

话题化结构。10 例。例如：

16）[人]$_{Tai}$小$_{Tbj}$不忍$_{ej}$，则 $\emptyset_i$乱大谋。（卫灵公）

17）a.（吾$_{Tai}$日三省吾身——$\emptyset_i$为人谋而 $\emptyset_i$不忠乎？$\emptyset_i$与朋友交而 $\emptyset_i$不信乎？）$_{eTai}$传$_{Tbj}$不习$_{ej}$乎？（学而）

b.（上$_{Tai}$好礼，则）$_{eTai}$民$_{Tbj}$易使$_{ej}$也。（宪问）

c.（殷$_{Tai}$因于夏礼，）$_{eTai}$所损益$_{Tbj}$，可知$_{ej}$也。（为政）

d.（令尹子文$_{Tai}$三仕 $\emptyset_i$为令尹，$\emptyset_i$无喜色；三已之$_i$，$\emptyset_i$无愠色。）$_{eTai}$旧令尹之政$_{Tbj}$，必以$_{ej}$告新令尹。（$\emptyset_i$何如？）（公冶长）

上例中，例16）Ta、Tb 连用，例17）Ta、Tb 间有述题隔开。Ta 由第一人称代词、指物专名、普通名词和名词性结构充当，Tb 由名词和名词性结构充当。

左置话题结构。2 例。例如：

18）a.[文王]$_{Tai}$三分天下$_{Tbj}$有其$_j$二，$\emptyset_i$以服事殷。（泰伯）

b. 子路曰："[吾]$_{Tai}$愿车马衣轻^{②}裘$_{Tbj}$与朋友共敝之$_j$而 $\emptyset_i$无憾。"（公冶长）

---

① "天下"承前补出。

② 刘宝楠（1954：109-110）曰："石经初刻本无轻字。车马衣裘。见管子小匡及齐语。是子路本用成语。后人涉雍也篇衣轻裘。而误衍轻字……今注疏与皇本正文有轻字。则后人依通行本增入。非其旧矣。"据此"车马衣轻裘"之"轻"当删。"车马轻裘"为名词性结构。

上例 Ta、Tb 连用。Ta 由第一人称代词和指人专名充当，Tb 由名词性结构充当。

汉语式话题结构。1 例：

19）［颜渊问为邦。（颜渊问："一个人$_{Tai}$怎样去治理国家？"）子曰："$Ø_i$ 行夏之时，$Ø_i$ 乘殷之辂，$Ø_i$ 服周之冕，］$_{eTai}$乐$_{Tb}$则《韶》《舞》。（$Ø_i$ 放郑声，$Ø_i$ 远佞人。）（卫灵公）

上例 Ta、Tb 间有述题隔开。Tb 与述题中的"《韶》《舞》"是类与成员关系，两者之间靠语境建立联系。Ta、Tb 均由名词充当。

（五）Ta 无标记，Tb 无标记、有标记同现

2 例：

20）a.（［孔子］$_{Tai}$斋，$Ø_i$ 必有明衣$_j$，）$_{eTai}$$Ø_{Tb1j}$布。$_{eTai}$斋$_{Tb2}$必变食，$_{eTai}$居$_{Tb3}$必迁坐。（乡党）

    b.（君子$_{Tai}$不以绀緅饰，）$_{eTai}$红紫$_{Tb1j}$不以$_{ej}$为亵服。$Ø_i$ 当暑，$Ø_i$ 袗絺绤，$Ø_i$ 必表而出之。$_{eTai}$缁衣$_{Tb2k}$，〔以$_{ek}$配〕羔裘；$_{eTai}$素衣$_{Tb3l}$，〔以$_{el}$配〕麑裘；$_{eTai}$黄衣$_{Tb4m}$，〔以$_{em}$配〕狐裘①。$Ø_i$ 亵裘长，$Ø_i$ 短右袂。$Ø_i$ 必有寝衣$_n$，$_{eTai}$$Ø_{Tb5n}$长一身有半。$_{eTai}$狐貉之厚$_{Tb6o}$以$_{eo}$居。$Ø_i$ 去丧，$Ø_i$ 无所不佩。$_{eTai}$非帷裳②$_{Tb7p}$，必杀之$_p$。$_{eTai}$羔裘玄冠$_{Tb8q}$不以$_{eq}$吊。$_{eTai}$吉月$_{Tb9}$，必朝服而朝。（乡党）

上例 Ta、Tb 间有述题隔开。Ta 由指人专名和普通名词充当，Tb 由时间名词、普通名词、名词性结构和动词充当。

二、三层话题结构

三层话题结构是指在一个话题结构内既有首要话题、次要话题，又有三级话

---

① 杨伯峻（1980：101）注解"缁衣，羔裘；素衣，麑裘；黄衣，狐裘。"时指出：

    古代穿皮制，毛向外，因之外面一定要用单衣，这單衣就叫做裼（音锡）衣。这里"缁衣""素衣""黄衣"的"衣"指的正是裼衣。据此推断，"缁衣""素衣""黄衣"是分别用来配"羔裘""麑裘"和"狐裘"的，前者为次，后者为主，因此在原文相应位置补出"以配"，以明确其语义关系。

② 钱穆（1985：243）注解说：

    帷裳谓朝祭之服，其制用正幅布为之如帷也。杀谓缝，帷裳腰有襞绩，旁无缝杀。其余裳当用缝杀，以二幅斜裁为四幅，宽头向下，狭头向上，缝之使合，上狭下广。意当时或有不用斜裁者，而孔子则必依古制斜裁也。

可见依古制，朝祭时穿"帷裳"，居家时穿"其余裳"，即"非帷裳"，也就是"不是［上朝和祭祀穿的］用整幅布做的裙子"（杨伯峻，1980：100）。

题。三级话题在次要话题的辖域内，次要话题在首要话题的辖域内，可记为 Ta＞Tb＞Tc。

Ta＞Tb＞Tc 式三层话题结构有 6 例，分三类。

（一）Ta＞Tb＞Tc

例如：

21）a. 莫春者 $_{Ta}$，[吾] $_{Tbi}$ 春服 $_{Tcj}$ 既成 $_{ej}$，$\varnothing_i$〔陪同〕①冠者五六人，童子六七人，$\varnothing_i$ 浴乎沂，$\varnothing_i$ 风乎舞雩，$\varnothing_i$ 咏而归。（先进）

　　b. 始 $_{Ta}$ 吾 $_{Tbi}$ 于人也 $_{Tc}$，$\varnothing_i$ 听其言而 $\varnothing_i$ 信其行。（公冶长）

22）（君 $_{Tai}$ 召〔孔子〕$_j$ $\varnothing_i$ 使〔孔子〕②摈，）$_{eTai}\varnothing_{Tbj}$ 色勃如也，$\varnothing_j$ 足躩如也。$\varnothing_j$ 揖所与立，$\varnothing_j$ 左右手，$_{eTaieTbj}$ 衣 $_{Tck}$ 前后，$\varnothing_j\varnothing_k$ 襜如也。$\varnothing_j$ 趋进，$\varnothing_j$ 翼如也。宾退，$\varnothing_j$ 必复命曰："宾不顾矣。"（乡党）

上例中，例 21）Ta、Tb、Tc 连用，例 22）Ta、Tb、Tc 三者间均有述题隔开。例 21）的 Ta、Tc 是有标记话题，Tb 是无标记话题，例 22）的话题均为无标记话题。上例中 Ta 由时间名词和普通名词充当，Tb 由第一人称代词和指人专名充当，Tc 由旁称代词和普通名词充当。

（二）Ta＞Tb＞Tc1……

例如：

23）a.（今 $_{Ta}$ 由与求也 $_{Tb}$，相夫子，）$_{eTaeTb}$ 远人 $_{Tc1i}$ 不服，而不能来 $\varnothing_i$ 也；$_{eTaeTb}$ 邦 $_{Tc2j}$ 分崩离析，而不能守 $\varnothing_j$ 也；而谋动干戈于邦内。（季氏）

　　b.（君子 $_{Tai}$ 义 $_{Tbj}$ 以 $_{ej}$ 为质，）$_{eTaieTb}$ 礼 $_{Tc1k}$ 以 $_{ek}$ 行之 $_j$，$_{eTaieTb}$ 孙 $_{Tc2l}$ 以 $_{el}$ 出之 $_j$，$_{eTaieTb}$ 信 $_{Tc3m}$ 以 $_{em}$ 成之 $_j$。（卫灵公）

例 23）中，Ta、Tb 连用，与 Tc 间有述题隔开。例 23）a 中 Tc 有两个，例 23）b 中有三个。Tc 间无辖域关系。例 23）a 中 Ta、Tb 是有标记话题，Tc 是无标记话题；例 23）b 中 Ta 是无标记话题，Tb、Tc 是有标记话题。上例中 Ta 由时间名词和普通名词充当，Tb、Tc 均由名词和名词性结构充当。

---

① 此处省略动词。杨伯峻（1980：120）将例 21）a 译为："暮春三月，春天的衣服都穿定了，我陪同五六位成年人……"译文在"冠者五六人"前添加动词"陪同"，我们照此处理。

② 两处"孔子"据语境补出。

（三）Ta＞Tb1……＞Tc1……

1例：

24）（[孔子]$_{Tai}$ 入公门 $_{Tb1}$，鞠躬如也，如不容。）$_{eTaieTb}$ 立 $_{Tc1}$ 不中门，$_{eTaieTb}$ 行 $_{Tc2}$ 不履阈。$_{eTai}$ 过位 $_{Tb2}$，色勃如也，足躩如也，其言似不足者。$_{eTai}$ 摄齐升堂 $_{Tb3}$，鞠躬如也，屏气似不息者。$_{eTai}$ 出 $_{Tb4}$，降一等，逞颜色，怡怡如也。$_{eTai}$ 没阶 $_{Tb5}$，趋进，翼如也。$_{eTai}$ 复其位 $_{Tb6}$，踧踖如也。（乡党）

例24）中，Ta、Tb1连用，与Tc间有述题隔开。Tb六个，Tc两个，同级话题间无辖域关系。Ta是无标记话题，Tb、Tc是有标记话题。Ta由指人专名充当，Tb由动词和动词性结构充当，Tc由动词充当。

第三节 降级、内嵌话题结构中的话题

一、降级话题结构中的话题

降级话题结构指如下情况：

1）克、伐、怨、欲 $_{T2}$ 不行焉 $_{C2T1}$，可以为仁矣 $_{C1}$？（宪问）

上例是个话题结构，"克、伐、怨、欲不行焉"是话题（记为T1），"可以为仁矣"是述题（记为C1）。T1本身是个话题结构，话题是"克、伐、怨、欲"（记为T2），述题是"不行焉"（记为C2）。例1）可表示为：

T1（T2·C2）·C1

T1·C1 与 T2·C2 不在同一层级：T1·C1是独立话题结构；T2·C2=T1，包孕在T1·C1中（"包孕"用"＞"表示）。我们将T2·C2称为降级话题结构。这样的降级话题结构还可包孕更低级别的降级话题结构。

《论语》中降级话题结构有15例，分三类。

（一）T1·C1＞T2·C2

10例。例如：

2）a. 其言也 $_{T2}$ 讱 $_{T1i}$，斯谓之 $_i$ 仁已乎？[①]（颜渊）

b. 一言 $_{T2j}$ 而可以 $_{ej}$ 兴邦 $_{T1i}$，有诸 i？（子路）

---

① 何乐士（2004：44）指出，杨伯峻将这里的"斯"看作连词，那么回指"其言也讱"的就是"之"了。

c. 礼之用 $_{T2}$，和为贵 $_{T1i}$。先王之道，斯 $_i$ 为美。（学而）

3）a. 君子 $_{T2j}$ 正其衣冠，Ø $_j$ 尊其瞻视，俨然人望 Ø $_j$ 而畏之 $_{jT1i}$，斯 $_i$ 不亦威而不猛乎？（尧曰）

b. 信乎，夫子 $_{T2i}$ 不言，Ø $_i$ 不笑，Ø $_i$ 不取乎 $_{T1}$？（宪问）

上例中的 T2，例 2）是有标记话题，例 3）是无标记话题。T2 由他称敬辞、普通名词和名词性结构充当。

（二）T1·C1＞T2a·C2a/T2b·C2b

（T2 用 T2a、T2b 区分）。3 例：

4）a. 有事 $_{T2a}$，弟子服其劳；有酒食 $_{T2b}$，先生馔 $_{T1i}$，曾是 $_i$ 以为孝乎？（为政）

b. 立 $_{T2a}$ 则见其参于前也；在 $_{T2b}$ 舆则见其倚于衡也 $_{T1i}$，夫 $_i$ 然后行。（卫灵公）

c. 用之 $_{T2a}$ 则行，舍之 $_{T2b}$ 则藏 $_{T1i}$，唯我与尔有是 $_i$ 夫！（述而）

上例中，T2 均为被并列性结构标识的有标记话题，由动词和动词性结构充当。

（三）T1·C1＞T2·C2＞T3a·C3a/T3a·C3b……①

2 例：

5）士 $_{T2j}$ 见危 $_{T3a}$ 致命，$_{eT2j}$ 见得 $_{T3b}$ 思义，$_{eT2j}$ 祭 $_{T3c}$ 思敬，$_{eT2j}$ 丧 $_{T3d}$ 思哀 $_i$，其 $_i$ 可已矣。（子张）

6）（柳下惠、少连 $_{T2j}$，降志 Ø $_j$ 辱身矣，）$_{eT2j}$ 言 $_{T3a}$ 中伦，$_{eT2j}$ 行 $_{T3b}$ 中虑 $_{T1i}$，其 $_i$ 斯而已矣。（微子）

上例中 T2 均为无标记话题，T3 均为被并列性结构标识的有标记话题。例 5）中 T2、T3 连用，例 6）中 T2、T3 间有述题隔开。上例的 T2 由普通名词和名词性结构充当，T3 由普通名词、动词和动词性结构充当。

另外，包孕降级话题结构的 T1·C1 是独立话题结构，其 T1 均为有标记话题，主要由主谓结构、动词性结构和假设复句充当。

二、内嵌话题结构中的话题

内嵌话题结构是指话题结构不具有独立性，只充当句法上的嵌入成分。

---

① 包孕在降级话题结构中的话题结构用 T3·C3 表示，多个 T3 用 T3a、T3b……区分。

《论语》中的内嵌话题结构仅 11 例，主要作句子的动词宾语，有时作主语。下面讨论内嵌话题结构中话题的构成。

（一）宾位话题

7 例。例如：

7）a.（不曰）<u>坚乎</u> _T，磨而不磷。（阳货）

   b.（女奚不曰，）<u>其为人也</u> _T，发愤忘食，乐以忘忧，不知老之将至云尔。（述而）

8）a.（曾谓）<u>泰山</u> _T 不如<u>林放</u> _T 乎？（八佾）

   b.（回也闻一以知十……）<u>吾与女</u> _T 弗如[回] _T 也。（公冶长）

9）a.（吾恐）<u>季孙之忧</u> _{Ti}，不在颛臾，Ø_i 而在萧墙之内也。（季氏）

   b.（为政以德，譬如）<u>北辰</u> _{Ti} 居其所而众星共之 _i。（为政）

上例中，例 7）和例 8）是有标记话题，例 7）被话题标记标识，例 8）被比较结构标识；例 9）是无标记话题。以上话题由第二人称代词、指人专名、普通名词、名词性结构和"其·VP"主谓结构充当，其中例 7）a 的"坚"指"坚硬的东西"（唐满先，1982：181），是名词性结构。

（二）主位话题

4 例：

10）a. <u>桓公</u> _{Ti} 九合诸侯，Ø_i 不以兵车，（管仲之力也。）（宪问）

    b. 有朋 _iØ_{Ti} 自远方来，（不亦乐乎？）（学而）

11）<u>一朝之忿，忘其身</u> _{Ti}，以 _{ei} 及其亲，（非惑与？）（颜渊）

12）<u>其为人也</u> _T 孝弟，（而好犯上者，鲜矣。）（学而）

上例中，例 10）和例 11）的话题结构作句子主语，例 12）的话题结构仅作句子主语的一部分。以上话题中，例 10）是无标记话题，分别由先行词和回指对象充当；例 11）和例 12）是有标记话题，前者被话题化结构标识，后者被提顿词标识。上述话题由指人专名、普通名词、"其·VP"主谓结构和因果复句充当。

除前文讨论的话题结构外，还有 1 例比较特殊：

13）<u>丘也</u> _T 闻有国有家者 _{Ti}，不患寡而 Ø_i 患不均，Ø_i 不患贫而 Ø_i 患不安。（季氏）

该话题结构由独立话题结构、内嵌话题结构套合而成："丘"是独立话题结构中的有标记话题，由第一人称代词充当；"有国有家者"是内嵌话题结构中的无标记话题，由名词性结构充当。

第四节 本 章 小 结

本章分类讨论了《论语》话题的分布及构成。研究表明：

从话题结构的分布来看，独立话题结构占绝对优势，有 745 例，约占 97%（745/771）。非独立话题结构 26 例，其中降级话题结构 15 例，约占 2%（15/771）；内嵌话题结构 11 例，约占 1%（11/771）。独立话题结构以单话题结构为主，有 640 例，约占 86%（640/745），多话题结构 105 例，约占 14%（105/745）。

从话题分布来看，单话题结构中无标记话题 285 个，有标记话题 453 个；多话题结构中无标记话题 80 个，有标记话题 128 个；降级话题结构中无标记话题 6 个，有标记话题 31 个；内嵌话题结构中无标记话题 4 个，有标记话题 9 个。另有 1 例独立话题结构与内嵌话题结构套合而成的话题结构，该结构中包含无标记话题、有标记话题各 1 个。

综合以上数据，《论语》中被确认的话题共计 998 个，有标记话题多达 622 个，约占话题总数的 63%（622/998），无标记话题 376 个，约占 37%（376/998）。

从话题的构成来看，《论语》话题可由代词、名词及其结构、动词及其结构、形容词及其结构、主谓结构、假设分句、复句和句群来充当。具体如表 4-1 所示。

表 4-1 《论语》话题的构成

构成	指称类					陈述类							
	代词		名词		名词性结构	动词	动词性结构	形容词	形容词性结构	主谓结构	假设分句	复句	句群
	人称	指示	人名	其他									
数目	91	1	179	246	234	37	91	19	3	78	10	7	2
	92		425										
	751					247							
比例	75%					25%							
总计	998												

表 4-1 显示，指称类话题的结构类型单一，但数量庞大。指人专名和其他名词都易于充当话题，名词性结构充当话题优势也很明显，代词话题相对偏少。

与指称类话题截然相反，陈述类话题的结构种类繁多，但数量偏低，以动词性结构和主谓结构为主，其他类型数量较少。

由此可见，指称类结构具有充当话题的强烈倾向，这跟叶文曦提出的"名词性成分或体词性成分都具有话题性或话题性潜能"（叶文曦，2015：59）的观点相吻合，而陈述类结构充当话题的倾向性较弱。尽管如此，却有一个共同的东西将它们统率在一起，那就是——话题的性质及功能。

第五章 《论语》话题的特征

本章从句法、语义和信息三个角度讨论《论语》话题的特征。

第一节 句 法 特 征

一、前置性

关于话题的句法特征，前人时贤提及最多的恐怕是"位于句首"这一点。这种提法意味着一个话题结构中只允许出现一个话题，因为"若允许句子出现不止一个话题，则几个话题不可能都在句首"（徐烈炯和刘丹青，2007：25）。我们认为一个话题结构中可以出现不止一个话题，因此用"前置"而不是用"位于句首"来概括话题的句法特征更为准确，因为"前置当然包括句首的位置，但不限于句首的位置，实际上也允许出现在述题前的其他位置"（徐烈炯和刘丹青，2007：25）。

（一）单话题结构的前置形式

1. 话题在话题结构最前端

这种情况有 580 例，约占《论语》单话题总数的 92%，是《论语》单话题的典型形式，此不赘述。

2. 话题前有话题标记、关联词、范围副词等

这种情况仅 24 例。例如：

1）a. 至于犬马$_T$，皆能有养。（为政）

   b. 如其礼乐$_T$，以俟君子。（先进）

2）a. 譬如为山$_T$，未成一篑，止，吾止也。（子罕）

   b. 若圣与仁$_T$，则吾岂敢？（述而）

3）夫三年之丧_T，天下之通丧也。（阳货）

4）所谓大臣者_T，以道事君，不可则止。（阳货）

5）且而_T与其从辟人之士也，岂若从辟世之士哉？（微子）

6）唯女子与小人_T为难养也，近之则不孙，远之则怨。（阳货）

除话题前置外，还有两种话题非前置现象。

第一，主谓倒置结构，其述题在前，话题在后。例如：

7）a. 大哉孔子_T！（子罕）

　　b. 惜乎，夫子之说君子也_T！（颜渊）

何以会出现这种异常现象呢？张伯江和方梅（1996：53）给出了令人信服的解释："主位（即我们所说的'话题'）后置首先是对话语体的特有现象。一般叙述语体里主位在前述位在后的语序，体现了语用学的可处理原则（processibility principle），即先从听话人熟悉的情况说起，再引出新的信息"，"但是在简短紧凑的对话里，要求说话人在最短的时间里把最重要的信息明确传达给对方"，因此"重要的信息成为说话人急于说出来的内容，而次要的信息就放到了不显要的位置上"。

第二，比较结构，其后项话题根本不能前置，只能位于比较词之后。例如：

8）a.（子贡贤于）仲尼_T。（子张）

　　b.（夷狄之有君，不如）诸夏之亡_T也。（八佾）

这完全是句法对比较结构中后项话题的强制性限制。

总体而言，话题前置占绝对多数，话题未前置的，要么是语用现象，要么是句法强制的结果（吉田泰谦，2016：40）。

（二）多话题结构的前置形式

1. Ta＞Tb 式双层话题结构中

（1）Ta、Tb 连用，Ta 在最前端

33 例。例如：

9）a. 昔者_{Ta}偃也_{Tb}闻诸夫子曰……（阳货）

　　b. 由也_{Ta}，千乘之国_{Tb}，可使治其赋也。（公冶长）

　　c. 仁者_{Ta}，其言也_{Tb}切。（颜渊）

　　d. 隐居以求其志，行义以达其道_{Ta}。吾_{Tb}闻其语矣，未见其人也。（季氏）

（2）Ta、Tb1 连用，Ta 在最前端

15 例。例如：

10）a. [吾]_{Ta}朝_{Tb1}闻道，（夕_{Tb2}死可矣。）（里仁）

b. 弟子_{Ta}，入_{Tb1}则孝，（出_{Tb2}则悌，谨而信，泛爱众，而亲仁。行有余力_{Tb3}，则以学文。）（学而）

（3）Ta、Tb 间有述题隔开，Ta 在最前端

43 例。例如：

11）a. 回也_{Ta}非助我者也，于吾言_{Tb}无所不说。（先进）

b. 鄙夫_{Ta}可与事君也与哉？其未得之也_{Tb1}，患得之。〔其〕既得之_{Tb2}，患失之。苟患失之，无所不至矣。（阳货）

c.（子谓子产：）"[子产]_{Ta}有君子之道四焉：其行己也_{Tb1}恭，其事上也_{Tb2}敬，其养民也_{Tb3}惠，其使民也_{Tb4}义。"（公冶长）

（4）Ta 前有话题标记

8 例。例如：

12）a. 夫颛臾_{Ta}，昔者_{Tb}先王以为东蒙主，且在邦域之中矣，是社稷之臣也。何以伐为？（季氏）

b. 今夫颛臾_{Ta}，固而近于费。今_{Tb1}不取，后世_{Tb2}必为子孙忧。（季氏）

例 12）a 中 Ta、Tb 连用；例 12）b 中 Ta、Tb 间有述题隔开。

2. Ta>Tb>Tc 式三层话题结构中

（1）Ta、Tb、Tc 连用，Ta 在最前端

2 例：

13）a. 莫春者_{Ta}，[吾]_{Tb}春服_{Tc}既成，〔陪同〕冠者五六人，童子六七人，浴乎沂，风乎舞雩，咏而归。（先进）

b. 始_{Ta}吾_{Tb}于人也_{Tc}，听其言而信其行。（公冶长）

（2）Ta、Tb 连用，与 Tc 间有述题隔开，Ta 在最前端

2 例。例如：

14）今_{Ta}由与求也_{Tb}，相夫子，远人_{Tc1}不服，而不能来也；邦_{Tc2}分崩离析，而不能守也；而谋动干戈于邦内。（季氏）

（3）Ta、Tb、Tc 间均有述题隔开，Ta 在最前端

1 例：

15）君$_{Ta}$召〔孔子〕$_i$使〔孔子〕$_i$摈，$Ø_{Tbi}$色勃如也，足躩如也。揖所与立，左右手，衣$_{Tc}$前后，襜如也。趋进，翼如也。宾退，必复命曰："宾不顾矣。"（乡党）

另外，多话题结构中也有话题非前置现象。2 例：

16）a. A 直哉史鱼$_{Tbi}$！ B 邦有道$_{Ta1}$，$_{ei}$如矢；邦无道$_{Ta2}$，$_{ei}$如矢。（卫灵公）

    b. A 君子哉蘧伯玉$_{Tbi}$！ B 邦有道$_{Ta1}$，$_{ei}$则仕；邦无道$_{Ta2}$，$_{ei}$则可卷而怀之。（卫灵公）

例 16）中，A 是相对独立的话题结构；B 是[Ta・（Tb・Comment）]结构，Tb 零形回指前一话题结构中的后置话题。这种话题后置也源于在最短时间内将最重要信息传递给对方的语用要求。

二、共享性

话题具有共享性是指，两个或两个以上的小句可以共享一个话题。这一点是话题研究的重大突破，它使话题研究从句法领域扩展到了篇章领域，主要代表人物是曹逢甫（1995：39；2005：174）。曹逢甫（1995：39）对这一点的表述是："主题是语段概念，常常可以将其语义范围扩展到一个句子以上。""主题在主题串中控制同指名词组代名化或删略。"理论上讲，共享性是每个话题都可能有的特征，但事实上不是每个话题都表现出了该特征。就《论语》而言，共享性话题分布很广，遍及各种话题结构，不过以无标记话题为主，因为无标记话题的确认以话题共享为前提。部分有标记话题也表现出了这一特征。

（一）共享性话题的分布

1. 无标记共享性话题

《论语》中所有的无标记话题都具有共享性。这种共享性话题有 376 个，其中独立单话题结构中由先行词充当的共享性话题最多，有 261 个，约占无标记共享性话题的 69.4%，成为《论语》共享性话题的典型形式。例如：

17）a. 子$_{Ti}$之燕居，$Ø_i$申申如也，$Ø_i$夭夭如也。（述而）

    b. [孔子]$_{Ti}$执圭，$Ø_i$鞠躬如也，$Ø_i$如不胜。$Ø_i$上如揖，$Ø_i$下如授。$Ø_i$勃如战色，$Ø_i$足蹜蹜如有循。$Ø_i$享礼，$Ø_i$有容色。$Ø_i$私觌，$Ø_i$愉愉如也。（乡党）

其他类型的无标记共享性话题 115 个，约占 30.6%，包括独立单话题结构中由回指对象充当的共享性话题。例如：

18）a. 无为而治者其舜$_i$也与？夫$_{Ti}$何为哉？Ø$_i$恭己 Ø$_i$正南面而已矣。（卫灵公）

　　b. 有颜回者$_i$Ø$_{Ti}$好学，Ø$_i$不迁怒，Ø$_i$不贰过。Ø$_i$不幸短命死矣。（雍也）

多话题结构中的共享性话题。例如：

19）a. 吾$_{Tai}$少也贱，Ø$_i$故多能鄙事。（子罕）

　　b.（夫君子之居丧，）[君子]$_{Tbi}$食旨 Ø$_i$不甘，Ø$_i$闻乐 Ø$_i$不乐，Ø$_i$居处 Ø$_i$不安，故 Ø$_i$不为也。（阳货）

　　c. 今$_{Tai}$由与求也$_{Tbj}$，相夫子，远人$_{Tck}$不服，而 Ø$_i$Ø$_j$不能来 Ø$_k$也；邦$_{Tcl}$分崩离析，而 Ø$_i$Ø$_j$不能守 Ø$_l$也；而 Ø$_i$Ø$_j$谋动干戈于邦内。（季氏）

降级话题结构中的共享性话题。例如：

20）a. 君子$_{T2i}$正其衣冠，Ø$_i$尊其瞻视，俨然人望 Ø$_i$而畏之$_i$，（斯不亦威而不猛乎？）（尧曰）

　　b. 士$_{T2i}$见危致命，Ø$_i$见得思义，Ø$_i$祭思敬，Ø$_i$丧思哀，（其可已矣。）（子张）

内嵌话题结构中的共享性话题。例如：

21）a.（吾恐）季孙之忧$_{Ti}$，不在颛臾，Ø$_i$而在萧墙之内也。（季氏）

　　b. 桓公$_{Ti}$九合诸侯，Ø$_i$不以兵车，（管仲之力也。）（宪问）

　　c. 有朋$_i$Ø$_{Ti}$自远方来，（不亦乐乎？）（学而）

2. 有标记共享性话题

如前所述，我们是根据话题标记和特定句法结构在小句范围内确定《论语》的有标记话题的，但《论语》中仍有不少有标记话题的辖域扩展到了一个句子以上，因此这些有标记话题具有共享性。这类共享性话题有 88 例，约占有标记话题总数的 14%，以独立单话题结构中的为主，有 62 例。例如：

22）a. 夫达$_i$者$_T$，质直而 Ø$_i$好义，Ø$_i$察言而 Ø$_i$观色，Ø$_i$虑以下人。Ø$_i$在邦必达，Ø$_i$在家必达。（尧曰）

　　b. 君子$_{Ti}$可逝 e$_i$也，不可陷 e$_i$也；可欺 e$_i$也，不可罔 e$_i$也。（雍也）

　　c. 大哉孔子$_{Ti}$！Ø$_i$博学而 Ø$_i$无所成名。（子罕）

　　d. 禹$_{Ti}$，吾无间然矣。Ø$_i$菲饮食而 Ø$_i$致孝乎鬼神，Ø$_i$恶衣服而 Ø$_i$致美乎黻冕；Ø$_i$卑宫室而 Ø$_i$尽力乎沟洫。禹$_{Ti}$，吾无间然矣。（泰伯）

例22）d 较有特点，整个话题结构复现。

多话题结构中的，25 例。例如：

23）a. <u>夫颛臾</u>_{Tai}，昔者先王以 e_i 为东蒙主，且 e_i 在邦域之中矣，是 $_i$ 社稷之臣也。何以伐 e_i 为？（季氏）

    b. <u>隐居以求其志，行义以达其道</u>_{Tai}。（吾闻其 $_i$ 语矣，未见其 $_i$ 人也。）（季氏）

内嵌话题结构中的，1 例：

24）（女奚不曰，）<u>其为人 $_i$ 也</u>_T，发愤忘食，$\varnothing_i$ 乐以忘忧，$\varnothing_i$ 不知老之将至云尔。（述而）

（二）话题共享方式

两个或两个以上的小句以何种方式共享一个话题呢？曹逢甫（1995：34）的基本看法是："一旦言谈话题确定以后，与这一总话题有关的名词组可以删略。在同一话题的整段话中，这些名词组在最后删略以前还要经过一个变代名词的中间阶段。"从话题共享的角度来讲，曹逢甫这段话可概括为：名词组→代名词→零形式。他举的例子是：

25）T：是啊，我太太写信通常也都是……

    C：//是这样子啊。

    T：十一二点钟才写。//<u>她</u>回来以后，白天嘛，爸爸，妈妈……

    C：嗯。

    T：在家看小孩很辛苦。

    C：嗯。

    T：回来当然不好意思再让他们带。

    ……

曹先生的观点就现代汉语而言，是有事实依据的，我们也很赞同。不过就《论语》而言，情况有些特殊。由于《论语》中第三人称代词主要作宾语和定语，作主语极罕见，这便导致了两个后果：

第一，当某话题以名词组形式在第一小句中出现后，若后续小句在主语位置共享该话题，那么该话题的共享方式主要是"名词组→零形式"，即名词组出现后未经代名化即被删略。例如：

26）a. <u>仲弓</u>_{Ti}为季氏宰，$\varnothing_i$ 问政。（子路）

b. 志士仁人 $_{Ti}$，无求生以 Ø$_i$ 害仁，Ø$_i$ 有杀身以 Ø$_i$ 成仁。（卫灵公）

c. 孟氏使阳肤$_i$为士师，Ø$_{Ti}$ 问于曾子。（子张）

d. 有颜回者$_i$Ø$_{Ti}$ 好学，Ø$_i$ 不迁怒，Ø$_i$ 不贰过。Ø$_i$ 不幸短命死矣。（雍也）

严格遵循"名词组→代名词→零形式"这一方式的仅 1 例：

27）无为而治者其舜$_i$也与？夫 $_{Ti}$ 何为哉？Ø$_i$ 恭己 Ø$_i$ 正南面而已矣。（卫灵公）

第二，当某话题以名词组形式在第一小句中出现后，若后续小句在非主语位置共享该话题，那么该话题可与现代汉语具有相同的共享方式，即"名词组→代名词→零形式"。也就是说，名词组出现后，在被删略前有一个代名化过程。例如：

28）夏礼 $_{Ti}$，吾能言之$_i$，杞不足征 $_{ei}$ 也。（八佾）

但并不必然如此，也可以是"名词组→代名词"，没有名词组被删略的过程。例如：

29）南容 $_{Ti}$ 三复白圭，孔子以其兄之子妻之 $_i$。（先进）

或"名词组→零形式"，没有名词组代名化过程。例如：

30）[子]$_{Ti}$ 三年无改于父之道，可谓 Ø$_i$ 孝矣。（里仁）

或"名词组→零形式→代名词"，即名词组出现后，先被删略，然后代名化。例如：

31）由$_i$也 $_{Ta}$，（千乘之国，）可使 $_{ei}$ 治其赋也，不知其$_i$仁也。（公冶长）

以上仅是作主语的第三人称代词缺乏所带来的后果，并不是《论语》话题共享方式的规律。尽管《论语》中话题共享的形式只有三种，即名词组、代名词、零形式，但三者的组合方式却相当复杂，尚需研究，这里不做深入讨论。

上面从共享性话题的分布和话题的共享方式两个角度简单讨论了话题的共享性特征。这一特征反映了话题的基本功能，即话题用于篇章衔接。

三、标记性

一般来说，汉语中的任何话题都有带话题标记的可能。带上话题标记，话题就被明确地标识了出来。但"即使能带专用话题标记的都是话题，也难以说没带话题标记的就不是话题"（徐烈炯和刘丹青，2007：26），因此我们将"可带话题标记"视为话题的一个句法特征。不过，话题标记如何界定，范围有多大，仍有争议。本书在第二章已将《论语》中的话题标记作了梳理（见第二章第三节第五小节）。

这些话题标记可分为三类。一是后附性话题标记，即提顿词；二是前加性话

题标记，包括提挈连词、介词、动词和形容词；三是合用话题标记，即前加话题
标记与提顿词构成的话题标记框架。

《论语》中带话题标记的话题有 170 个，约占话题总数的 17%，被标识的主要
是独立话题结构中的话题，以单话题结构中的为主。

（一）带后附性标记的

例如：

32）a. 丘也_T幸。（述而）

b. 政者_T，正也。（颜渊）

c. 苟志于仁矣_T，无恶也。（里仁）

d. 予之_T不仁也！（阳货）

（二）带前加性标记的

例如：

33）a. 夫三年之丧_T，天下之通丧也。（阳货）

b. 至于犬马_T，皆能有养。（为政）

c. 若圣与仁_T，则吾岂敢？（述而）

d. 于斯三者_T何先？（颜渊）

（三）带合用标记的

例如：

34）a. 夫达也者_T，质直而好义。（颜渊）

b. 所谓大臣者_T，以道事君。（先进）

c. 若由也_T，不得其死然。（先进）

另外，多话题结构中也有部分话题被标识。例如：

35）a. 今夫颛臾_{Ta}，固而近于费。（今不取，后世必为子孙忧。）（季氏）

b. （以能问于不能，以多问于寡；有若无，实若虚，犯而不校）——昔
者_{Tb}吾友尝从事于斯矣。（泰伯）

c.（始吾）于人也 Tc，听其言而信其行。（公冶长）

d. 夫颛臾 Ta，昔者 Tb 先王以为东蒙主，且在邦域之中矣，是社稷之臣也。

何以伐为？（季氏）

例 35）中，a、b、c 分别是首要话题、次要话题、三级话题被标识；d 中首要话题、次要话题均被标识。

另有少数非独立话题结构中的话题被标识。例如：

36）a. 其言也 T2 切，（斯谓之仁已乎？）（颜渊）

b. 犹之与人 T2 也，出纳之吝（谓之有司。）（尧曰）

37）a.（不曰）坚乎 T，磨而不磷。（阳货）

b.（女奚不曰，）其为人也 T，发愤忘食，乐以忘忧，不知老之将至云尔。

（述而）

c. 其为人也 T 孝弟，（而好犯上者，鲜矣。）（学而）

上例中，例 36）是降级话题结构中被标识的话题，例 37）是内嵌话题结构中被标识的话题。

四、可省性

在本书的研究框架内，《论语》中可确认的话题共计 999 个，其中 879 个有实体形式，约占话题总数的 88%，另有 120 个以省略形式出现，约占话题总数的 12%。

（一）承语境省略

承语境省略是指，某话题未在上下文中出现，只存在于相关的背景知识中，可以推断出来。这种情况在《论语》中有 84 例，约占省略话题总数的 70%。这些省略话题既可以是单话题结构中的话题，也可以是多话题结构中的首要话题。承语境省略最多的话题是表类指的"人"（相当于现代汉语的"一个人"，如"一个人不能太看重钱财"），有 41 例。例如：

38）a. [人]T 放于利而行，多怨。（里仁）

b. [人]Ta 年四十而见恶焉，（其终也已。）（阳货）

其次是"孔子"，有 19 例。例如：

39）a. [孔子]T 问人于他邦，再拜而送之。（乡党）

　　b. [孔子]_{Ta}（食不语，寝不言。）（乡党）

另有其他指人名词"父母""君子""国君"等 17 例。例如：

40）a. [父母]_T 生，事之以礼；死，葬之以礼，祭之以礼。（为政）

　　b. [君子]_T 博学于文，约之以礼，亦可以弗畔矣夫！（颜渊）

　　c. [国君]_{Ta} 苟正其身矣，（于从政乎何有？不能正其身，如正人何？）
　　　（子路）

还有"老师之道""非义"等抽象义省略话题 7 例。例如：

41）a. [老师之道]_T 仰之弥高，钻之弥坚。瞻之在前，忽焉在后！（子罕）

　　b. [非义]_{Ta}（我不欲人之加诸我也，吾亦欲无加诸人。）（公冶长）

上例中，例 38）b、例 39）b、例 40）c、例 41）b 的首要话题承语境省略。

（二）承前蒙后省略

　　承前省是指，某话题承接前文省略。蒙后省是指，某话题蒙受下文省略。当前文或后文的成分成为话题时，表现为零形式。承前省略有 34 例。例如（成为话题前的成分下加着重号）：

42）a.（子曰：）"[吾]_T 不怨天，不尤人，下学而上达。"（宪问）

　　b.（子路从而后，遇丈人……）[丈人]_T 止子路宿，杀鸡为黍而食之，见
　　　其二子焉。（微子）

　　c.（子欲居九夷。或曰：）"[九夷]_T 陋，如之何？"子曰："君子居之，
　　　何陋之有？"（子罕）

　　d.（赤之适齐也，）[赤]_{Tb} 乘肥马，衣轻裘。（雍也）

例 42）d 的次要话题承前省略。

蒙后省略的仅 2 例：

43）a. [民]_T 道之以政，齐之以刑，民免而无耻；道之以德，齐之以礼，有耻
　　　且格。（为政）

　　b. [人]_T 视其所以，观其所由，察其所安。人焉廋哉？人焉廋哉？（为政）

　　"Givón（1988：252）指出有些语言在话题可预期性最高时可以表现为零话题（只有述题）句，即话题省略。"（转引自徐烈炯和刘丹青，2007：25）Givón 所说的"话题可预期性最高"很好地解释了上述诸例中话题省略的原因。

　　就承语境省略的话题而言，这类话题中省略频率居前两位的是表类指的"人"和"孔子"，另有"父母""君子""弟子""国君"等特指对象。这与《论语》

这部书的性质与功能有关。《论语》记录的是孔子及其弟子的言行，那么孔子本人的言行自然会占很大比重，而言语对象也会因内容的不同而有所变化：有针对一般人的，有专门针对君子的，也有专门针对国君的等等。这就为读者提供了一个背景知识，读者根据述题内容即可推出话题所指，如：例 38）中述题阐发的是一个适用于任何人的普通道理，显然是针对一般人的；例 39）中述题叙述的是孔子的行为；例 40）a 中述题说明子女对待父母的行为准则。余例类此。显然，这些述题使与之匹配的话题具有最高的可预期性，因此不必以实体形式出现，读者亦可推知。至于《论语》中表类指的"人"以及"孔子"这两个话题高居省略话题的前两位，这足以表明《论语》这部书诫勉一般人和叙述孔子言行的内容比重比较大（如整个《乡党》篇二十七章中，仅最后一章不以孔子为话题）。

就承前后文省略的话题而言，既然这些即将成为话题的成分已经出现，当然就是已知信息。当它们再次以话题身份出现时，最高的可预期性使之即使以零话题形式出现也能有效传达信息，此不赘述。

第二节 语 义 特 征

我们从指称和论元两个角度来讨论《论语》话题的语义特征。

一、有定或类指

"有定""类指"涉及话题的指称特点，这两个概念在徐烈炯（1995：257）提出的指称义的分类系统中地位如图 5-1 所示。

图 5-1 指称义分类系统

如图 5-1 所示，"有定"从属于"非类指"，与"无定"相对，指"言听双方都能确定的对象。具体地说，这个或这些对象，说话人不但自己知道，并且他认为或可以设想听话人也知道并且可以确定"；"类指"与"非类指"相对，"表示整个类的集合，强调整个类而不指类中的具体个体，更不指确定的或特定的个体"（徐烈炯和刘丹青，2007：141-161）。

（一）有定话题

《论语》中的有定话题有 394 例^①，表现为如下几种形式。

1. 人称代词

人称代词作话题有 78 例，三种人称均有。

第一人称的，例如：

1）a. 吾_T岂匏瓜也哉？焉能系而不食？（阳货）

　　b. 我_T非生而知之者，好古，敏以求之者也。（述而）

2）a. 回_T虽不敏，请事斯语矣。（颜渊）

　　b. 丘也_T幸。（述而）

例 1）是真正的第一人称代词；例 2）是以名为代，表谦称。

第二人称的，例如：

3）a. 且而_T与其从辟人之士也，岂若从辟世之士哉？（微子）

　　b. 女_T为君子儒！无为小人儒！（雍也）

4）a. 子_T为政，焉用杀？（颜渊）

　　b. 从者曰："子_T恸矣！"曰："有恸乎？非夫人之为恸而谁为？"（先进）

例 3）是真正的第二人称代词，例 4）是以名为代，表敬称。

第三人称代词均为以名为代的"夫子"，表敬称。例如：

5）a. 夫子_T循循然善诱人，博我以文，约我以礼，〔使我〕欲罢不能。（子罕）

　　b. 曰："夫子_T何为？"对曰："夫子欲寡其过未能也。"（宪问）

2. 专有名词

专有名词作话题是《论语》有定话题的主要形式，有 259 例。绝大部分是指人专名，包括孔子及其学生的名字，国君、士大夫的名字等等。例如：

6）a. 子_T温而厉，威而不猛，恭而安。（述而）

　　b. 回也_T不愚。（为政）

　　c. 有澹台灭明者_i，Ø_{Ti}行不由径，非公事，未尝至于偃之室也。（雍也）

　　d. 泰伯_T，其可谓至德也已矣。三以天下让，民无得而称焉。（雍也）

　　e. 陈恒_T弑其君，请讨之。（宪问）

也有少数指物名词。例如：

---

① 《论语》中还有一类与有定话题相对应的无定话题，其所指不确定。这类话题有 16 例。

7）a. 周ₜ监于二代，郁郁乎文哉！吾从周。（八佾）

　　b. 《关雎》ₜ，乐而不淫，哀而不伤。（八佾）

　　c.（子欲居九夷。）或曰："[九夷]ₜ陋，如之何？"子曰："君子居之，何陋之有？"（子罕）

3. 一般名词

一般名词作有定话题不多见，仅 12 例。例如：

8）a. 弟子ₜ孰为好学？（先进）

　　b. [丈人]ₜ止子路宿，杀鸡为黍而食之，见其二子焉。（微子）

　　c. 富哉言乎ₜ！（颜渊）

　　d.（君召〔孔子〕使〔孔子〕摈，色勃如也，足躩如也。揖所与立，左右手，）衣Tc前后，襜如也。（趋进，翼如也。宾退，必复命曰："宾不顾矣。"）（乡党）

例 8）中，a 的"弟子"确指孔子的弟子们；b 的"丈人"确指子路在路上遇到的那个"丈人"；c 的"言"确指孔子所说的话"举直错诸枉，能使枉者直"；d 的一般名词是三级话题"衣"，它确指孔子接待外宾时穿的衣服。这些作话题的一般名词都是言听双方能够确定的对象，它们之所以能被确定，是因为它们都位于动词前［例 8）c 是主谓倒置］。可见动词前的位置有利于将一般名词标记为有定形式。

4. 名词性结构

名词性结构作有定话题有 45 例，主要是"代词+中心语"，多达 23 例。代词有指示代词"夫""是""若""斯"和人称代词"吾""其"。例如：

9）a. 夫人ₜ不言，言必有中。（先进）

　　b. 诚哉是言也ₜ！（子路）

　　c. 君子哉若人ₜ！（宪问）

　　d. 斯民也ₜ，三代之所以直道而行也。（卫灵公）

　　e. 吾道Ta（一以贯之。）（里仁）

　　f.（仁者，）其言也Tb讱。（颜渊）

例 9）中，e、f 是多话题结构，有定话题分别是首要话题"吾道"和次要话题"其言"。

其他类型有 22 例。例如：

10）a. <u>三家者</u>_T以《雍》彻。（八佾）

    b. <u>夏礼</u>_T，吾能言之，杞不足征也。（八佾）

    c. <u>仪封人</u>_T请见，曰："……"从者见之。出曰："……"（八佾）

    d. <u>楚狂接舆</u>_T歌而过孔子曰："……"（微子）

（二）类指话题

《论语》中的类指话题有 356 例，分两类。

1. 一般名词

有 243 例，其中"人"出现频率最高，51 例。例如：

11）a. <u>人</u>_T无远虑，必有近忧。（卫灵公）

    b. [<u>人</u>]_{Ta}（日知其所亡，月无忘其所能，可谓好学也已矣。）（子张）

其次是"君子"，49 例。例如：

12）a. <u>君子</u>_T欲讷于言而敏于行。（里仁）

    b. <u>君子</u>_{Ta}（不重，则不威；学则不固。主忠信。无友不如己者。过，则勿惮改。）（学而）

其他一般名词 143 例。例如：

13）a. <u>工</u>_T欲善其事，必先利其器。（卫灵公）

    b. <u>仁</u>_T远乎哉？我欲仁，斯仁至矣。（述而）

    c. <u>弟子</u>_{Ta}，（入则孝，出则悌，谨而信，泛爱众，而亲仁。行有余力，则以学文。）（学而）

    d. <u>士</u>_{T2}（见危致命，见得思义，祭思敬，丧思哀，其可已矣。）（子张）

2. 名词性结构

有 113 例。例如：

14）a. <u>邦君之妻</u>_T，君称之曰夫人，夫人自称曰小童；邦人称之曰君夫人，称诸异邦曰寡小君；异邦人称之亦曰君夫人。（季氏）

    b. <u>己所不欲</u>_T，勿施于人。（卫灵公）

    c. <u>宗庙之事</u>，如会同_{Ta}，（[吾]端章甫，愿为小相焉。）（先进）

    d.（由也，）<u>千乘之国</u>_{Tb}，可使治其赋也，不知其仁也。（公冶长）

上例中，例 11）b、例 12）b、例 13）c、例 14）c 的首要话题，例 14）d 的次要话题，例 13）d 的降级话题是类指话题。

由上可知，《论语》中有定话题与类指话题的数量大致相当，不过在话题指称类型与结构类型的匹配方面却表现出明显的倾向，即有定话题以专有名词为主，类指话题以一般名词为主。

（三）指称化话题

指称化话题指的是以陈述形式出现的可被指称的话题。

《论语》中除名词性话题外，还有动词性的、形容词性的以及主谓结构、假设分句乃至复句、句群充当的话题。这些话题尽管以述谓形式出现，但作为表述的出发点，与述题相对，具有可指称性。证据之一就是这些述谓形式要么在句内被指示代词回指，例如：

15）a. 富与贵 $_{Ti}$，是 $_i$ 人之所欲也……（里仁）

　　b. 道之不行 $_{Ti}$，已知之 $_i$ 矣。（微子）

要么可通过添加指示代词"这"及其中心语译成现代汉语。例如：

16）为仁 $_T$ 由己，而由人乎哉？（颜渊）

译文[①]：

实践仁德这件事，全凭自己，还凭别人吗？

17）子夏问曰："'巧笑倩兮，美目盼兮，素以为绚兮。'$_T$ 何谓也？"子曰："绘事后素。"（八佾）

译文：

子夏问道："'有酒窝的脸笑得美呀，黑白分明的眼流转得媚呀，洁白的底子上画着花卉呀。'这几句诗是什么意思？"孔子道："先有白色的底子，然后画花。"

因此我们认为，《论语》中非名词性词语充当的话题也具有指称性，是指称化话题。这些话题可以被指示代词回指或可添加指示代词及其中心语，属于有定话题。

《论语》指称化话题共计 241 例，以动词性结构充当的为主。例如：

18）a. 譬如为山 $_T$，未成一篑。（子罕）

　　b. 修己以安百姓 $_T$，尧舜其犹病诸？（宪问）

19）a. 以能问于不能，以多问于寡；有若无，实若虚，犯而不校 $_{Ta}$（——昔者吾友尝从事于斯矣。）（泰伯）

---

① 例 16）中"这件事"为作者所加，其余为杨伯峻（1980：118）译文。例 17）是杨伯峻（1980：25）的完整译文，"这几句诗"为杨先生所加。

b.（由也果，）<u>于从政乎</u>_{Tb}何有？（雍也）

例19）是多话题结构，a、b分别是动词性结构作首要话题、次要话题。

也有形容词性结构、主谓结构、假设分句、复句及句群充当的。例如：

20）<u>贫与贱</u>_T，是人之所恶也。（里仁）

21）久矣哉，<u>由之行诈也</u>_T！（子罕）

22）<u>如知为君之难也</u>_T，不几乎一言而兴邦乎？（子路）

23）一朝之忿，<u>忘其身</u>_T，以及其亲，（非惑与？）（颜渊）

24）<u>《书》云：‘孝乎惟孝，友于兄弟，施于有政。’</u>_T是亦为政。（为政）

二、论元或非论元

（一）论元话题

《论语》中绝大多数话题与句子谓词（包括动词、形容词及其结构）有论元关系，是句子的核心论元（袁毓林，2002：13）。这些话题可作施事、受事、致事、主事及与事。

1. 施事话题

施事话题可出现在单话题结构中。例如：

25）a. <u>子</u>_T之武城，闻弦歌之声。（阳货）

　　　b. <u>由也</u>_T升堂矣，未入于室也。（先进）

也可出现在多话题结构中。例如：

26）a. <u>人</u>_{Ta}洁己以进，（[吾]与其洁也，不保其往也。）（述而）

　　　b.（昔者）<u>偃也</u>_{Tb}闻诸夫子曰……（阳货）

还可出现在内嵌话题结构中。例如：

27）<u>桓公</u>_T九合诸侯，不以兵车，（管仲之力也。）（宪问）

2. 受事话题

受事话题可出现在单话题结构中。例如：

28）a. <u>圣人</u>_T，吾不得而见之矣。（述而）

　　　b. <u>孔文子</u>_T何以谓之“文”也？（公冶长）

　　　c. <u>周之德</u>_T，其可谓至德也已矣。（泰伯）

也可出现在多话题结构中。例如：

29）a. 君子 Ta 易事而难说也。说之不以道，不说也；（及其使人也，器之。）
（子路）

  b.（君子不施其亲，不使大臣怨乎不以。）故旧 Tb 无大故，则不弃也。
（无求备于一人。）（微子）

  c.（莫春者，[吾]）春服 Tc 既成，（冠者五六人，童子六七人，浴乎沂，
风乎舞雩，咏而归。）（先进）

例 29）中，a—c 的受事话题分别是首要话题"君子"、次要话题"故旧"、
三级话题"春服"。

3. 致事话题

致事话题可以出现在单话题结构中。例如：

30）a. 雍也 Ti 可使 ei 南面。（雍也）

  b. 仲由 Ti 可使 ei 从政也与？（雍也）

也可出现在多话题结构中。例如：

31）a. 由 i 也 Ta，（千乘之国），可使 ei 治其赋也。（公冶长）

  b.（方六七十，如五六十，）求 i 也 Tb 为之，比及三年，可使 ei 足民。
（先进）

例 31）中的致事话题分别是首要话题"由"、次要话题"求"。

4. 主事话题

主事话题可以出现在独立单话题结构中。例如：

32）a. 君子 T 多乎哉？不多也。（子罕）

  b. 子 T 温而厉，威而不猛，恭而安。（述而）

  c. 天下之无道也 T 久矣。（八佾）

  d. 性 T 相近也，（习相远也。）（阳货）

也可出现在多话题结构中。例如：

33）a. 由也 Ta 果，（于从政乎何有？）（雍也）

  b.（仁者，）其言也 Tb 讱。（颜渊）

例 33）的主事话题分别是首要话题"由"、次要话题"其言"。

还可出现在降级话题结构中。例如：

34）其言也 T2 讱，（斯谓之仁已乎？）（颜渊）

以及内嵌话题结构中。例如：

35）（吾恐）<u>季孙之忧</u>$_T$，不在颛臾，而在萧墙之内也。（季氏）

5. 与事话题

与事话题只出现在单话题结构中。支配与事的动词主要是称说类动词"谓"。例如：

36）a. <u>泰伯</u>$_{Ti}$，其可谓$_{ei}$至德也已矣。（泰伯）

　　b. <u>士</u>$_{Ti}$何如斯可谓之$_T$达矣？（颜渊）

　　c. <u>不教而杀</u>$_{Ti}$谓之$_i$虐。（尧曰）

偶见称说类动词"称"及给予类动词"语""托""寄"。例如：

37）<u>邦君之妻</u>$_{Ti}$，君称之$_i$曰夫人，夫人自称$_{ei}$曰小童；邦人称之$_i$曰君夫人，称诸$_i$异邦曰寡小君；异邦人称之$_i$亦曰君夫人。（季氏）

38）a. <u>中人以上</u>$_{Ti}$，可以语$_{ei}$上也。（雍也）

　　b. [<u>人</u>]$_{Ti}$可以托$_{ei}$六尺之孤，可以寄$_{ei}$百里之命……（泰伯）

由此可见，话题作谓词的施事、受事、受事兼施事以及作主事、与事的情况在《论语》中是普遍存在的。

（二）非论元话题

《论语》中的话题还可以是非论元，这是比较典型的话题，有三种情况。

1. 话题是谓词某论元的领属格

这类话题可出现在单话题结构中。例如：

39）a. <u>回</u>$_i$也$_T$，其$_i$心三月不违仁。（雍也）

　　b. <u>父母</u>$_{Ti}$唯其$_i$疾之忧。（为政）

　　c. <u>三年之丧</u>$_{Ti}$，$_{ei}$期已久矣。（阳货）

例39）中，a 的话题"回"是动词"违"的施事论元"心"的领属格；b 的话题"父母"是动词"忧"的受事论元"疾"的领属格；c 的话题"三年之丧"是形容词"久"的主事"期"的领属格。

也可出现在多话题结构中。例如：

40）a. <u>好仁不好学</u>$_{Tai}$，（其$_i$蔽也愚。）（阳货）

　　b.（求也，）<u>千室之邑，百乘之家</u>$_{Tbi}$，可使为之$_i$宰也，（不知其仁也。）（公冶长）

例40）中，a 的首要话题"好仁不好学"是形容词"愚"的主事"其蔽"的领属格；b 的次要话题"千室之邑，百乘之家"是动词"为"的受事"宰"的领属格。

2. 话题是外围成分

外围成分主要包括对象、结果、工具、关涉、时间、处所及范围。这些外围成分多数分布在单话题结构中，少数分布在多话题结构中。

对象。例如：

41）a. 鸟兽$_{Ti}$不可与$_{ei}$同群。（微子）

b. 鄙夫$_{Tai}$可与$_{ei}$事君也与哉？（其未得之也，患得之。既得之，患失之。苟患失之，无所不至矣。）（阳货）

结果。例如：

42）a. 事君尽礼$_{Ti}$，人以$_{ei}$为谄也。（八佾）

b. 夫颛臾$_{Tai}$，昔者先王以$_{ei}$为东蒙主，（且在邦域之中矣，是社稷之臣也。何以伐为？）（季氏）

工具。例如：

43）a. 温故而知新$_{Ti}$，可以$_{ei}$为师矣。（为政）

b.（吾道）一$_{Tbi}$以$_{ei}$贯之。（里仁）

关涉。例如：

44）a. 禹$_{Ti}$，吾$_{ei}$无间然矣。（泰伯）

b.（由也果，）于从政乎$_{Tbi}$何$_{ei}$有？（雍也）

时间。例如：

45）a. 乡也$_{Ti}$吾$_{ei}$见于夫子而问知。（颜渊）

b. 今$_{Tai}$（由与求也，$_{ei}$相夫子，远人不服，而不能来也；邦分崩离析，而不能守也；而谋动干戈于邦内。）（季氏）

c.（以能问于不能，以多问于寡；有若无，实若虚，犯而不校）——昔者$_{Tbi}$吾友$_{ei}$尝从事于斯矣。（泰伯）

处所。例如：

46）a. 殷$_{Ti}$有三仁焉$_{i}$。（微子）

b. 十室之邑$_{Ti}$，必有忠信如丘者焉$_{i}$。（公冶长）

范围。例如：

47）a. 弟子$_{Ti}$孰$_{ei}$为好学？（雍也）

b. 女与回也$_{Ti}$孰$_{ei}$愈？（公冶长）

3. 话题与谓词间无语义选择关系

两者依赖背景知识或谈话当时的语境建立联系（徐烈炯和刘丹青，2007：119）。
例如：

48）a. 为命_T，裨谌草创之。（宪问）

b. 二_T，吾犹不足。（颜渊）

49）a. 宗庙之事，如会同_{Ta}，（[吾]端章甫，愿为小相焉。）（先进）

b.（颜渊问为邦。（颜渊问："一个人怎样去治理国家？"）子曰："行
夏之时，乘殷之辂，服周之冕，）乐_{Tb}则《韶》《舞》。（放郑声，
远佞人。）（卫灵公）

由上可知，谓词的论元作话题是《论语》话题的主要形式，常见情况是施事、
受事、致事、主事及与事作话题。谓词的非论元作话题也有一定比例。从非论元
作话题的情况来看，尽管上面提到的三种话题都不是谓词的论元，但它们与谓词
的远近关系却显而易见：与论元有领属关系的话题和谓词关系最近，两者之间有
间接的语义联系；对象、结果、工具、关涉、时间、处所、范围这些外围成分充
当的话题次之；第三种话题与谓词关系最远，两者之间无语义选择关系，须通过
背景知识或特定语境才能建立联系。

第三节　信 息 特 征

"话题概念基于话语信息结构。"（刘丹青，2016：274）从话语层面来看，
话题是话语表述的出发点，因此，话题的话语功能特征主要表现为话题是已知信
息。关于已知信息，学者们有不同的界定，我们采用方经民（1994：39）的观点：

> 所谓已知，不是指发话人已经知道或受话人已经知道，也不是指发
> 话人和受话人都已经知道，而是指发话人主观上认为受话人已经知
> 道……发话人作出已知还是未知的判断的依据是语用环境，主要是发话
> 人对他跟受话人交谈上文的理解和他对受话人背景知识的了解。

已知信息据其已知程度分为两种，一种是言听双方的共知信息，一种是文本
提及的相关信息。这两种信息在《论语》中都存在。

一、言听双方的共知信息

《论语》中言听双方的共知信息主要有三种类型。

（一）存在于言听双方共同知识背景中的信息

例如：

1）孔子_T于乡党，恂恂如也，似不能言者。其在宗庙朝廷，便便言，唯谨尔。（乡党）

2）子路_T有闻，未之能行，唯恐有闻。（公冶长）

3）[孔子]_T升车，必正立，执绥。车中，不内顾，不疾言，不亲指。（乡党）

上例分别是《乡党》第 1 章、《公冶长》第 14 章、《乡党》第 26 章的全文。其中的名词"孔子"和"子路"都是第一次出现，却可以毫无障碍地被作为已知信息来理解，甚至例 3）的话题不出现，言听双方也可以轻易知道这个省略的话题是指孔子。这些信息之所以能被识别，是因为它们都是共存于言听双方知识背景中的信息。

（二）前文出现的信息（下加双横线）

例如：

4）a. 司马牛问君子。子曰："君子_T不忧不惧。"（颜渊）

   b. 子曰："吾未见刚者。"或对曰："申枨。"子曰："枨也_T欲，焉得刚？"（公冶长）

   c. 鲁人为长府。闵子骞曰："仍旧贯，如之何？何必改作？"子曰："夫人_T不言，言必有中。"（先进）

5）a. 子谓子夏曰："女_T为君子儒！无为小人儒！"（雍也）

   b. 无为而治者其舜也与？夫_T何为哉？恭己正南面而已矣。（卫灵公）

6）子击磬于卫，有荷蒉而过孔氏之门者，Ø_T曰："……"既而曰："……"（宪问）

上例中下加着重号的部分是第一次出现的信息，这些信息在后文中再次出现时，例 4）用名词性回指，例 5）用代词性回指，例 6）用零形回指。无论这些信息是用哪种形式被回指的，当它们再次出现时就都成了言听双方共知的信息。

（三）现场性信息

现场性信息是指"信息源于实际场景"（屈承熹，2006：148）。《论语》中的现场性信息主要存在于对话中。例如：

7）a. 子路问："[吾]_T闻斯行诸？"（子曰："有父兄在，如之何其闻斯行

之？"）（先进）

    b.（冉子退朝。）子曰："[尔]$_T$何晏也？"（对曰："有政。"）（子路）

上例中，由于言听双方均在现场，因此谈论的对象为双方所共知，以至于无须出现。

二、文本提及的相关信息

    这种信息从字面上看是新信息，徐烈炯和刘丹青（2007：187）称之为"间接激活的信息"，即该信息虽然之前未被提及，但与前文信息有某种关联，故能被言听双方所推知。根据已经提及的信息是不是话题，可以把这种被间接激活的信息分为两种情况。

（一）已提及信息（下加双横线）本身是话题

例如：

8）a. 回也，其心三月不违仁，其余$_T$则日月至焉而已矣。（雍也）

    b. 饭疏食饮水，曲肱而枕之，乐亦在其中矣。不义而富且贵$_T$，于我如浮云。（述而）

9）a. 君子有三戒：少之时$_{Tb1}$，血气未定，戒之在色；及其壮也$_{Tb2}$，血气方刚，戒之在斗；及其老也$_{Tb3}$，血气既衰，戒之在得。（季氏）

    b. [孔子]入公门$_{Tb1}$，鞠躬如也，如不容。立$_{Tc1}$不中门，行$_{Tc2}$不履阈。过位$_{Tb2}$，色勃如也，足躩如也，其言似不足者。摄齐升堂$_{Tb3}$，鞠躬如也，屏气似不息者。出$_{Tb4}$，降一等，逞颜色，怡怡如也。没阶$_{Tb5}$，趋进，翼如也。复其位$_{Tb6}$，踧踖如也。（乡党）

上例中，例8）的间接激活发生在两个单话题结构之间。a中，名词语"其余"与前一话题"回"构成反义关系，因此被激活而成为已知信息。8）b类此。

例9）的间接激活发生在多话题结构内部。a中，首要话题是"君子"，其后的次要话题"少之时""其壮""其老"因是"君子"在年龄上所处的三个阶段而被激活。b是包含三级话题的多话题结构。其中"孔子"是首要话题，其后六个次要话题"入公门""过位""摄齐升堂""出""没阶""复其位"是孔子上朝时的六个步骤，而次要话题"入公门"辖域内的两个三级话题"立"和"行"也与孔子有关，因此该例中的次要话题、三级话题都是被首要话题"孔子"间接激活的信息。

（二）已提及信息（下加双横线）不是话题

此时被间接激活的信息前有时有介引新信息的介词。例如：

10）a.（今之孝者，是谓能养〔爹娘〕。）至于犬马_T，皆能有养。（为政）

    b.（"求！尔何如？"对曰："方六七十，如五六十，求也为之，比及三年，可使足民。）如其礼乐_T，以俟君子。"（先进）

例 10）中，a 的已提及信息"爹娘"（此处省略）与"犬马"都可作"养"的对象；b 的已提及信息"足民"与"礼乐"都是治理国家的内容。

有时没有介词。例如：

11）a. 仲弓为季氏宰，问政。子曰："先有司，赦小过，举贤才。"曰："焉知贤才而举之？"子曰："举尔所知；尔所不知_T，人其舍诸？"（子路）

    b. 孟武伯问孝。子曰："父母_T唯其疾之忧。"（为政）

    c.（颜渊问为邦。（颜渊问："一个人怎样去治理国家？"）子曰：）"行夏之时，乘殷之辂，服周之冕，乐_{Tb}则《韶》《舞》。"（卫灵公）

例 11）中，a 的已提及信息"尔所知"与"尔所不知"语义相反；b 的已提及信息"孝"是子女对"父母"的伦理要求；c 的已提及信息"时、辂、冕"与"乐"都是"为邦"的基本要素。

无论有无介引新信息的介词，已提及信息与其后的新信息之间都存在相关性，因而都能被间接激活。

上述对《论语》话题信息特征的分析表明，言听双方的共知信息因"具有更高的信息凸显度"而最容易作话题（徐晓东等，2013：331）。文本提及的相关信息也能作话题，但其已知性远不如前者。

第六章 《论语》话题链

本章集中讨论《论语》篇章的基本功能单位，即话题通过衔接小句结成的话题链。

第一节 话题链研究概观

对话题链作过深入探讨的学者主要是曹逢甫、屈承熹、Li Wendan 和杨彬。

最早提及"话题链"这一概念并对其进行研究的学者是曹逢甫（曹文最早称"主题串"，后来称"主题链"），以两本著作为标志，分为前、后两个阶段。早期，曹逢甫（1995：39-41）认为："主题串，有一个或数个子句所组成且以一个出现在句首的共同主题贯穿其间的一段话，实际上是汉语的言谈单位……"，并指出"主题是语段概念，常常可以将其语义范围扩展到一个句子以上"（曹逢甫，1995：39）。下面是他举的一个被反复引用的例证：

　　主题　主语　　主题　主语　　主题或主语　　　　　　　主题或宾语
1）那棵树 花 小。＿＿ 叶子 大，＿＿＿＿＿很难看，所以我没买＿＿＿＿。

他还讨论了话题的"联系作用""引介作用""串联功能""对比作用"四种语段功能（曹逢甫，1995：92-98）。

曹逢甫（2005：1）对话题链作了进一步的研究，涉及两个与话题链有关的问题。

第一，观察到了话题链的"包孕"问题。他指出"动词前的诸多名词或介词组，除了在子句中扮演诸如主语、宾语、斜宾或时间、处所及其它状语之外，尚须在句子的层面分析为不同等级的主题"，例如：

2）张先生₁，₁事业做得很成功，₁太太₁又贤惠又漂亮，₁还烧得一手好菜，₁是本地人人羡慕的对象。

他认为除了句首的"张先生"引导了一个话题链外，"太太"也具有延伸其言谈范围至两个句子以上的能力，也引导了一个话题链，只是该话题链包孕在"张先生"引导的话题链之内。

第二，曹逢甫从宏观上将话题链分为"没有联结标记的主题链"和"带联结语的主题链"两种（曹逢甫，2005：245）。

曹逢甫对话题链的研究，有两点值得注意：①一个子句可以构成话题链，②话题链中的共享话题必须出现在句首。

对此屈承熹有不同看法。屈承熹（2006：203）首先考察了话题的形成过程，指出话题形成的完整过程包括三个阶段：①导入；②选取；③接续。在这一过程中，"回指与'话题'紧密相关"，他认为"用回指衔接小句的篇章功能主要体现在话题的位置上"，其中"ZA（零形回指）连接小句，构成'话题链'；PA（代词性回指）和NA（名词性回指）则分别显示篇章中的次要和主要停顿，而这两种停顿正好可以用来作为话题链和'段落'（paragraph）的边界"（屈承熹，2006：247）。基于话题与回指的上述关系，屈承熹（2006：250）对话题链作出了与曹逢甫不太相同的界定：

> 话题链是一组以ZA（零形回指）形式的话题连接起来的小句。

屈承熹的定义与曹逢甫的差异较大，主要表现有二。

第一，一个子句构不成话题链。如果话题是个篇章概念，一般情况下在单个小句内就不起作用。再者，即便单个小句可以有自己的话题（比如以有标记话题形式）自身也不能构成话题链。从共享一个话题的角度看，单个小句与其他小句没有任何篇章关系，因此不让单个小句独自构成话题链，反而更为自然。

第二，在一个话题链中，共享话题不一定必须出现在句首，这是针对存现句而言的。

3）a. 这件衣服$_i$脏了一块，

　　b. Ø$_i$很难看。

4）a. 这件衣服脏了一块$_i$，

　　b. Ø$_i$洗了半天没洗掉。

按照曹逢甫的观点，例3）是一个话题链，例4）b也是一个话题链，而例4）a不能算作话题链例4）b的一部分，因为"一块"不在句首。屈承熹（2006：249）则认为，上述两例中两个小句间的关系"甚为相似"。"这种关系就是：某一个指涉对象在一个小句中出现，在其后的小句中又以零形回指（ZA）的方式重新提及。"至于该指涉对象是在句首还是在句中，是特指还是非特指，"关系到名词短语是否带有新信息或已知信息，也关系到是否已经确定为话题，但与本小句与后续小句间的联系却无关"。基于此，屈承熹将例4）也视为一个话题链，将例4）

a 这样的存现句算在话题链之内。

　　总之，屈承熹对话题链的界定"以小句间的连接关系为中心"，因此将存现句包含其中，同时排除了独立小句构成话题链的可能。该定义与屈承熹对话题性质及其基本功能的认识有关，他（屈承熹，2006：198）认为话题是个篇章概念，基本功能是"用作小句间的连接"。与曹逢甫的观点相比，我们认为屈承熹的观点更易被接受。一方面，所谓话题链，"意思是一个语片中各个句子的话题相同，使整个语片连成一体，象一环扣一环的链条一样"（石定栩，1998：54），所以将一个小句称为话题链，的确名不副实。另一方面，存现句表示什么地方存在、出现或消失了什么人或物，这个"人或物"是陈述的主体，该主体被导入后即接受述题的说明，可见存现句在篇章上具有很强的启后性，因此将例 4）那样的两个小句截然分开，无视二者的联系是欠妥的。石定栩（1998：54）也认为话题链中的共享话题并非一定位于句首。许余龙（2004：147）则明确指出，"语言中的存现结构典型地用于将一个新的重要实体作为主题引入篇章"。

　　屈承熹对话题链的界定比曹逢甫更全面更严谨，但该定义并非无懈可击。话题链中的共享话题不一定位于句首，有存现句出现时也可能位于句中，这是正确的。但 Li（2004：32）明确指出，还有一种情况他没有提到，就是共享话题的确位于句首，但不是以 NA 形式出现，而是以 ZA 形式出现。例如：

　　5）a. Ø_i 听到这儿，

　　　　b. 祥子_i 把车拉了起来，

　　　　c. Ø_i 搭讪着说了句："往南放放，这儿没买卖。"

　　因此 Li（2004：25）在屈承熹的基础上将话题链修正为："话题链至少包括两个小句，小句之间由显性话题 NP 与零形 NP 具有的同指关系连接。"该定义一方面肯定了屈承熹关于话题用于小句衔接的观点，另一方面弥补了屈承熹的疏漏，把像例 4）这样的话题链链首出现 ZA、随后显性话题 NA 与之同指的情况包含在内，完善了话题链的内容。

　　修改屈承熹的话题链定义的除 Li Wendan 外，还有杨彬（2009：9-12），主要涉及四点。

　　第一，在同意将存现句看作话题链一部分的同时，反对将单独小句排除在话题链之外。

　　他认为"单话题句也可视作一个话题链，只不过其后续的链条为零形态"，因为交际中可能出现如下情况。例如：

　　6）（说话者指着桌子上的葡萄说：）桌子上的葡萄，你都吃掉吧。

此时受话者只是按照说话者的指令采取相应行动，达到以言取效的目的，不一定会展开一个新的话轮，如此的话，完全可以将上述话语"视为独立的语篇"。

第二，提出了较 Li Wendan 更进一步的观点：ZA 与 PA 也可能出现于话题链的起始小句。

ZA 可以出现在话题链的起始小句，这是毋庸置疑的，但说 PA 也能这样，我们觉得值得商榷，杨彬也没提供例证。

第三，提出了话题链的内嵌问题。

他举例证明"在叙事性语篇中，先时信息、后时信息及当下的情境信息，都可能被言说者通过特殊的句法形式纳入当前的叙述主线中来"。这一点屈承熹也有专门研究，但没有反映在他的定义中。

第四，认为"把话题链限定为一组以 ZA（零形回指）形式的话题连接起来的小句"会使"分析结果过于零碎"。

他用实例分析说明，"在一般的自然语篇中，NA（名词性回指）并不总是被当做'段落'的边界标记"，如果严格采用屈承熹的话题链定义对语篇进行分析，"语篇的零碎之状不难设想"，"也完全不符合母语者的语言直觉"。

综合上述四点，杨彬（2009：12）以概括性、简洁性和可操作性为前提对话题链进行了重新界定：

> 话题链是建构语篇的基本功能单位，它是一个以 ZA（零形回指）、PA（代词性回指）和 NA（名词性回指）三种形式的话题连接起来的小句串，ZA、PA 和 NA 三者之间具有同指关系，ZA 与 PA 也可能出现于话题链的起始小句，而且话题链中可能内嵌其他非同指话题所引领的子链。

从宏观上看，杨彬对话题链所下的定义在一定程度上避免了语篇分析过于琐碎的问题，但他把用 ZA、PA 和 NA 三种形式连接起来的小句串视为一个话题链，可能导致话题链的篇幅过于庞大，甚至这样切分出来的话题链有时会同我们的语感明显相悖。例如：

7）a. 瑞宣$_{Ti}$把眉毛皱得很紧，而 Ø$_i$一声不出；他$_i$是当家人，Ø$_i$不能在有了危险的时候，长吁短叹的。

   b. 那年轻的乡下人$_{Ti}$拿着伞，Ø$_i$没有主意似的张大了嘴巴。他$_i$回过头去望着一位五十多岁的老头子，Ø$_i$又把手里的伞掂了一掂，Ø$_i$似乎说："买一把罢？"

以上两例都是用 ZA、PA 和 NA 连接起来的小句串，但将它们分别视为两个话题链显然不妥：例7）a 中，分号前后关系不同，前文陈述一个事实，后文对其补充说明；例7）b 中，"他"前后表达方式差异明显，"他"前是对"乡下人"情态的描写，"他"后是对他的动作描写。如果将这样的"小句串"视为话题链，势必使话题链不够纯粹，因为将话题链视为"建构语篇的基本功能单位"本身必然意味着对话题链内部"同质性"的要求。

"同质性"是我们参考屈承熹的观点提出的一个概念。屈承熹（2006：265-292）认为既然把话题链定位成构建篇章的基本功能单位，就该是不可再分的最小单位。那么如何从篇章中离析出这样的单位呢？他认为"话题链以不同的表述模式为基础"，表述模式可细分为叙述、描写、说明和论说，当然有时会更细，如精神状态与外部表现等等。话题链就是以这些表述模式为内容上的依据离析出来的。

我们也认为，话题链的切分虽然是一种形式切分，但绝不是随意而为的，这种切分能够找到内容上的依据，两者可以互相参证。如何互相参证呢？我们认为，一方面，正如屈承熹所言，表述模式不同的内容不属于同一话题链（"//"表示话题链分界），例如：

8）老头儿$_{Ti}$ 听出点意思来，一时想不出回答什么，笑了笑，擦了擦圆脸，啊了两声，看了看天花板，带着圆肚子摇了出去。//他$_i$一点没觉得难过，可也没觉得好过，就那么不凉不热的马虎过去。

例8）的"他"前描写"老头儿"的动作，"他"后描写"老头儿"的心理，表述模式不同。

另一方面，同一表述模式的内容也不一定属于同一话题链，如果这些内容本身并不单一。试比较：

9）a. 伊牧师$_{Ti}$ 随着她进去，Ø$_i$ 把帽子和大氅挂在过道儿的衣架上，Ø$_i$ 然后同她进了客厅。

b. 流苏$_{Ti}$ 突然叫了一声，掩住自己的眼睛，跌跌冲冲往楼上爬，往楼上爬……上了楼，到了她自己的屋子里，//她$_i$ 开了灯，扑在穿衣镜上，端详她自己。

例9）a、例9）b 都是人物的动作描写，表述模式相同，但例9）a 只有"伊牧师"进客厅一个事件，例9）b 却包括"流苏"上楼和照镜子两个事件。显然例9）b 与例9）a 相比，内容不单一，这种差异在形式上的表现就是，例9）b 不像例9）a 那样连用两个零形回指，而是在两个事件之间使用了代词性回指"她"。因此我们认为例9）b 不是话题链，例9）a 是。

以上论述表明，话题链所表述的内容在"质"上具有同一性，而表述模式不同的小句串缺乏同一性，表述模式相同但内容不单一的小句串同样缺乏同一性，都不是话题链。因此我们综合屈承熹的"表述模式"提出"同质性"这一概念，来作为话题链判定的内容依据。

不过，杨彬将 ZA、PA 和 NA 三种形式连接起来的小句串视为一个话题链的观点对我们讨论《论语》中的话题链富有启发意义。

第二节　《论语》话题链的界定

目前学界对汉语话题链的界定和具体研究都是在现代汉语中展开的，专门讨论古代汉语话题链问题的成果尚未见到，因此我们首先面临的一个问题是，如何对《论语》中的话题链进行界定。我们的基本思路是，在利用现代汉语已有成果的基础上，考虑《论语》话题结构的特点，整合出一个话题链的定义。在进行这项工作之前，说明两点：①杨彬把单独的小句视为话题链，与话题链的概念不符，我们不再考虑；②Li Wendan 指出 ZA 也可能出现于话题链的起始小句，从而修订了屈承熹的定义，但他指出的现象在《论语》中并不存在，因此我们在讨论对《论语》话题链的界定时不再涉及。

下面我们从两类句法位置的衔接方式入手整合话题链的定义。

一、主位衔接方式

正如前文所说，杨彬把用 ZA、PA 和 NA 三种形式连接起来的小句串视为一个话题链，容易导致话题链篇幅过大、内容驳杂的问题，这在《论语》中也是如此。例如：

1）a. 孔子_{Ti}于乡党，Ø_i恂恂如也，Ø_i似不能言者。其_i在宗庙朝廷，Ø_i便便言，Ø_i唯谨尔。（乡党）

b. 长沮曰："夫执舆者_{Ti}为谁？"子路曰："Ø_i为孔丘。"曰："是_i鲁孔丘与？"曰："Ø_i是也。"（微子）

例1）a是叙述，以代词性回指"其"为界，"其"前和"其"后各是一个层次，表述的内容互不相同；例1）b是对话，以代词性回指"是"为界，"是"前和"是"后询问的内容有层进关系。如果按照杨彬的观点，将例 1）a、例 1）b 分别视为一个话题链，那么话题链的篇幅和纯度就都值得怀疑。

但按照屈承熹的观点，将话题链界定为"一组以 ZA（零形回指）形式的话题连接起来的小句"，对《论语》也不是完全适合。试比较：

2）a. 子$_{Ti}$温而 Ø$_i$ 厉，Ø$_i$ 威而 Ø$_i$ 不猛，Ø$_i$ 恭而 Ø$_i$ 安。（述而）

　　b. 吾与回$_i$言终日，Ø$_{Ti}$不违，Ø$_i$ 如愚。Ø$_i$ 退而 Ø$_i$ 省其私，Ø$_i$ 亦足以发。（为政）

3）a. 有颜回者$_i$Ø$_{Ti}$好学，Ø$_i$ 不迁怒，Ø$_i$ 不贰过。Ø$_i$ 不幸短命死矣。（雍也）

　　b. 孟之反$_{Ti}$不伐，Ø$_i$ 奔而 Ø$_i$ 殿，Ø$_i$ 将入门，Ø$_i$ 策其马，Ø$_i$ 曰："非敢后也，马不进也。"（雍也）

　　c. 入，曰："伯夷、叔齐$_{Ti}$何人也？"曰："Ø$_i$ 古之贤人也。"曰："Ø$_i$ 怨乎？"曰："Ø$_i$ 求仁而 Ø$_i$ 得仁，Ø$_i$ 又何怨？"（述而）

　　d. "崔子弑齐君，陈文子$_{Ti}$有马十乘，Ø$_i$ 弃而 Ø$_i$ 违之。Ø$_i$ 至于他邦，Ø$_i$ 则曰：'犹吾大夫崔子也。'Ø$_i$ 违之。Ø$_i$ 之一邦，Ø$_i$ 则又曰：'犹吾大夫崔子也。'Ø$_i$ 违之。Ø$_i$ 何如？"子曰："Ø$_i$ 清矣。"曰："Ø$_i$ 仁矣乎？"曰："未知；——Ø$_i$ 焉得仁？"（公冶长）

例2）是用零形回指衔接起来的小句串，a 话题位于句首，b 话题位于句中。这几个小句串既符合屈承熹对话题链的定义，内部又具有同质性。

例3）同例2）一样，也都是用零形回指衔接起来的小句串，a、b 出现在话轮内，c、d 出现在话轮间，有话轮转换。例3）内部是否具有同质性令人怀疑：

例3）a 中，"有颜回者好学，不迁怒，不贰过"是对颜回的评价，"不幸短命死矣"陈述颜回离世的事实，两者内容不同，形式上的证据是，这两部分在书面上是用句号断开的，而不是逗号。

例3）d 中，话题"陈文子"出现后，以零形回指一贯到底，其间还跨越了四个话轮，两个话对。这些用零形回指贯穿的小句串至少在两个地方表现出表述内容的不同，一处在"陈文子有马十乘……"至"何如？"之间。"何如？"前是客观陈述，"何如？"则是主观询问，两者性质不同，杨伯峻（1980：49）的译文是"……。这个人怎么样？"此处特意添加了"这个人"三个字。另外一处在"清矣。"和"曰：'仁矣乎？'"之间。这里是话轮转换处，在内容上是询问的深入，我们认为两者之间不具有同质性。例3）b、c 情况类似，不再赘述。

问题是，例2）、例3）都是用零形回指衔接起来的小句串，为何有如此差异？要弄清这个问题，首先有必要对王力先生的一个观点进行讨论。

王力（1981a：354）指出，由于"上古第三人称代词不用作主语，在这种情况下，或者用名词做主语，或者省略主语"。例如：

　　4）a. 若从君之惠而免之，以赐君之外臣首，首其请于寡君而以戮于宗，亦
　　　　　死且不朽。（左传成公三年）（用名词"首"作主语）

　　　　b. 孔子下，欲与之言。趋而避之，不得与之言。（论语·微子）（"趋
　　　　　而避之"的主语是"接舆"，"不得与之言"的主语是"孔子"）

　　我们对王力先生的观点的理解是，由于上古汉语中第三人称不用作主语，所
以当一个作主语的名词性成分在后续小句的主语位置再次被提及时，要么重复这
个名词（用原形或有变化，下同），要么省略主语。

　　如果这种理解不错的话，我们认为王力先生的看法可再斟酌：重复名词和省
略主语是可以自由选择的吗？这种选择到底有没有制约因素？关于这一点我们倾
向于屈承熹（2006：243）的观点，即一个名词性成分在后续小句的主语位置以重
复名词的形式再次被提及时，"是为了降低识别指涉对象的难度，这个难度可能
是由距离或者打断引起的，即话题被长期搁置"，"也可以用来标示篇章内容中
的主要停顿——话题、情景或活动的转换"，"在结构上，它标示新段落的开始"。
尽管这种看法来自现代汉语，但对王力先生上面所举的例4）a仍有一定的解释力：
虽然名词"首"出现在前一小句句尾，但接下来的小句句首如果不重复这个"首"，
而是采用省略形式，就会增加该小句主语的识别难度。更为重要的是，屈承熹
的上述观点在《论语》中同在现代汉语中一样起作用（重复的名词加双横线）。
例如：

　　5）a. 君子去仁，恶乎成名？君子无终食之间违仁，造次必于是，颠沛必于
　　　　　是。（里仁）

　　　　b. 禹，吾无间然矣。菲饮食而致孝乎鬼神，恶衣服而致美乎黻冕；卑宫室
　　　　　而尽力乎沟洫。禹，吾无间然矣。（泰伯）

　　　　c. 子贡曰："管仲非仁者与？桓公杀公子纠，不能死，又相之。"子曰：
　　　　　"管仲相桓公，霸诸侯，一匡天下，民到于今受其赐。微管仲，吾其被发
　　　　　左衽矣。岂若匹夫匹妇之为谅也，自经于沟渎而莫之知也？"（宪问）

　　上例中，"君子""禹""管仲"以重复名词的形式出现时，相关小句间的
关系疏远，可以分割开来。

　　据此我们认为，一个名词性成分出现后，是否再次以重复名词的形式在后续
小句的主语位置出现，与该名词性成分被识别的难易程度有关，而与上古汉语第
三人称代词能不能作主语无关。即使上古第三人称代词能作主语，如果该名词性

成分因为某种原因不易被识别，依然需以重复名词的形式出现；反之，即使上古第三人称代词不能作主语，如果该名词性成分易于被识别，也不必以重复名词的形式出现。

既然是否重复名词取决于该名词被识别的难易程度，而与上古第三人称代词是否能作主语无关，那么我们就该将王力先生的观点改为：上古第三人称代词不用作主语，因此一个名词性成分再次在后续小句的主语位置出现时，该主语省略。

这样一来，例2）和例3）的差异就能得到解释：例2）中的零形回指都用于衔接小句，构成同质性小句串；例3）中的零形回指有些功能同例2），如例3）a 中"有颜回者 $_i$Ø$_{Ti}$ 好学，Ø$_i$ 不迁怒，Ø$_i$ 不贰过"。有些实际上应该用第三人称代词，但第三人称代词不能作主语，只好省略不用，试比较例3）c 的原文和译文：

3）c. 入，曰："伯夷、叔齐 $_{Ti}$ 何人也？"曰："Ø$_i$ 古之贤人也。"曰："Ø$_i$ 怨乎？"曰："Ø$_i$ 求仁而 Ø$_i$ 得仁，Ø$_i$ 又何怨？"（述而）

译文：

子贡进到孔子屋里，道："伯夷、叔齐是什么样的人？"孔子道："是古代的贤人。"子贡道："［他们两个互相推让，都不肯做孤竹国的国君，结果都跑到国外，］是不是后来又怨悔呢？"孔子道："他们求仁德，便得到了仁德，又怨悔什么呢？"（杨伯峻，1980：70）

再看例6）、例7）：

6）[孔子]$_{Ti}$ 疾，君视之 $_i$，Ø$_i$ 东首，Ø$_i$ 加朝服，Ø$_i$ 拖绅。（乡党）

译文：

孔子病了，国君来探问，他便脑袋朝东，把上朝的礼服披在身上，拖着大带。（杨伯峻，1980：106）

7）臧文仲 $_{Ti}$ 其窃位者与！Ø$_i$ 知柳下惠之贤而 Ø$_i$ 不与立也。（卫灵公）

译文：

臧文仲大概是个做官不管事的人，他明知柳下惠贤良，却不给他官位。（杨伯峻，1980：165）

例6）中除句首省略的主语外，共有三处零形回指："东首"前的零形回指相当于第三人称代词"他"，后面两个相同，都用于衔接同质性小句。这种差异在内容上有所反映，即"疾，君视之"陈述一个事件，"东首"则另起一端，陈述另外一个事件，两者关系不大，而"东首"与"加朝服"和"拖绅"是国君看望孔子时孔子的一系列动作，关系密切。

例 7）中有两处零形回指：第一处零形回指相当于第三人称代词"他"，第二处零形回指用于衔接"知柳下惠之贤"和"不与立"这两个同质性小句。这种差异在内容上也有所反映，即"臧文仲其窃位者与"是一个主观评论，而"知柳下惠之贤"和"不与立"共同构成一个客观陈述。

据此我们得出结论：《论语》中位于主语位置的零形回指是个歧义形式，它既可以用于衔接小句、构成同质性小句串的零形式，又可以相当于第三人称代词。前者我们称为零形回指$_1$，后者我们称为零形回指$_2$。分化此歧义形式的依据是看该零形回指衔接起来的小句串内部是否具有同质性：有同质性的是零形回指$_1$，没有同质性的是零形回指$_2$。

王力先生的观点经我们修改后可以解释《论语》中绝大多数主语省略问题，但他的观点本身并不周密。他认为上古第三人称代词不能作主语，而实际情况是上古汉语第三人称代词中只有一个"其"可以有条件地用作主语，"'其'要用作主语，必须是在复合句的分句或者包孕句的子句中"（杨伯峻和何乐士，2001：128），同时指示代词"是""指代人时就具有了人称代词的语法功能"，可理解为作主语的第三人称代词"他"[①]（万献初，1988：73）。这就解释了前面例 1）的问题。我们把例 1）重复如下：

1）a. 孔子$_{Ti}$于乡党，$\emptyset_i$恂恂如也，$\emptyset_i$似不能言者。其$_i$在宗庙朝廷，$\emptyset_i$便便言，$\emptyset_i$唯谨尔。（乡党）

 b. 长沮曰："夫执舆者$_{Ti}$为谁？"子路曰："$\emptyset_i$为孔丘。"曰："是$_i$鲁孔丘与？"曰："$\emptyset_i$是也。"（微子）

杨彬把用 ZA、PA 和 NA 三种形式连接起来的小句串视为一个话题链，我们认为这样处理会导致话题链篇幅庞大，内容驳杂，就是因为通过 PA 衔接起来的小句间的关系不如通过 ZA 衔接起来的小句间的关系紧密，反映在内容上就是 PA 衔接的小句间不具有同质性。我们将这一点与零形回指$_2$联系起来看，问题就很清楚了：用位于主语位置的第三人称代词或位于主语位置的零形回指$_2$衔接起来的小句串篇幅过大，内容驳杂，不符合"话题链是建构语篇的基本功能单位"的条件，我们不认为它们是话题链，因此我们把用零形回指$_1$衔接起来的内部具有同质性的小句串视为话题链。

[①] 《论语》中省略主语是主流，杨伯俊、何乐士和万献初先生提到的第三人称代词或指示代词作主语的情况在《论语》中不多见，我们猜测这是第三人称代词作主语的萌芽。

二、非主位衔接方式

上文证明用位于主语位置的零形回指ᵢ衔接起来的小句串是话题链，再看下面这种情况。

8）a. 席ₜᵢ不正，不坐∅ᵢ。（乡党）

　　b. 舜ₜᵢ有臣五人而∅ᵢ天下治。（泰伯）

9）a. 南容ₜᵢ三复白圭，孔子以其兄之子妻之ᵢ。（先进）

　　b. 骥ₜᵢ不称其力，称其ᵢ德也。（宪问）

10）a. 犁牛之子ₜᵢ骍且∅ᵢ角，虽欲勿用∅ᵢ，山川其舍诸ᵢ？（雍也）

　　b. 邦君之妻ₜᵢ，君称之ᵢ曰夫人，夫人自称∅ᵢ曰小童；邦人称之ᵢ曰君夫人，称诸ᵢ异邦曰寡小君；异邦人称之ᵢ亦曰君夫人。（季氏）

例8）和例9）分别是小句非主语位置零形回指、代词性回指的情况，例10）是小句非主语位置零形回指、代词性回指合用的情况。

上述由零形回指和代词性回指衔接起来的小句串算不算话题链？据屈承熹的定义，例8）算，例9）和例10）不算，因为例9）靠代词性回指衔接，例10）靠零形回指、代词性回指共同衔接。但这样就面临一个问题：从语义上看，例9）和例10）的小句串衔接紧凑，不可分割，如9）a是两个因果分句，例9）b是两个并列分句，例10）a的后两个分句有转折关系。尤其是例10）b，话题"邦君之妻"后有五个述题对其进行说明，各述题之间地位平等，它们与话题的关系也没有亲疏之分，应该视为一个完整的话题链。如果将联系如此紧密的小句分属不同的话题链，势必有违话题链切分的初衷，且会使语义关系支离破碎。鉴于此，我们把用小句非主语位置的代词性回指衔接起来的小句串也视为话题链。

这种处理方式与现代汉语不同，不过我们能够找到如此处理的合理之处：一方面，在包括《论语》在内的上古汉语中，作主语的第三人称代词极其缺乏，这一点从上文提到的"其"作主语有严格限定和借用指示代词"是"来临时替代第三人称代词即可见一斑；而第三人称代词"之""焉""诸"（含兼词"焉""诸"，下同）只能作宾语，"其"基本上只作定语。这就导致了第三人称代词在句法分布上的一种极不平衡的分布格局：第三人称代词几乎只分布在宾语、定语位置而不分布在主语位置；另一方面，代词是话语衔接的重要手段之一，第三人称代词也必然要在篇章中行使衔接功能。这便使得"之""焉""诸""其"几乎全部集中在非主语位置起衔接作用。这些衔接起来的小句彼此之间语义关系紧密，整体性强，难以分割。

下面我们以曹逢甫、屈承熹、Li Wendan 和杨彬的研究成果为基础，综合上述讨论对《论语》话题链作如下界定：

> 话题链是以同质性为基础建构语篇的基本功能单位，是一个至少由两个小句衔接起来的小句串。该小句串在主语位置以 ZA（零形回指）衔接，在非主语位置以 ZA（零形回指）或 PA（代词性回指）衔接。ZA、PA、NA 三者之间具有同指关系。话题链中可能内嵌其他非同指话题引领的子链。

该定义中涉及的话题链内嵌问题在讨论《论语》话题链的构成时将有进一步交代。

第三节 《论语》话题链的结构及功能

一、话题链的构成

根据上文的话题链定义，可将《论语》话题链分为四种类型。

第一，单话题单链，指由一个话题引导的话题链。例如：

1）a. 季康子$_{Ti}$患盗，$Ø_i$问于孔子。（颜渊）

　　b. 曾子$_{Ti}$有疾，孟敬子问之$_i$。（泰伯）

　　c. [政府]$_{Ti}$足食，$Ø_i$足兵，民信之$_i$矣。（颜渊）

第二，多话题单链。多话题结构包含首要话题、次要话题，有时有三级话题。如果只有首要话题引导话题链，从整体上看，整个话题结构只是一个话题链。例如：

2）a. 回也$_{Tai}$非助我者也，$Ø_i$于吾言$_{Tb}$无所不说。（先进）

　　b. 吾$_{Tai}$少也$_{Tb}$贱，$Ø_i$故多能鄙事。（子罕）

这种话题链称为多话题单链。

第三，降级话题链。降级话题结构包孕在独立话题结构中。如果独立话题结构的话题由一个降级话题引导的话题链构成，该话题链称为降级话题链。例如：

3）a. 士$_{T2j}$见危致命，$Ø_j$见得思义，$Ø_j$祭思敬，$Ø_j$丧思哀$_{T1i}$，其$_i$可已矣。（子罕）

b. 信乎，夫子$_{T2i}$不言，Ø$_i$不笑，Ø$_i$不取乎$_{T1}$？（宪问）

第四，主子话题链。这类话题链与话题链内嵌有关。话题链内嵌的探讨在古代汉语研究中尚未见到，我们有必要参考现代汉语的研究成果。

屈承熹（2006：254-255）研究了现代汉语话题链的内嵌问题，提出了"主话题链"和"子话题链"的概念。例如：

4）a. 李四这个家伙$_i$，

b. 我$_j$因为救他$_i$，

c. Ø$_j$受了伤，

d. Ø$_i$居然不来看我$_j$，

e. Ø$_i$跑到纽约度假去了。

他指出，例4）a的"李四这个家伙"作为话题，并未在接下来的小句b中被选取，而是直到小句d中才被零形回指成为话题，从而使a、d、e构成一个话题链。那么其间的小句b、c如何看待呢？根据话题选取原则，小句b中的"我"在小句c中被零形回指，也成为一个话题链。这两个链有联系，但既不是通过"李四这个家伙"这个话题也不是通过"我"这个话题联系起来的，而是分别通过小句b和d中两个非话题位置上的代词"他"和"我"联系起来的。但从整体上看，话题链b、c包含在话题链a、d—e中，且话题"我"从小句b延续到小句c后很快又回到话题"李四这个家伙"，也就是说，"李四这个家伙"→"我"→"李四这个家伙"，仅仅表示话题链4）内部的话题转换，因此他将"我"引导的话题链b、c称为子话题链，将"李四这个家伙"引导的话题链a—e称为主话题链，"它们之间的关系可以看成是一种内嵌关系"。

类似于屈承熹提到的话题链内嵌问题在《论语》中也存在。例如：

5）[孔子]$_{Tai}$斋，Ø$_i$必有明衣$_j$，Ø$_{Tbj}$布。Ø$_i$斋必变食，Ø$_i$居必迁坐。（乡党）

例5）的首要话题"孔子"引导一个话题链，次要话题"明衣"也引导一个话题链，后者内嵌于前者。

我们借用屈承熹"主话题链"和"子话题链"的概念，同时将"子话题链"内嵌于"主话题链"而成的话题链称为"主子话题链"。另外，我们将引导话题链的话题称为链话题。

下面分别讨论单话题单链、多话题单链、降级话题链、主子话题链的构成。

（一）单话题单链

《论语》中的单话题单链根据话题出现的位置可分为两类，一是话题出现在话题链首，一是话题出现在话题链间。话题出现在话题链间是因为话题一开始只是作为新信息被导入，随后才被选取成为话题（因此话题以"Ø"形式出现）。导入新信息的小句算作话题链的前半部分。

1. 话题出现在链首

根据小句衔接方式分为三种情况。

（1）零形回指衔接

以零形回指衔接小句时，零形回指可占据主语、宾语、定语和兼语四个句法位置。占据主语位置是主要形式，有173例，约占零形回指的90%。例如：

6）a. 我$_{Ti}$非生而知之者，Ø$_i$好古，Ø$_i$敏以求之者也。（述而）

　　b. 女$_{Ti}$为君子儒！Ø$_i$无为小人儒！（雍也）

7）a. 由$_i$也$_T$好勇过我，Ø$_i$无所取材。（公冶长）

　　b. 陈司败问："昭公$_{Ti}$知礼乎？"孔子曰："Ø$_i$知礼。"（述而）

8）为仁$_{Ti}$由己，Ø$_i$而由人乎哉？（颜渊）

9）苟有用我者$_{Ti}$，期月而已可也，Ø$_i$三年有成。（子路）

10）a.（吾恐）季孙之忧$_{Ti}$，不在颛臾，而 Ø$_i$在萧墙之内也。（季氏）

　　b. 桓公$_{Ti}$九合诸侯，Ø$_i$不以兵车，（管仲之力也。）（宪问）

上例中，例6）—例9）是独立话题结构中的话题链，话题分别由人称代词、名词及名词性结构、动词性结构和假设分句充当；例7）b的话题链跨越了话轮。例10）是内嵌话题结构中的话题链：a的话题链充当"恐"的宾语，b的话题链充当"管仲之力也"的主语。

占据宾语（包括动词宾语、介词宾语）、定语、兼语位置的零形回指比较少，共12例。例如：

11）a. 回$_i$也$_T$视予犹父也，予不得视 Ø$_i$犹子也。（先进）

　　b. [人]$_{Ti}$可与 Ø$_i$共学，未可与 Ø$_i$适道；可与 Ø$_i$适道，未可与 Ø$_i$立；可与 Ø$_i$立，未可与 Ø$_i$权。（子罕）

　　c. 父母之年$_{Ti}$，不可不知 Ø$_i$也。一则以 Ø$_i$喜，一则以 Ø$_i$惧。（里仁）

12）伯夷、叔齐$_{Ti}$不念旧恶，Ø$_i$怨是用希。（公冶长）

13）民$_{Ti}$可使 Ø$_i$由之，不可使 Ø$_i$知之。（泰伯）

例11）c中，零形回指同时占据动词宾语、介词宾语两个句法位置。

除此以外，另有5例是零形回指同时占据主语和宾语位置。例如：

14）a. 舜$_{Ti}$有天下，Ø$_i$选于众，Ø$_i$举皋陶，不仁者远 Ø$_i$矣。（颜渊）

　　b. 子贡问曰："[人]_{Ti} 何如斯可谓之士矣？"子曰："∅_i 行己有耻，∅_i 使于四方，∅_i 不辱君命，可谓 ∅_i 士矣。"（子路）

3 例是零形回指同时占据主语和定语位置。例如：

15）a. 虞仲、夷逸_{Ti}，隐居 ∅_i 放言，∅_i 身中清，∅_i 废中权。（微子）

　　b. [人]_{Ti}∅_i 父母在，∅_i 不远游，∅_i 游 ∅_i 必有方。（里仁）

（2）代词性回指衔接

用来衔接小句的代词性回指主要是出现在动词宾语位置的"之"，有 15 例，约占代词性回指的 71%。例如：

16）a. 求_i 也_T 退，故进之_i。（先进）

　　b. 巧言、令色、足恭_{Ti}，左丘明耻之_i，丘亦耻之_i。（公冶长）

17）（为政以德，譬如）北辰_{Ti} 居其所而众星共之_i。（为政）

例 16）是独立话题结构中的话题链。例 17）是内嵌结构中的话题链，该链充当动词"譬如"的宾语。

另有用"焉"的 1 例：

18）仲尼_{Ti}，日月也，无得而逾焉_i。（子罕）

"之""焉"合用的 1 例：

19）[人]_{Ti} 众恶之_i，必察焉_i；众好之_i，必察焉_i。（卫灵公）

除用出现在动词宾语位置的"之""焉"外，还出现在定语位置的"其"。4 例。例如：

20）a. 骥_{Ti} 不称其_i 力，称其_i 德也。（宪问）

　　b. 颜渊_{Ti} 死，颜路请子之车以为之_i 椁。（先进）

例 20）b 的"之"用法同"其"。

（3）零形回指和代词性回指共同衔接

与零形回指共同衔接小句的代词主要是"之"，有 19 例，约占总数的 54%。例如：

21）a. 夏礼_{Ti}，吾能言之_i，杞不足征 ∅_i 也。（八佾）

　　b. 吾党之小子_{Ti} 狂简，∅_i 斐然成章，不知所以裁之_i。（公冶长）

另有"其"6 例。例如：

22）a. 文武之道_{Ti}，未坠于地，∅_i 在人。贤者识其_i 大者，不贤者识其_i 小者。（子罕）

　　b. 工_{Ti} 欲善其_i 事，∅_i 必先利其_i 器。（卫灵公）

"焉" 5 例。例如：

23) a. 齐景公 _Ti_ 有马千驷，Ø_i_ 死之日，民无德而称焉 _i_。（季氏）

　　b. 虽小道 _Ti_，必有可观者焉 _i_；致远恐 Ø_i_ 泥，是以君子不为 Ø_i_ 也。（子罕）

"诸" 3 例。例如：

24) a. 色厉而内荏 _Ti_，譬诸 _i_ 小人，Ø_i_ 其犹穿窬之盗也与？（阳货）

　　b. 赐 _i_ 也 _T_，始可与 Ø_i_ 言《诗》已矣，告诸 _i_ 往而 Ø_i_ 知来者。（学而）

除"之""焉""诸"单用外还有"之""焉"合用 1 例：

25) [人] _Ti_ 爱之 _i_，能勿劳 Ø_i_ 乎？忠焉 _i_，能勿诲 Ø_i_ 乎？（宪问）

"之""诸"合用 1 例：

26) 邦君之妻 _Ti_，君称之 _i_ 曰夫人，夫人自称 Ø_i_ 曰小童；邦人称之 _i_ 曰君夫人，
　　称诸 _i_ 异邦曰寡小君；异邦人称之 _i_ 亦曰君夫人。（季氏）

2. 话题出现在话题链间

这类话题链主要是通过零形回指衔接小句来实现的。将新信息导入使之成为话题的主要是动词"有"，共 6 例，占总数的 60%。例如：

27) a. 子击磬于卫，有荷蒉而过孔氏之门者 _i_，Ø_Ti_ 曰："……" Ø_i_ 既而曰：
　　"……"（宪问）

　　b. 有澹台灭明者 _i_，Ø_Ti_ 行不由径，Ø_i_ 非公事，Ø_i_ 未尝至于偃之室也。
　　（雍也）

　　c. 子贡问曰："有一言而可以终身行之者 _i_ 乎？"子曰："Ø_Ti_ 其'恕'
　　乎！"（卫灵公）

例 27) c 的话题链跨越了两个话轮。

另有动词"召" 1 例，介词"于" 1 例：

28) 君命召〔孔子〕_i_，Ø_Ti_ 不俟驾 Ø_i_ 行矣。（乡党）

29) 康子馈药〔于孔子 _i_〕，Ø_Ti_ 拜而 Ø_i_ 受之。（乡党）

除了通过零形回指衔接小句形成这种话题链外，还有 2 例是零形回指与代词性回指合用。例如：

30) a. 有美玉 _i_ Ø_Ti_ 于斯，韫 Ø_i_ 椟而藏诸 _i_？求善贾而沽诸 _i_？（子罕）

　　b. 吾与回 _i_ 言终日，Ø_Ti_ 不违，Ø_i_ 如愚。Ø_i_ 退而 Ø_i_ 省其 _i_ 私，Ø_i_ 亦足以发。
　　（为政）

例 30) a 中，新信息"美玉"先被动词"有"导入，随后被选取为话题，该话题通过零形回指和代词"诸"将各小句衔接起来成为话题链；例 30) b 中，新

信息"回"先被介词"与"导入，随后被选取为话题，该话题通过零形回指和代词"其"将各小句衔接起来成为话题链。

（二）多话题单链

多话题单链的链话题全部位于链首。这类话题链多通过零形回指衔接小句来实现。零形回指以占据小句主语位置为主，有 24 例，约占整个零形回指的 73%。例如：

31）a. 由$_i$也$_{Ta}$果，Ø$_i$于从政乎$_{Tb}$何有？（雍也）

　　b. [人]$_{Tai}$小$_{Tb}$不忍，则 Ø$_i$乱大谋。（卫灵公）

　　c. 弟子$_{Tai}$，入$_{Tb1}$则孝，Ø$_i$出$_{Tb2}$则悌，Ø$_i$谨而 Ø$_i$信，Ø$_i$泛爱众，而 Ø$_i$亲仁。Ø$_i$行有余力$_{Tb3}$，则以学文。（学而）

另有 3 例零形回指同时占据小句主语、宾语位置：

32）a. 今夫颛臾$_{Tai}$，固而 Ø$_i$近于费。今$_{Tb1}$不取 Ø$_i$，后世$_{Tb2}$Ø$_i$必为子孙忧。（季氏）

　　b. [人]$_{Tai}$信近于义，$_{eTai}$言$_{Tb}$可复也。Ø$_i$恭近于礼，Ø$_i$远耻辱也。Ø$_i$因不失其亲，亦可宗 Ø$_i$也。（学而）

　　c. 君子$_{Tai}$食$_{Tb1}$无求饱，$_{eTai}$居$_{Tb2}$无求安，Ø$_i$敏于事而 Ø$_i$慎于言，Ø$_i$就有道而 Ø$_i$正焉，可谓 Ø$_i$好学也已。（学而）

除此以外，这类话题链也可通过零形回指与代词性回指共同衔接小句来实现。共 6 例。例如：

33）a. [国君]$_{Tai}$苟正其身矣，$_{eTai}$于从政乎$_{Tb}$何有？不能正其$_i$身，Ø$_i$如正人何？（子路）

　　b. 君子$_{Tai}$易事而难说 Ø$_i$也。说之$_i$不以道，Ø$_i$不说也；及其使人也$_{Tb}$，Ø$_i$器之。（子路）

（三）降级话题链

这类话题链仅 4 例，除前文提到的例 3）外，其他 2 例如下：

34）a. 君子$_{T2j}$正其衣冠，Ø$_j$尊其瞻视，俨然人望 Ø$_j$而畏之$_{jT1i}$，斯$_i$不亦威而不猛乎？（尧曰）

　　b. 柳下惠、少连$_{T2j}$，降志 Ø$_j$辱身矣，Ø$_j$言中伦，Ø$_j$行中虑$_{T1i}$，其$_i$斯而已矣。（微子）

（四）主子话题链

主子话题链在《论语》中不多见，仅 16 例。其中子话题链均由零形回指衔接小句而成（子话题链的界限用"{ }"标出），主话题链的衔接方式有三种情况。

1. 零形回指、代词性回指共同衔接，代词用"之"

8 例。例如：

35）a. 方六七十，如五六十 $_{Tai}$，{求 $_j$ 也 $_{Tb}$ 为之 $_i$，$\emptyset_j$ 比及三年，$\emptyset_j$ 可使 $\emptyset_i$ 足民}。（先进）

b. 孔子 $_{Tai}$ 下，{$\emptyset_i$ 欲与之 $_j$ 言。$\emptyset_{Tbj}$ 趋而辟之 $_i$}，$\emptyset_i$ 不得与之 $_j$ 言。（微子）

2. 零形回指衔接

7 例。例如：

36）a. 吾 $_{Tai}$ 十有五而志于学，$\emptyset_i$ 三十而立，$\emptyset_i$ 四十而不惑，$\emptyset_i$ 五十而知天命，$\emptyset_i$ 六十而耳顺，{e$_{Tai}$ 七十 $_{Tbj}$ 而从心所欲，$\emptyset_j$ 不逾矩}。（为政）

b. [孔子]$_{Tai}$ 斋，{$\emptyset_i$ 必有明衣 $_j$，$\emptyset_{Tbj}$ 布}。（乡党）

37）今 $_{Ta}$ 由与求 $_{Tbi}$ 也，相夫子，{远人 $_{Tc1j}$ 不服，而 $\emptyset_i$ 不能来 $\emptyset_j$ 也}；{邦 $_{Tc2k}$ 分崩离析，而 $\emptyset_i$ 不能守 $\emptyset_k$ 也}；而 $\emptyset_i$ 谋动干戈于邦内。（季氏）

上例中，例36）的主链由首要话题引导，例37）的主链由次要话题引导；例36）的主链中内嵌一个子链，例37）的主链中内嵌两个子链。

3. 代词性回指衔接，代词用"其"

1 例：

38）人 $_{Tai}$ 洁己以进，{[吾]$_{Tbj}$ 与其 $_i$ 洁也，$\emptyset_j$ 不保其 $_i$ 往也}。（述而）

二、话题链与衔接方式

前文讨论了《论语》话题链的构成，涉及话题链267例，其中单话题单链214例，多话题单链33例，降级话题链4例，主子话题链16例。这些话题链都是由至少两个小句通过一定的衔接方式衔接而成的。我们认为，不同衔接方式对话题链构成产生不同影响。下面加以讨论。

首先，我们将《论语》中话题链的衔接方式细分为如下两种：①零形回指，包括主位零形回指、宾位零形回指、定位零形回指和兼语位零形回指；②代词性回指，包括宾位代词性回指（"之""诸""焉"）和定位代词性回指（"其"）。

然后对 312 个话题链中衔接方式在不同句法位置上的使用频率进行统计。结果如表 6-1 所示。

表 6-1 衔接方式频率比较

衔接方式	句法位置				
	主位	宾位	定位	兼语位	总计
零形回指	492	42	5	7	546
代词性回指	0	76	14	0	90
总计					636

表 6-1 显示：在零形回指中，主语位置的零形回指使用频率最高；宾语位置的零形回指使用频率较低；定语、兼语位置的零形回指使用频率更低。在代词性回指中，宾语位置的代词性回指使用频率最高，占 84%；定语位置的代词性回指使用频率较低，占 16%。不过，尽管小句宾语位置的代词性回指占比达 84%，但其绝对数很低，占整个衔接方式总数的 12%，而小句主语位置的零形回指占比却高达 77%。可见，主语位置的零形回指不仅在零形回指中使用频率最高，在整个衔接方式中也最高。

通过对上述数据的分析我们得出如下结论。

（一）主语位置的零形回指衔接能力最强，对话题链的构成所起作用最大

这种作用主要表现在该位置的零形回指衔接小句时能使话题链伸缩自如，具有开放性。试比较：

39）a. 赤$_i$也$_T$惑，$Ø_i$敢问。（先进）

b. 鲤$_i$也$_T$死，$Ø_i$有棺而 $Ø_i$无椁。（先进）

c. 君子$_{Ti}$可逝 $Ø_i$也，不可陷 $Ø_i$也；可欺 $Ø_i$也，不可罔 $Ø_i$也。（雍也）

d. [国君]$_{Ti}$道千乘之国，$Ø_i$敬事而 $Ø_i$信，$Ø_i$节用而 $Ø_i$爱人，$Ø_i$使民以时。（学而）

40）a. 陈司败问："昭公$_{Ti}$知礼乎？"孔子曰："$Ø_i$知礼。"（述而）

b. 曰："赐$_{Ti}$也亦有恶乎？""$Ø_i$恶徼以为知者，$Ø_i$恶不孙以为勇者，$Ø_i$恶讦以为直者。"（阳货）

c. 子贡曰："君子$_{Ti}$亦有恶乎？"子曰："$Ø_i$有恶：$Ø_i$恶称人之恶者，

Ø_i恶居下流而讪上者，Ø_i恶勇而无礼者，Ø_i恶果敢而窒者。"（阳货）

例 39）的 4 个例子中，通过零形回指衔接的小句从 2 个到 6 个，逐次增加，话题链不断扩展。而且，零形回指还能跨越话轮衔接小句，如例 40）中，零形回指跨越话轮衔接了一个小句，例 40）b 中衔接了 3 个，例 40）c 中衔接了 5 个。

更有甚者，内容背景相同的话题链也能在零形回指的作用下视具体情况自由伸缩。例如：

41）a. 有颜回者 _iØ_{Ti}好学，（不幸短命死矣。）（先进）

　　b. 有颜回者 _iØ_{Ti}好学，Ø_i不迁怒，Ø_i不贰过。（不幸短命死矣。）（雍也）

这两处文字均是孔子对颜回的评价，句式相同，只是例 41）a 比例 41）b 少 2 个小句。关于这一点，杨伯峻（1980：111）注释说："鲁哀公曾经也有此问，孔子的回答较为详细。有人说，从此可见孔子与鲁君的问答和与季氏的问答有繁简之不同。"我们撇开内容不谈，仅从回答的繁简即可看出，主语位置的零形回指在衔接小句方面相当自由，通过它衔接而成的话题链的容量可大可小，基本上视表达需要而定。

不仅单话题单链中是如此，多话题单链［如例 42）a］和主子话题链［如例 42）b］中也是如此。例如：

42）a. ［人］_{Tai}邦有道 _{Tb1}，危言 Ø_i危行；邦无道 _{Tb2}，Ø_i危行 Ø_i言孙。（宪问）

　　b. 吾 _{Tai}十有五而志于学，Ø_i三十而立，Ø_i四十而不惑，Ø_i五十而知天命，Ø_i六十而耳顺，{_{eTai}七十 _{Tbj}而从心所欲，Ø_j不逾矩}。（为政）

那么该位置的零形回指何以具有这种作用呢？这一问题我们可从陈平对零形回指的专门研究中找到答案。陈平（1987：369）指出，先行词的启后性与回指对象的承前性决定了所指对象在话语中的微观连续性。从语法形式上来看，启后性强的所指对象大都表现为句子的主语，承前性强的所指对象一般表现为句子的主语。所指对象的启后性和承前性越是强烈，使用零形回指的可能性也就越大。由此可见，主语位置的零形回指之所以能够自由衔接小句，视表达需要来构成可长可短的话题链，是因为该位置的零形回指具有最强的承前性和启后性。正如 Li Wendan 指出的那样："从心理语言学的角度来看，链可以让说话人不断地添加内容，只要话题一确定，说话人无需提前考虑后续小句的句法结构，很容易形成所谓的流水句，从而扩展篇章。"（Li，2005，转引自王建国，2009：74）Li Wendan 所说的在话题后"不断添加内容"，形象地说明通过这种类型的零形回指衔接而成的话题链在理论上具有无限开放性。

顺便指出一点，就是还有 7 例兼语位置的零形回指。支配它们的动词均为使动词"使"。该位置上的零形回指在句法上既是动词"使"的宾语，又是其后动词的主语。例如：

43）<u>民</u>$_{Ti}$可使 Ø$_i$由之，不可使 Ø$_i$知之。（泰伯）

这种情况下的零形回指与上面讨论的主语位置的零形回指一样，具有很强的承前性和启后性，因此衔接小句构成话题链的能力也很强，只是兼语位置的零形回指在《论语》中使用频率不高，因此在统计数据上体现不出来。

（二）宾语位置的回指形式也具有一定的衔接能力

这类回指形式包括代词性回指和零形回指。表 6-1 显示，代词性回指 76 处，零形回指 42 处，前者比后者使用频率高。

宾语位置的回指形式在话题链的形成过程中也起到了衔接小句的作用，但这种作用比较有限。

一方面，尽管也出现了比较长的话题链，例如：

44）a. 巧言、令色、足恭$_{Ti}$，左丘明耻之$_i$，丘亦耻之$_i$。（公冶长）

   b. [<u>人</u>]$_{Ti}$众恶之$_i$，必察焉$_i$；众好之$_i$，必察焉$_i$。（卫灵公）

45）a. 执德不弘，信道不笃$_{Ti}$，焉能为有 Ø$_i$? 焉能为亡 Ø$_i$? （子张）

   b. [<u>人</u>]$_{Ti}$可与 Ø$_i$共学，未可与 Ø$_i$适道；可与 Ø$_i$适道，未可与 Ø$_i$立；可与 Ø$_i$立，未可与 Ø$_i$权。（子罕）

但多数话题链比较短。统计显示，由宾语位置的代词性回指衔接而成的话题链共17 例，其中由两个小句衔接而成的多达 14 例，2 例由 3 个小句衔接而成，1 例由4 个小句衔接而成；由宾语位置的零形回指衔接而成的话题链 8 例，其中由两个小句衔接而成的有 5 例，2 例由 3 个小句衔接而成，1 例由 6 个小句衔接而成。

另一方面，除了仅靠代词性回指或零形回指来衔接小句的情况外，还有两者相互配合的情况。例如：

46）a. <u>夏礼</u>$_{Ti}$，吾能言之$_i$，杞不足征 Ø$_i$也。（八佾）

   b. <u>法语之言</u>$_{Ti}$，能无从 Ø$_i$乎？改之$_i$为贵。（子罕）

   c. <u>邦君之妻</u>$_{Ti}$，君称之$_i$曰夫人，夫人自称 Ø$_i$曰小童；邦人称之$_i$曰君夫人，称诸$_i$异邦曰寡小君；异邦人称之$_i$亦曰君夫人。（季氏）

其中例 46）c 在两者的配合下，形成了一个包含 5 个小句的长话题链。

由此可见，靠宾语位置的零形回指和代词性回指形成的话题链大多简短，鲜有长链。这说明它们的衔接能力不及主语位置的零形回指。有时两者需相互配合形成话题链，更表明它们本身势单力薄，需要联合。

那么导致它们在形成话题链的过程中有衔接能力但能力又不强的原因是什么呢？我们认为，这与它们所处的宾语的句法位置有关：宾语通常位于句子的末尾，承上收束，因此有承前性而无启后性。

（三）定语位置的回指形式衔接小句的能力最差

从表 6-1 可知，这类回指形式包括代词性回指和零形回指。代词性回指 14 处，零形回指 5 处，两者使用频率都不高。之所以如此，我们在前面分析话题与述题之间的论元关系时已经指出，即定语位置的回指形式在本小句中是降级结构，与小句的谓语核心没有直接的语义关系，因此在与其前后的小句发生衔接关系时，不如小句的主语或宾语有优势，由此导致其衔接能力在所有回指形式中最差。

综上所述，各种衔接方式在《论语》话题链的构成中都施加了积极影响，但影响各不相同：由于主语位置的零形回指具有最强的承前性和启后性，因此由其衔接而成的话题链长短不拘，伸缩自如，具有很强的开放性；兼语位置的零形回指具有与其相同的特性；而宾语位置的代词性回指和零形回指因处于宾语位置，具有承前性，没有启后性，因此其衔接小句构成话题链的能力不强；定语位置的代词性回指和零形回指在本小句中是降级结构，与小句的谓语核心没有直接的语义关系，因此它在与其前后小句的衔接关系中不敌主语和宾语，使得其衔接小句的能力最差。各种衔接方式衔接小句构成话题链的能力大小可表示如下：

零形回指（主位/兼语位）＞代词性回指/零形回指（宾位）＞代词性回指/零形回指（定位）

三、话题链的篇章功能

如前所述，《论语》中的所有话题链都是话题通过衔接方式衔接小句而成的。在这些话题链中，对小句起联系纽带作用的话题称为"链话题"（仇立颖，2013：7）。《论语》话题链以基本功能单位的角色发挥着重要的篇章功能。

在讨论这些功能之前，我们首先对《论语》的文体形式加以介绍。据杨伯峻的标注，整个《论语》共 20 篇，512 章，其中以"子曰""有子曰"等开头的独白 279 章，纯粹的一问一答 110 章，夹杂着叙述的对话 79 章，纯粹的叙述 44 章。这些数据表明，《论语》基本上属于语录体，以独白和纯粹的对话为主，另有部分夹杂着叙述的对话和少数纯粹的叙述。《论语》中的话题链就分布在以上四种文体中。

在此基础上，我们将《论语》的篇章结构分为主体和背景两部分。主体指篇章展开的主线，传达核心信息。背景指围绕核心信息的相关外围信息。

  《论语》中共 312 个话题链，绝大多数出现在篇章的主体部分。这是因为在《论语》中独白、纯对话和纯叙述大多比较简短，甚至只有一个小句或一个话轮。这些内容本身即为核心信息，不含有外围信息。例如：

47）a. 3.10[①]子曰："禘自既灌而往者$_{Ti}$，吾不欲观之$_i$矣。"（八佾）

  b. 4.25 子曰："德$_{Ti}$不孤，Ø$_i$必有邻。"（里仁）

48）a. 14.22 子路问事君。（子路问："一个人$_{Ti}$怎样侍奉君主？"）子曰："Ø$_i$勿欺也，而 Ø$_i$犯之。"（宪问）

  b. 17.24 子贡曰："君子$_{Ti}$亦有恶乎？"子曰："Ø$_i$有恶：Ø$_i$恶称人之恶者，Ø$_i$恶居下流而讪上者，Ø$_i$恶勇而无礼者，Ø$_i$恶果敢而窒者。"曰："赐$_j$也$_T$亦有恶乎？""Ø$_j$恶徼以为知者，Ø$_j$恶不孙以为勇者，Ø$_j$恶讦以为直者。"（阳货）

49）a. 10.12 席$_{Ti}$不正，不坐 Ø$_i$。（乡党）

  b. 11.6 南容$_{Ti}$三复白圭，孔子以其兄之子妻之$_i$。（先进）

这些位于篇章主体部分的话题链有如下功能。

（一）陈述本话题

有三种情况。

1. 在单话题单链中对话题加以陈述

例如：

50）a. 唯仁者$_{Ti}$能好人，Ø$_i$能恶人。（里仁）

  b. 子张问政。（子张问："一个人$_{Ti}$怎样管理政事？"）。子曰："Ø$_i$居之 Ø$_i$无倦，Ø$_i$行之以忠。"（颜渊）

  c. 子$_{Ti}$温而 Ø$_i$厉，Ø$_i$威而 Ø$_i$不猛，Ø$_i$恭而 Ø$_i$安。（述而）

2. 在多话题单链中分述首要话题的不同方面

例如：

51）a. 君子$_{Tai}$有九思：eTai 视$_{Tb1}$思明，eTai 听$_{Tb2}$思聪，eTai 色$_{Tb3}$思温，eTai 貌$_{Tb4}$思恭，eTai 言$_{Tb5}$思忠，eTai 事$_{Tb6}$思敬，eTai 疑$_{Tb7}$思问，eTai 忿$_{Tb8}$思难，eTai 见得$_{Tb9}$思义。（季氏）

---

① 用例前的数字为篇章编号，如"3.10"代表第 3 篇第 10 章。

b. [人]~Tai~ 笃信 Ø~i~ 好学，Ø~i~ 守死善道。~eTai~ <u>危邦</u>~Tb1~ 不入，~eTai~ <u>乱邦</u>~Tb2~ 不居。<u>天下有道</u>~Tb3~ 则 ~eTai~ 见，<u>无道</u>~Tb4~ 则 ~eTai~ 隐。（泰伯）

3. 在主子话题链中分述不同话题

例如：

52）<u>今</u>~Ta~ 由与求~i~也~Tb~，相夫子，{远人~Tc1j~ 不服，而 Ø~i~ 不能来 Ø~j~ 也}；{邦~Tc2k~ 分崩离析，而 Ø~i~ 不能守 Ø~k~ 也}；而 Ø~i~ 谋动干戈于邦内。（季氏）

（二）引入新话题（新话题下加双横线）

例如：

53）a. 君子~Ti~ 成人之美，Ø~i~ 不成人之恶。<u>小人</u>反是。（颜渊）

b. 方六七十，如五六十~Ta~，<u>求也</u>~Tb~ 为之，比及三年，可使足民。<u>如其礼乐</u>，以俟君子。（先进）

少部分话题链出现在夹杂叙述的对话中，成为背景，具有为篇章主体补充外围信息的功能。具体如下（作背景的话题链下加着重号）。

1. 提供篇章主体展开的起因

例如：

54）<u>颜渊</u>~Ti~ 死，门人欲厚葬之~i~。子曰："不可。"门人厚葬之。子曰："回也视予犹父也，予不得视犹子也。非我也，夫二三子也。"（先进）

2. 衔接前后文，推动篇章主体发展

例如：

55）a. 子入太庙，每事问。或曰："孰谓鄹人之子知礼乎？入太庙，每事问。"子~Ti~ 闻之，Ø~i~ 曰："是礼也。"（八佾）

b. 冉有曰："夫子为卫君乎？"子贡曰："诺；吾将问之。"[子贡]~Ti~ 入，Ø~i~ 曰："伯夷、叔齐何人也？"曰："古之贤人也。"曰："怨乎？"曰："求仁而得仁，又何怨？"[子贡]~Ti~ 出，Ø~i~ 曰："夫子不为也。"（述而）

3. 描述人物情态

例如：

56）a. 子曰："道不行，乘桴浮于海。从我者，其由与？"子路_{Ti}闻之 Ø_i

喜。子曰："由也好勇过我，无所取材。"（公冶长）

b. 陈亢问于伯鱼曰："子亦有异闻乎？"对曰：……陈亢_{Ti}退而喜 Ø_i

曰："问一得三，闻诗，闻礼，又闻君子之远其子也。"（季氏）

4. 描述人物动作行为

例如：

57）a. "点！尔何如？"[点]_{Ti}鼓瑟希，Ø_i铿尔，Ø_i舍瑟而作，Ø_i对曰："异

乎三子者之撰。"（先进）

b. 陈司败问："昭公知礼乎？"孔子曰："知礼。"孔子退，[陈司败]_{Ti}

揖巫马期而进之，Ø_i曰："吾闻君子不党，君子亦党乎？君取于吴，

为同姓，谓之吴孟子。君而知礼，孰不知礼？"（述而）

从话题链的延续能力来看，在通常情况下，位于篇章主体部分的话题链往往因为构成叙述的主线、关联的小句数量较多而延续得比较长，作为背景的话题链则因为要围绕事件的主干进行铺排、衬托、补充或评价而延续得比较短。

四、《论语》话题链组

前文在对《论语》话题链进行界定时，我们将下列情况排除在外。

58）a. 孔子_{Ti}于乡党，Ø_i恂恂如也，Ø_i似不能言者。其_i在宗庙朝廷，Ø_i便

便言，Ø_i唯谨尔。（乡党）

b. [孔子]_{Ti}疾，君视之_i，Ø_i东首，Ø_i加朝服，Ø_i拖绅。（乡党）

因为从话题链是篇章的基本功能单位这一点来看，以上两例内部都还可作下位切分：例58）a可在"似不能言者"与"其在宗庙朝廷"之间一分为二，例58）b也可从"君视之"与"东首"处分割开来，因此都不是基本的功能单位。我们也提出了如此划分的形式依据，即例58）a中位于小句主语位置的第三人称代词"其"是两个话题链之间的分界，而例58）b中位于"东首"前主语位置的零形回指是零形回指₂，相当于第三人称代词"他"。

尽管依据本书对话题链所下定义，以上两例都应分别视为两个话题链，即：

59）a. 孔子_{Ti}于乡党，Ø_i恂恂如也，Ø_i似不能言者。其_{Ti}在宗庙朝廷，Ø_i

便便言，Ø_i唯谨尔。（乡党）

b. [孔子]_{Ti}疾，君视之_i，Ø_{Ti}东首，Ø_i加朝服，Ø_i拖绅。（乡党）

但这两个话题链却因共享同一话题而关系密切。这种密切关系可从如下事实中得到证实。试比较：

60）a. 故君子 $_{Ti}$ 名之必可言也，$\emptyset_i$ 言之必可行也。//君子 $_{Tj}$ 于其言，无所苟而已矣。（子路）

　　b. 君子 $_{Ti}$ 去仁，$\emptyset_i$ 恶乎成名？//君子 $_{Tj}$ 无终食之间违仁，$\emptyset_j$ 造次必于是，$\emptyset_j$ 颠沛必于是。（里仁）

61）a. 回 $_i$ 也 $_T$ 其庶乎，$\emptyset_i$ 屡空。//赐 $_{Tj}$ 不受命，$\emptyset_j$ 而货殖焉，$\emptyset_j$ 亿则 $\emptyset_j$ 屡中。（先进）

　　b. 君子 $_{Ti}$ 不可小知而 $\emptyset_i$ 可大受也，//小人 $_{Tj}$ 不可大受而 $\emptyset_j$ 可小知也。（卫灵公）

例60）a 中，"//"前是一个话题链，"//"后是一个话题句；例60）b 中，"//"前后各是一个话题链。尽管每例"//"前后话题同为"君子"，但所述内容差异大，并无同质性，重复使用，是为了降低因距离引起的识别的难度（屈承熹，2006：243），因此后一个"君子"并非紧承前一个"君子"，而是另起一端[例60）用"君子 $_i$"和"君子 $_j$"以示区别]。例61）中，"//"前后分别是两个话题链。这两个链之间是话题转移关系，例61）a 是"回"→"赐"，例61）b 是"君子"→"小人"。

比较可知，相对于例60）的话题相同却另起一端和例61）的话题转移，例59）中的两个话题链之间关系要紧密得多。这表明例59）之类通过位于小句主语位置的第三人称代词或零形回指 $_2$ 衔接起来的小句串尽管不是一个话题链，但都用于陈述同一话题，是若干话题链的组合，因此我们称之为"话题链组"。话题链组是指，由位于小句主语位置的第三人称代词或零形回指 $_2$ 衔接链话题相同的话题链而成的小句串。

我们认为，既然话题链是篇章的基本功能单位，话题链组就该是比话题链高一级的篇章功能单位，其对话题的陈述能力更强，提供的信息量更大。

下面我们具体讨论《论语》中的话题链组。前文提到的四种话题链中，只发现单话题单链可以衔接起来组成话题链组，未发现多话题单链、降级话题链或主子话题链组成的话题链组。这些话题链组根据衔接话题链的不同方式分为两类（话题链之间用"//"隔开）。

（一）零形回指 $_2$ 衔接

这是主要衔接方式。有12例。例如：

62）a. [孔子]$_{Ti}$升车，Ø$_i$必正立，Ø$_i$执绥。//Ø$_{Ti}$车中，Ø$_i$不内顾，Ø$_i$不疾言，Ø$_i$不亲指。（乡党）

　　b. [人]$_{Ti}$可以托 Ø$_i$六尺之孤，可以寄 Ø$_i$百里之命，Ø$_i$临大节而不可夺 Ø$_i$也——//Ø$_{Ti}$君子人与？Ø$_i$君子人也。（泰伯）

63）"崔子弑齐君，陈文子 $_{Ti}$有马十乘，Ø$_i$弃而 Ø$_i$违之。//Ø$_{Ti}$至于他邦，Ø$_i$则曰：'犹吾大夫崔子也。'Ø$_i$违之。//Ø$_{Ti}$之一邦，Ø$_i$则又曰：'犹吾大夫崔子也。'Ø$_i$违之。//Ø$_{Ti}$何如？"子曰："Ø$_i$清矣。"曰："//Ø$_{Ti}$仁矣乎？"曰："未知；——Ø$_i$焉得仁？"（公冶长）

上例中，每个紧靠"//"的零形回指都是零形回指$_2$，可用现代汉语第三人称代词"他"替换。例62）是包含两个话题链的话题链组；例63）是包含5个话题链的话题链组，该组跨越四个话轮，两个话对。

（二）第三人称代词衔接

由于《论语》中能作小句主语的第三人称代词很缺乏，这类衔接方式不多见。除上文提到的用"其"衔接的例59）a外，另有2例。例如：

64）a. 子 $_{Ti}$之武城，Ø$_i$闻弦歌之声。//夫子 $_{Ti}$莞尔而笑，Ø$_i$曰："割鸡焉用牛刀？"（阳货）

　　b. 长沮曰："夫执舆者 $_{Ti}$为谁？"子路曰："Ø$_i$为孔丘。"曰："//是 $_{Ti}$鲁孔丘与？"曰："Ø$_i$是也。"（微子）

上例的第三人称代词分别是他称敬辞"夫子"和借自指示代词的"是"。

在讨论《论语》话题链组的过程中，我们又发现了另外一种与话题链组相关的情况。例如：

65）a. 臧文仲 $_{Ti}$其窃位者与！//Ø$_{Ti}$知柳下惠之贤而 Ø$_i$不与立也。（卫灵公）

　　b. 有颜回者 $_{iTi}$好学，Ø$_i$不迁怒，Ø$_i$不贰过。//Ø$_{Ti}$不幸短命死矣。（雍也）

　　c. 无为而治者其舜$_i$与？//夫 $_{Ti}$何为哉？Ø$_i$恭己正南面而已矣。（卫灵公）

上例是话题链与小句的组合，我们也用"//"将两者隔开。例65）a、b中紧靠"//"的零形回指都是零形回指$_2$，只是例65）a的小句位于话题链前，例65）b的小句位于话题链后；例65）c中紧靠"//"的是第三人称代词"夫"。它引导一个话题链，该链在一个小句后。

与话题链组中的话题链一样，例65）中的小句与话题链也共享同一话题，且联系紧密，但其组合并非话题链组。

第四节 本 章 小 结

本章集中探讨了《论语》篇章的基本功能单位——话题链，讨论了如下问题。

第一，提出如下主张：认为《论语》零形回指是歧义形式，主张将其分为零形回指$_1$和零形回指$_2$。零形回指$_1$衔接小句构成话题链，零形回指$_2$相当于第三人称代词。主张将非主位回指代词衔接的小句串视为话题链。

第二，以上述主张为基础，综合已有成果，将《论语》话题链界定如下：

> 话题链是以同质性为基础建构语篇的基本功能单位，是一个至少由两个小句衔接起来的小句串。该小句串在主语位置以 ZA（零形回指）衔接，在非主语位置以 ZA（零形回指）或 PA（代词性回指）衔接。ZA、PA、NA 三者之间具有同指关系。话题链中可能内嵌其他非同指话题引领的子链。

第三，将《论语》话题链分为单话题单链、多话题单链、降级话题链和主子话题链四种类型，依次讨论它们的构成。

第四，探讨零形回指、代词性回指在话题链构成中所起的作用。研究表明，主位零形回指衔接能力最强，宾位回指形式有一定的衔接能力，定位回指形式衔接能力最差。各种衔接方式衔接小句构成话题链的能力大小为：

零形回指（主位/兼语位）＞代词性回指/零形回指（宾位）＞代词性回指/零形回指（定位）

第五，研究《论语》话题链的篇章功能。《论语》话题链主要出现在篇章主体中，传达核心信息，具有陈述本话题和引入新话题的功能。少部分话题链出现在篇章的背景部分，具有为篇章主体补充外围信息的功能，包括提供篇章主体展开的起因、衔接前后文、推动篇章主体发展、描述人物情态、描述人物动作行为。

第六，提出"话题链组"的概念，根据衔接话题链的不同方式讨论《论语》中由零形回指$_2$和第三人称代词衔接而成的话题链组。话题链组是较话题链高一级的篇章功能单位，与话题链相比，它对话题的陈述能力更强，提供的信息量也更大。

本章对话题链的探讨是严格依据对话题链的界定进行的，很注重小句衔接的方式，但在研究过程中也发现了如下情况。例如：

1) a. <u>为命</u>$_{Ti}$, 裨谌草创之$_i$, 世叔讨论之$_i$, 行人子羽修饰之$_i$, 东里子产润
色之$_i$。（宪问）

b. <u>事君</u>$_{Ti}$, 敬其$_i$事而后其$_i$食。（卫灵公）

例 1) a 的述题仅与话题"为命"中的"命"有回指关系, 而不是回指整个话
题。例 1) b 类此。根据本书的话题链定义, 它们显然都不是话题链, 但从语义上
看, 话题后的每个小句都与话题有不可割裂的陈述关系, 例 1) a 尤为明显。我们
在前面讨论话题结构时将这种话题归在汉语式话题中。那么例 1) 这种情况能不
能视为话题链? 目前学界尚无这方面的研究, 而将其视为话题链又似乎缺乏句法
形式上的依据, 所以我们这里仅提出问题, 以待深入研究。

第七章 《论语》的话题推进

　　话题是篇章话语的出发点，因此话题是篇章展开的重要手段，而篇章之所以能够持续展开，话题的不断推进起着重要作用。话题推进由参与会话的双方或多方共同控制，达到实现语篇连贯的目的（李治平，2017：29）。本章将以前文对《论语》话题的静态描写为基础，着重考察话题在《论语》篇章展开过程中的推进作用。

第一节　话题推进研究

　　"话题推进"涉及话语如何发展的问题。这一问题，西方语言学界先后出现了两种理论，最早的是"主位推进"论，之后是"话题推进"论。

一、"主位推进"论

　　"主位推进"论者认为话语发展的本质是语境构建问题，这一问题同句子的语法构建和语义构建一样，也遵循一定的法则，可以归结于一定的形式。因此他们通过"对话语中的句子逐一施行主/述位切分，把分解开来的主位和述位与前后句的主位或述位依互指或其他语义关系建立等式，从而形成一系列主述位联系式（T-R nexus），代表话语推进程序模式"，这些主述位联系式被称为"主位推进程序"（thematische progression）（转引自黄国文，1988：80）。之后的学者们主要以英语为对象归纳出了数目不等的主位推进模式，黄国文（1988：80-85）综合参照各家观点，提出了如下六种比较常见的模式。

　　1. 平行型

　　图示为：

$$T_1 \rightarrow R_1$$
$$T_2 \rightarrow R_2$$
$$T_3 \rightarrow R_3$$

2. 延续型

图示为：

$$T_1 \rightarrow R_1$$
$$\downarrow$$
$$T_2（=R_1）\rightarrow R_2$$
$$\downarrow$$
$$T_3（=R_2）\rightarrow R_3$$

3. 集中型

图示为：

$$T_1 \searrow$$
$$T_2 \rightarrow R_1$$
$$T_3 \nearrow$$

4. 交叉型

图示为：

$$T_1 \leftarrow R_1$$
$$\searrow$$
$$T_2 \leftarrow R_2$$
$$\searrow$$
$$T_3 \leftarrow R_3$$

5. 并列型

图示为：

$$T_1 \rightarrow R_1$$
$$T_2 \rightarrow R_2$$
$$T_1 \rightarrow R_3$$
$$T_2 \rightarrow R_4$$

6. 派生型

图示为：

$$T_1 \rightarrow R_1$$
$$\downarrow$$
$$T_2（=R_1）\rightarrow R_2$$
$$\downarrow$$
$$T_3（=R_1）\rightarrow R_3$$

"主位推进"论讲求对语篇推进的高度形式化描述，旨在展现"已知信息和新信息的分布情况以及两种信息之间的相互作用"（朱永生，1995：10），但这种理论看上去更像是一个"T_n-R_n的平面"，"因为它的模式之间没有语义上的分界，它没有说明：一个模式就是一个相对独立的语义单位、一个板块或一个宏观结构。因此它的分析可以使我们明了句子间的关系，却不甚明了语篇板块相互间的语义关系和整个语篇的宏观结构"（熊沐清和刘霞敏，1999：27）。

二、"话题推进"论

鉴于"主位推进"论的诸多不足，Givón 提出了"话题推进"论。Givón 认为，"话语的基本构建单位是表达同一主题（theme）并趋向重复同一话题的句子"。从这一基本观点出发，他认为"话题接续是话语发展的常规形式，话题转换是话语发展的有标记形式。话题的接续与转换并非绝对地非此即彼，而是一个呈现级差的连续统"。Givón 据此提出了一个确认话题"接续性和可识别性的级差"，表示如下：

最大接续性/可识别性话题
↑零形回指
｜非重读/粘着代名词
｜重读/独立代名词
｜右外位有定 NP
｜中性序有定 NP
｜左外位有定 NP
｜Y-移 NP
｜分裂/焦点结构
↓无定所指 NP
最小接续性/可识别性话题

"处于级差上限的零形回指话题的可识别性和接续性最大，处于下限的无定所指 NP 话题的可识别性和接续性最小。"Givón 随后提出了计量话题接续性的三个参数，一是所指间距，二是话题持续，三是潜在干扰（Givón，1983：36-37）。

"话题推进"论后来不断得以完善，熊沐清和刘霞敏（1999：26-27）提出了"话题分界"（topic boundary）的观点，认为语篇中的次话题通常是变换的，话题变换的"点"（point）标志着话题分界；又提出了语篇的"层次"观，认为语篇的宏观结构可以分为句子、语段、语篇等不同层次，因此话题也相应地分为不同层次,最高层次的话题是语篇话题,语篇话题可以分为若干次话题,次话题支配板块,一组次话题共同支撑语篇话题,同时支配板块内各个句子话题。语篇层次观便于立体地透视语篇结构,解决连贯的层次性问题。

三、汉语话题推进研究

"主位推进"论和"话题推进"论尽管都源于西方,但对汉语话题研究的适用性却大不相同。"主位推进"论将每个句子都进行主述位切分的做法几乎完全不适合汉语,归纳出来的若干主位推进模式也只能解释非常有限的典型话题结构,而"话题推进"论中有关话题接续性、次话题、语篇的层次划分、连贯的层次性等观点在汉语话题研究中却受到广泛重视,出现了不少研究成果。

陈平(1987:366)立足话语的连续性,讨论了话语结构特征对零形回指的制约作用。他指出,话语中先行词与回指对象在各自句子中的地位决定所指对象的微观连续性(micro continuity);话语中先行词所在的句子与回指对象所在的句子之间的关系决定所指对象的宏观连续性(macro continuity)。

殷国光和刘文霞(2009:7-9)用 Givón 提出的决定话题连续性的三个参数(所指间距、话题持续、潜在干扰)来考察《左传·隐公》中动词谓语句主语位置上的零形回指使用情况,结果表明,绝大多数零形回指的使用与 Givón 的理论相吻合,而个别特殊情况也能得到合理解释。

除了关注话语的连续性问题外,有学者直接研究话题推进问题本身。李晋荃(1993:100-107)从话题连贯和述题连贯两个角度出发,将话题连贯分为"话题延续""话题延伸""话题连锁""话题对映"四种类型,将述题连贯分为"述题反复""述题延伸""述题连锁""述题对映"四种类型。张庆翔和刘焱(2005:27)将"话题推进"作为汉语篇章结构的重要部分来研究。他们指出,"第一句话的话题或述题以各种不同的形式延伸到下面的句子中去继续成为话题,这样的过程可以一直延续下去",称为"话题推进";考察话题推进有两个角度,一是考察话题的来源,二是考察话题延伸的方式。他们认为汉语中有"话题延伸式推进""述题延伸式推进""综合延伸式推进"三种基本的话题推进类型。王建华(2009:241-242)在此基础上将话题推进类型细分为"相同话题推进""线性话题推进""派生式话题推进""综合式话题推进"四种。

张雪(2006:105)以现代汉语对话体语篇为研究对象,提出了有别于李晋荃、张庆翔、刘焱和王建华的话题推进模式。该模式以话题为出发点,分为四种类型,一是话题延续,二是话题延伸,三是话题转移,四是话题回逆。与张雪从话题出发的观点相同，贺阳（2009：188-189）认为"话题推进"在宏观上可分为两种最基本类型，即"单一话题型"和"话题转换型"。

上述对汉语话题推进的讨论开拓了话题研究的视野，为我们研究《论语》话题推进问题提供了重要参考。本书以 Givón 的"话题推进"论为理论背景，借鉴相关研究成果，考察《论语》的话题推进问题。

四、《论语》话题推进的考察角度

目前各家对话题推进的认识尚未达成共识，提出的可操作的研究思路和方法差距也比较大，划分的话题推进类型更是五花八门。下面我们在参考以往文献的基础上，以杨伯峻《论语译注》对《论语》文本的切分为据，将每章视为一个独立的篇章，然后参考张雪（2006：97）的观点，以话题为出发点，从话题延续、话题延伸、话题转移和话题回逆四个角度来考察《论语》中通过话题推进来展开篇章的情况，与话题无关的篇章不在考察范围。

首先介绍张雪使用的四个概念。

第一，话题延续。话题延续是指"对上一个表述中的话题，继续用不同的述题进行述谓"（张雪，2006：90）。

第二，话题延伸。话题延伸是指"从上一个表述中的话题或述题中按照一定的规则引出相关的子话题然后进行述谓"（张雪，2006：95）。该定义表明，在延伸而来的话题之前存在一个话题结构，作为话题延伸的基础。其后的话题可以从该结构的话题中延伸而来，也可以从该结构的述题中延伸而来，也就是说，延伸而来的话题有两个来源，要么来自某话题结构的话题，要么来自其述题。比较话题延续和话题延伸可知，这两个概念仅差一字，却内涵悬殊：话题延续体现的是话题与述题之间的关系，话题延伸则体现的是话题之间的派生关系。张雪将延伸而来的话题称为"子话题"，"子话题"这个概念在本书中没有赋予其地位，且使用这个概念容易与本书中的"首要话题""次要话题""三级话题"等概念纠缠不清，故不予采用。为便于称说，我们采用李晋荃（1993：101）提出的两个概念，一是"先发句话题"，用以指称延伸而来的话题所从出的话题结构的话题，二是"后续句话题"，用以指称延伸而来的话题。

第三，话题转移。话题转移是指"由一个话题跳跃到另一个新的话题"（张雪，2006：101）。

第四，话题回逆。话题回逆是指先前已经述谓过的话题被重新提起，并重新进行新的述谓（张雪，2006：103）。

以上四种话题推进类型有的能单独起作用构成独立篇章,有的则须相互配合,共同推进篇章展开。下面分五种情况分别讨论。

第二节　话　题　延　续

在《论语》中,话题延续是话题推进篇章逐步展开的最基本形式。关于这一点,我们从两个方面来说明。

一方面,《论语》中有相当数量的篇章篇幅短小,仅通过一个话题的延续即可形成。另一方面,话题延伸、话题转移和话题回逆要得以实现,通常以话题延续为基础。也就是说,一般情况下,一个话题在经过一定程度的延续后,才会出现话题延伸、转移或回逆的情况。下面讨论第一个方面。第二个方面的内容在讨论其他类型时将有涉及。

根据延续方式,《论语》的话题延续分两类。

一、单项回指延续

（一）零形回指延续

通过零形回指来延续话题是《论语》中话题延续最常见的方式,有 92 例,其中以主位零形回指延续话题为主,多达 85 例,占 92%。它们广泛分布在叙述、独白和对话中。例如:

1）a. 子$_{Ti}$ 温而 $Ø_i$ 厉,$Ø_i$ 威而 $Ø_i$ 不猛,$Ø_i$ 恭而 $Ø_i$ 安。（述而）

b. 君命召〔孔子〕$_i$,$Ø_{Ti}$ 不俟驾 $Ø_i$ 行矣。（乡党）

2）a. 子曰:"君子$_{Ti}$ 不以言举人,$Ø_i$ 不以人废言。"（卫灵公）

b. 子曰:"孟之反$_{Ti}$ 不伐,$Ø_i$ 奔而 $Ø_i$ 殿,$Ø_i$ 将入门,$Ø_i$ 策其马,$Ø_i$ 曰:'非敢后也,马不进也。'"（雍也）

3）a. 微生亩谓孔子曰:"丘$_{Ti}$ 何为是栖栖者与? $Ø_i$ 无乃为佞乎?"孔子曰:"$Ø_i$ 非敢为佞也,$Ø_i$ 疾固也。"（宪问）

b. 子张问政。（子张问:"一个人$_{Ti}$ 怎样去治理国家?"）子曰:"$Ø_i$ 居之 $Ø_i$ 无倦,$Ø_i$ 行之以忠。"（颜渊）

上述诸例中,若干零形回指在不受任何干扰的情况下将各小句依次衔接起来形成话题链。除此以外,我们还发现了较为复杂的情况。例如:

4）a. 子$_{Ti}$ 谓《韶》,"尽美矣,又尽善也"。$Ø_i$ 谓《武》,"尽美矣,未

尽善也"。（八佾）
b. 子 Ti 谓公冶长，"可妻也。虽在缧绁之中，非其罪也"。Øi 以其子妻之。（公冶长）

5）a. 子 Ti 见齐衰者、冕衣裳者与瞽者，Øi 见之，虽少，Øi 必作；Øi 过之，Øi 必趋。（子罕）

b. 子曰："吾 Ti 尝终日不食，Øi 终夜不寝，Øi 以思，无益，Øi 不如学也。"（卫灵公）

例4）、例5）中都包含有干扰话题推进的小句（下加双横线），但这些话题并未改变延续方式或发生转移，而是继续使用零形回指，直至篇章结束。

那么，在话题被干扰的情况下为何还能使用零形回指使话题得以推进呢？陈平先生对此进行了合理解释。

陈平（1987：376）在研究零形回指在汉语话语中的使用条件时指出，"所指对象在话语中具有强烈的连续性，是回指时以零形回指出现的必要条件。连续性有微观和宏观之分"。上述例4）、例5）与微观连续性无涉，与宏观连续性有关。所谓"宏观连续性"是指"话语中先行词所在的句子与回指对象所在的句子之间的关系"（陈平，1987：366），这种关系的一个重要方面就是"句子与句子之间的层次关系"（陈平，1987：369）。"层次关系可以分成两种，一种是句法结构中的层次关系，另一种是语义结构中的层次关系。"（陈平，1987：370）

例4）就涉及句法结构中的层次关系。如例4）a 中，"子谓《韶》"与"谓《武》"之间，从线性顺序上看，隔着"尽美矣，又尽善也"和"尽美矣，未尽善也"两个插入成分，但从层次关系上看，它们与"子谓《韶》"和"谓《武》"不属于同一层次，因此这两个插入成分尽管会影响到话题"子"的宏观连续性，但"与位于同一层次的插入成分相比，它所造成的削弱作用要轻微一些"，所以"回指对象往往仍然可以以零形式出现"（陈平，1987：370）。例4）b 类此。

例5）涉及语义结构中的层次关系。陈平（1987：371）在分析相关语料的基础上提出了"语式"（schema）的概念。所谓"语式"是指一连串在线性顺序上前后相连的句子之间的关系在我们头脑中沉积下来的固定模式。他认为，"言谈篇章中所有的小句都是通过高高低低各个层次上的语式彼此发生联系而组织成为一个语义结构体的"（陈平，1987：373）。

例5）各例的中间之所以插入了干扰小句而原话题不受干扰，依然以零形回指延续下去，用陈平先生的观点来看，是因为例5）各例的语义层次结构有如下特征，即插入的干扰小句在语式上从属于回指对象所在的句子。拿例5）a 来说，干扰小句"虽少"与其后的"必作"构成转折关系，"虽少"从属于"必作"。该例共有 6 个小句。话题"子"贯串到第二小句后被第三小句"虽少"（其主语"齐衰者、冕衣裳者与瞽者"省略）打断，随后从第四小句延续至第六小句。虽然小句"虽少"构成了对话题"子"的打断，但它从属于小句"必作"，所以此时话题"子"并没有被忘记，只是暂时被"齐衰者、冕衣裳者与瞽者"压在下面，到了第四小句"必作"处才"弹回"（pop back）（陈平，1987：375）到表面。"插入成分在话语结构中的从属性质，减少了被压进（push down）的主题弹回时可能给受话者带来的理解上的困难"（陈平，1987：375），因此干扰小句"虽少"后依然能用零形回指将话题"子"延续下去。例 5）b 类此。

由此可见，上述例 4）、例 5）的各话题在受到干扰后依然以零形回指延续下去，从而使话题的连续性得以保持，有时取决于句法结构的层次关系，有时取决于语义结构的层次关系。

以上讨论的都是通过主位零形回指来延续话题的情况。从其绝对数目之多、所占比例之高及分布范围之广可知，这类零形回指是延续《论语》话题的无标记形式，由其延续的话题具有最大的可接续性和最高的可识别性。除此以外，零形回指延续话题还有其他三种情况。

一是通过动词宾语或介词宾语位置的零形回指或通过这两个位置的同现来延续话题，6 例。例如：

6）a. 席$_{Ti}$不正，不坐 $\emptyset_i$。（乡党）

　　b. 子曰："中庸之为德$_i$也$_T$，其至矣乎！民鲜 $\emptyset_i$ 久矣。"（雍也）

　　c. 子曰："[人]$_{Ti}$可与 $\emptyset_i$ 共学，未可与 $\emptyset_i$ 适道；可与 $\emptyset_i$ 适道，未可与 $\emptyset_i$ 立；可与 $\emptyset_i$ 立，未可与 $\emptyset_i$ 权。"（子罕）

　　d. 父母之年$_{Ti}$，不可不知 $\emptyset_i$ 也。一则以 $\emptyset_i$ 喜，一则以 $\emptyset_i$ 惧。（里仁）

二是通过定位零形回指来延续话题。1 例：

7）子曰："伯夷、叔齐$_{Ti}$不念旧恶，$\emptyset_i$ 怨是用希。"（公冶长）

三是通过主位、定位的零形回指来延续话题。1 例：

8）子曰："[人]$_{Ti}\emptyset_i$ 父母在，$\emptyset_i$ 不远游，$\emptyset_i$ 游 $\emptyset_i$ 必有方。"（里仁）

（二）代词性及名词性回指延续

1. 代词性回指延续

4 例，其中宾位回指的 3 例，代词用"之""焉"。例如：

9）a. 南容$_{Ti}$三复白圭，孔子以其兄之子妻之$_i$。（先进）

　　b. 子曰："〔对于任何学问和事业〕$_{Ti}$知之$_i$者不如好之$_i$者，好之$_i$者不如乐之$_i$者。"（雍也）

　　c. 子曰："[人]$_{Ti}$众恶之$_i$，必察焉$_i$；众好之$_i$，必察焉$_i$。"（卫灵公）

定位回指的，1 例，代词用"其"。例如：

10）子曰："孝哉闵子骞$_{Ti}$！人不间于其$_i$父母昆弟之言。"（先进）

2. 名词性回指延续

2 例：

11）a. 子曰："人$_{Ti}$能弘道，非道弘人$_i$。"（卫灵公）

　　b. 子曰："仁$_{Ti}$远乎哉？我欲仁$_i$，斯仁$_i$至矣。"（述而）

二、双向回指延续

（一）零形回指与代词性回指共同延续

零形回指可位于主位、宾位或定位。据代词性回指所处位置可将这类话题延续方式分为两类。

1. 代词性回指位于主位

代词有"其""夫""女""吾"。4 例：

12）a. 孔子$_{Ti}$于乡党，Ø$_i$恂恂如也，Ø$_i$似不能言者。其$_i$在宗庙朝廷，Ø$_i$便便言，Ø$_i$唯谨尔。（乡党）

　　b. 子曰："无为而治者其舜$_i$也与？夫$_{Ti}$何为哉？Ø$_i$恭己Ø$_i$正南面而已矣。"（卫灵公）

　　c. 子贡问曰："赐$_i$也$_T$何如？"子曰："女$_i$，器也。"曰："Ø$_i$何器也？"曰："Ø$_i$瑚琏也。"（公冶长）

　　d. 达巷党人曰："大哉孔子$_{Ti}$！Ø$_i$博学而 Ø$_i$无所成名。"子闻之，谓门弟子曰："吾$_i$何执？Ø$_i$执御乎？Ø$_i$执射乎？吾$_i$执御矣。"（子罕）

例 12）a 中，话题"孔子"在连续两个零形回指后以第三人称代词"其"回指话题，并通过两个零形回指延续至句尾。例 12）b 中，第三人称代词"夫"在回指新导入的先行词"舜"后成为话题，之后该话题通过零形回指延续下去，将整个篇章衔接起来；例 12）c 是问答双方对话，话题跨越四个话轮，话题的人称发生转换；例 12）d 的话题在人称上也发生了转换，从第三人称转为第一人称。

2. 代词性回指位于非主位

主要是位于宾位，16例。代词有"之""诸""焉"三个。有时"之""诸"或"之""焉"共现。例如：

13）a. [孔子]$_{Ti}$疾，君视之$_i$，Ø$_i$东首，Ø$_i$加朝服，Ø$_i$拖绅。（乡党）

　　b. 子贡问曰："孔文子$_{Ti}$何以谓之$_i$'文'也？"子曰："Ø$_i$敏而 Ø$_i$好学，Ø$_i$不耻下问，是以谓之$_i$'文'也。"（公冶长）

14）a. 子谓仲弓，曰："犁牛之子$_{Ti}$骍且 Ø$_i$角，虽欲勿用 Ø$_i$，山川其舍诸$_i$？"（雍也）

　　b. 子曰："色厉而内荏$_{Ti}$，譬诸$_i$小人，Ø$_i$其犹穿窬之盗也与？"（阳货）

15）子曰："泰伯$_{Ti}$，其可谓至德也已矣。Ø$_i$三以天下让，民无得而称焉$_i$。"（泰伯）

16）a. 邦君之妻$_{Ti}$，君称之$_i$曰夫人，夫人自称 Ø$_i$曰小童；邦人称之$_i$曰君夫人，称诸$_i$异邦曰寡小君；异邦人称之$_i$亦曰君夫人。（季氏）

　　b. 子曰："[人]$_{Ti}$爱之$_i$，能勿劳 Ø$_i$乎？忠焉$_i$，能勿诲 Ø$_i$乎？"（宪问）

另有2例，代词性回指位于定位，代词用"其"。例如：

17）a. 子曰："[人]$_{Ti}$Ø$_i$父在，观其$_i$志；Ø$_i$父没，观其$_i$行；Ø$_i$三年无改于父之道，可谓 Ø$_i$孝矣。"（学而）

　　b. 子曰："[人]$_{Ti}$其$_i$言之不怍，则 Ø$_i$为之也难。"（宪问）

（二）零形回指与名词性回指共同延续

3例：

18）a. 子曰："吾与回$_i$言终日，Ø$_{Ti}$不违，Ø$_i$如愚。Ø$_i$退而 Ø$_i$省其私，Ø$_i$亦足以发，回$_i$也不愚。"（为政）

　　b. 子曰："禹$_{Ti}$，吾无间然矣。Ø$_i$菲饮食而 Ø$_i$致孝乎鬼神，Ø$_i$恶衣服而 Ø$_i$致美乎黻冕；Ø$_i$卑宫室而 Ø$_i$尽力乎沟洫。禹$_i$，吾无间然矣。"（泰伯）

　　c. 子曰："周$_{Ti}$监于二代，Ø$_i$郁郁乎文哉！吾从周$_i$。"（八佾）

（三）代词性回指与名词性回指共同延续

代词用"其"。1例：

19）子曰："[人]Ti视其ᵢ所以，观其ᵢ所由，察其ᵢ所安。人ᵢ焉廋哉？人ᵢ
焉廋哉？"（为政）

第三节 话题延伸

话题延伸使一个话题结构"节外生枝"，派生出新的话题结构。《论语》中，
先发句话题（用"原"标注）只有一个，后续句话题（用"伸"标注）少则一个，
多则数个（记为"伸1、伸2……"）。后续句话题有些是多话题结构中的次要话
题，有些是另一单话题结构中的话题。据后续句话题的来源，《论语》的话题延
伸分两种情况。

一、先发句话题的延伸

这种情况下，先发句话题有时要延续到一定长度后才延伸出后续句话题，有
时则不经延续即延伸出后续句话题。前者延伸出后者的前提是两者之间存在某种
关系。有四种类型。

（一）整体与部分

这是主要类型，有10例。后续句话题1到3个不等。例如：

1）a. 子曰："[人]T原如有周公之才之美，使骄且吝，其余T伸不足观也已。"
（泰伯）

b. 曾子曰："吾闻诸夫子：孟庄子之孝也Ta原，其他Tb1伸1可能也；其不
改父之臣与父之政Tb2伸2，是难能也。"（子张）

c. 子张问："十世T原可知也？"子曰："殷T伸1因于夏礼，所损益可知
也；周T伸2因于殷礼，所损益可知也。其或继周者T伸3，虽百世，可知
也。"（为政）

（二）对象与行为

根据对象与行为的关系可分为四类。

1. 对象作施事

3例。后续句话题1个[例2）a]、2个[例2）b]或4个[例2）c]。例如：

2）a. 子禽问于子贡曰："夫子T原至于是邦也，必闻其政，求之与？抑与之

与？"子贡曰："夫子温、良、恭、俭、让以得之。<u>夫子之求之也</u>$_{T伸}$，其诸异乎人之求之与？"（学而）

 b. 子曰："<u>鄙夫</u>$_{Ta原}$可与事君也与哉？<u>其未得之也</u>$_{Tb1伸1}$，患得之。<u>既得之</u>$_{Tb2伸2}$，患失之。苟患失之，无所不至矣。"（阳货）

 c. 子谓子产："<u>[子产]</u>$_{Ta原}$有君子之道四焉：<u>其行己也</u>$_{Tb1伸1}$恭，<u>其事上也</u>$_{Tb2伸2}$敬，<u>其养民也</u>$_{Tb3伸3}$惠，<u>其使民也</u>$_{Tb4伸4}$义。"（公冶长）

2. 对象作受事

2 例。后续句话题 1 个［例 3）a］或 2 个［例 3）b］。例如：

3）a. 子曰："<u>人之过也</u>$_{T原}$，各于其党。<u>观过</u>$_{T伸}$，斯知仁矣。"（里仁）

 b. 子贡曰："<u>君子之过也</u>$_{T原}$，如日月之食焉：<u>过也</u>$_{T伸1}$，人皆见之；<u>更也</u>$_{T伸2}$，人皆仰之。"（子张）

3. 对象与属性

3 例。后续句话题 1 个或 3 个。例如：

4）a. 子曰："<u>臧文仲</u>$_{Ta原}$居蔡，山节藻棁，何如其<u>知</u>$_{Tb伸}$也？"（公冶长）

 b. 子曰："<u>[人]</u>$_{Ta原}$年四十而见恶焉，<u>其终也</u>$_{Tb伸}$已。"（阳货）

 c. 孔子曰："<u>君子</u>$_{Ta原}$有三戒：<u>少之时</u>$_{Tb1伸1}$，血气未定，戒之在色；<u>及其壮也</u>$_{Tb2伸2}$，血气方刚，戒之在斗；<u>及其老也</u>$_{Tb3伸3}$，血气既衰，戒之在得。"（季氏）

4. 先发句话题与后续句话题等同

这种类型仅 1 例：

5）子曰："<u>人而无信</u>$_{T原}$，不知其可也。<u>大车无輗，小车无軏</u>$_{T伸}$，其何以行之哉？"（为政）

例 5）的后续句话题"大车无輗，小车无軏"是先发句话题"人而无信"的隐喻说法，两者在语义上等同。

二、先发句述题的延伸

"先发句述题"与"先发句话题"相对，指后续句话题所从出的话题结构的述题，我们用着重号标出。根据后续句话题与先发句述题的关系可将这类话题延伸分为三类。

（一）后续句话题与先发句述题完全相同

这种类型有 4 例：

6）a. 子曰："齐_{T原}一变，至于鲁；鲁_{T伸}一变，至于道。"（雍也）

　　b. 子曰："三人_{T原}行，必有我师焉：[我]_{T伸}择其善者而从之，其不善者而改之。"（述而）

　　c. 子路问君子。（子路问："一个人_{T原}怎样成为君子？"）子曰："修己以敬。"曰："如斯而已乎？"曰："修己以安人。"曰："如斯而已乎？"曰："修己以安百姓。修己以安百姓_{T伸}，尧舜其犹病诸？"（宪问）

　　d. 子张_{T原}学干禄。子曰："多闻阙疑，慎言其余，则寡尤；多见阙殆，慎行其余，则寡悔。言寡尤，行寡悔_{T伸}，禄在其中矣。"（为政）

（二）后续句话题与先发句述题部分相同

这种类型有 6 例。例如：

7）a. 子曰："君子_{T原}无所争。必也射乎！揖让而升，下而饮。其争也_{T伸}君子。"（八佾）

　　b. 子谓子贱："君子哉若人_{T原}！鲁无君子者_{T伸}，斯焉取斯？"（公冶长）

　　c. 子路问成人。（子路问："一个人_{T原}怎样才是成人。"）子曰："若臧武仲之知，公绰之不欲，卞庄子之勇，冉求之艺，文之以礼乐，亦可以为成人矣。"曰："今之成人者_{T伸}何必然？见利思义，见危授命，久要不忘平生之言，亦可以为成人矣。"（宪问）

　　d. 子曰："[人]_{T原}不得中行而与之，必也狂狷乎！狂者_{T伸1}进取，狷者_{T伸2}有所不为也。"（子路）

例 7）a—c 中各先发句述题分别延伸出一个后续句话题，例 7）d 的先发句述题延伸出两个后续句话题。

（三）先发句述题被后续句话题回指

这种类型仅 1 例：

8）子路 T原宿于石门。晨门曰："奚自？"子路曰："自孔氏。"曰："是 T伸知其不可而为之者与？"（宪问）

例8）的后续句话题"是"本是近指代词，指人时可理解为第三人称代词"他"，这里用以指代先发句述题"孔氏"。

第四节　话题转移

话题转移是从旧话题转移到新话题的过程。这一过程有时会反复发生，因此话题转移同话题延续和话题延伸一样，对篇章展开也有推动作用，有时甚至比话题延续和话题延伸将篇章扩展得更开。《论语》中的话题在发生转移之前，有时会先延续一定长度，有时则无须延续，直接转向下一话题。转移情况大致分三种类型，每种类型还可按话题转移时有无转移标记分为两个小类。在描写《论语》的话题转移时，用"原"标注转移前的话题，用"转"标注转移后的话题。转移的话题不止一个时，记为"转1、转2……"。

一、结构内的话题转移

这种情况发生在多话题结构中。这类结构中除有首要话题外，还有次要话题，有时有三级话题。从首要话题到次要话题，再到三级话题，是多话题结构内部话题间的有序转移。这种转移始终是围绕首要话题的，是对首要话题某方面的展开，因此次要话题和三级话题对首要话题的偏移不大，有时又会回到首要话题。

（一）有标记转移

转移标记是"则"。这类情况很少，仅3例。发生转移的话题都是次要话题，有2个的，有3个的。例如：

1）a. [人]Ta原奢 Tb1转1 则不孙，俭 Tb2转2 则固。与其不孙也，宁固。（述而）

b. 子曰："弟子 Ta原，入 Tb1转1 则孝，出 Tb2转2 则悌，谨而信，泛爱众，而亲仁。行有余力 Tb3转3，则以学文。"（学而）

c. 子曰："君子 Ta原不重 Tb1转1，则不威；学 Tb2转2 则不固。主忠信。无友不如己者。过 Tb3转3，则勿惮改。"（学而）

吕叔湘（1982：337-422）认为，文言中的"要讲""若夫""至如""至于"等几个用法大致相同的词"主要作用在于另提一事"，有时不用这几个词，就在句中用"则"字，以增强句子的对比性，"其上含有'若论''至于'之意"。据此我们认为例 1）a—c 中的 8 个"则"字都有另提一事的话题转移功能，标记了话题的转移，只不过这个"则"字并不是本书所说的话题标记，徐烈炯和刘丹青（2007：199）将其解释为"古代汉语（也沿用至现代汉语书面语）的述题标记"，我们沿用该说法。

（二）无标记转移

这类情况比较多，有 18 例。发生转移的话题主要是次要话题，数目从 1 个到多个不等。例如：

2）a. 子曰："回也$_{Ta原}$非助我者也，于吾言$_{Tb转}$无所不说。"（先进）

b. 阙党童子$_{Ta原}$将命。或问之曰："益者与？"子曰："吾$_{Tb转}$见其居于位也，见其与先生并行也。非求益者也，欲速成者也。"（宪问）

3）a. 子曰："君子$_{Ta原}$食$_{Tb1转1}$无求饱，居$_{Tb2转2}$无求安，敏于事而慎于言，就有道而正焉，可谓好学也已。"（学而）

b. 叶公问政。（叶公问："一个人$_{Ta原}$怎样去治理国家？"）子曰："近者$_{Tb1转1}$悦，远者$_{Tb2转2}$来。"（子路）

4）[孔子]$_{Ta原}$斋，必有明衣$_i$，∅$_{Tb1i转1}$布。斋$_{Tb2转2}$必变食，居$_{Tb3转3}$必迁坐。（乡党）

5）君子$_{Ta原}$不以绀緅饰，红紫$_{Tb1转1}$不以为亵服。当暑，袗絺绤，必表而出之。缁衣$_{Tb2转2}$，〔以配〕羔裘；素衣$_{Tb3转3}$，〔以配〕麑裘；黄衣$_{Tb4转4}$，〔以配〕狐裘。亵裘长，短右袂。必有寝衣$_i$，∅$_{Tb5i转5}$长一身有半。狐貉之厚$_{Tb6转6}$以居。去丧，无所不佩。非帷裳$_{Tb7转7}$，必杀之。羔裘玄冠$_{Tb8转8}$不以吊。吉月$_{Tb9转9}$，必朝服而朝。（乡党）

6）孔子曰："君子$_{Ta原}$有九思：视$_{Tb1转1}$思明，听$_{Tb2转2}$思聪，色$_{Tb3转3}$思温，貌$_{Tb4转4}$思恭，言$_{Tb5转5}$思忠，事$_{Tb6转6}$思敬，疑$_{Tb7转7}$思问，忿$_{Tb8转8}$思难，见得$_{Tb9转9}$思义。"（季氏）

例 2）—例 6）中，转移的话题分别有 1 个、2 个、3 个、9 个、9 个。

另有 1 例是次要话题和三级话题都发生转移：

7）[孔子]$_{Ta原}$入公门$_{Tb1转1}$，鞠躬如也，如不容。立$_{Tc1转2}$不中门，行$_{Tc2转3}$不履阈。过位$_{Tb2转4}$，色勃如也，足躩如也，其言似不足者。摄齐升堂$_{Tb3转5}$，鞠躬如也，屏气似不息者。出$_{Tb4转6}$，降一等，逞颜色，怡怡如也。没阶$_{Tb5转7}$，趋进，翼如也。复其位$_{Tb6转8}$，踧踖如也。（乡党）

二、结构间的话题转移

这种情况是指，两个或两个以上的话题结构间具有对比性，因此一个话题结构的话题向另一话题结构的话题转移。这种转移导致的话题间的偏移比较大，有时甚至在语义上截然对立。

（一）有标记转移

标记话题转移有三种情况。

1. 用述题标记"则"

有 4 例：

8）a. 子夏曰："仕而优$_{T原}$则学，学而优$_{T转}$则仕。"（子张）

　　b. 子曰："学而不思$_{T原}$则罔，思而不学$_{T转}$则殆。"（为政）

　　c. 子曰："回也$_{T原}$，其心三月不违仁，其余$_{T转}$则日月至焉而已矣。"（雍也）

　　d. 子曰："文$_{T原}$，莫吾犹人也。躬行君子$_{T转}$，则吾未之有得。"（述而）

2. 用话题标记"也"

普通话中有个提顿词"呢"在一定条件下可与提顿词"也"对译，条件是"呢""也"均出现在后续小句里，前面有对比性话题。张伯江和方梅（1996：47）指出，这个"呢""往往是转换一个新话题，或新的谈话角度"；屈承熹（2003：17）也认为这个"呢"的作用是"引进另一个指称物件来与上文中的某个指称物件并列或对比"，因此我们认为可用这种"呢"替换的"也"除了能够标记话题外还兼有标记话题转移的功能。这种情况在《论语》中有 2 例：

9）a. 季氏$_{T原}$富于周公，而求也$_{T转}$为之聚敛而附益之。子曰："非吾徒也。

　　　小子鸣鼓而攻之，可也。"（先进）

　　b. 柴也$_{T原}$愚，参也$_{T转1}$鲁，师也$_{T转2}$辟，由也$_{T转3}$喭。（先进）

例 9）b 中，标记话题转移的是"参""师""由"后的"也"，可译为"呢"，"柴"后的"也"无此功能。

3. 通过话轮转换来转移话题

话题转移的话轮另起一行。3 例：

10）a. 鲁人$_{T原}$为长府。闵子骞曰："仍旧贯，如之何？何必改作？"

　　　子曰："夫人$_{T转}$不言，言必有中。"（先进）

b. 子贡曰："君子 _{T原}亦有恶乎？"子曰："有恶？恶称人之恶者，恶居下流而讪上者，恶勇而无礼者，恶果敢而窒者。"

曰："赐也 _{T转}亦有恶乎？""恶徼以为知者，恶不孙以为勇者，恶讦以为直者。"（阳货）

c. 或问子产。（有人问："子产 _{T原}这个人怎么样？"）子曰："惠人也。"问子西。（有人问："子西 _{T转1}是怎样的人物？"）曰："彼哉！彼哉！"

问管仲。（有人问："管仲 _{T转2}是怎样的人物？"）曰："人也。夺伯氏骈邑三百，饭疏食，没齿无怨言。"（宪问）

（二）无标记转移

这类情况比较多，有41例，分两种情况。

1. 话题结构间有极性对立关系，导致话题转移

有21例。这类话题转移往往显得突兀、急促。例如：

11）a. 子曰："君子 _{T原}喻于义，小人 _{T转}喻于利。"（里仁）

b. 孔子曰："生而知之者 _{T原}上也，学而知之者 _{T转1}次也；困而学之 _{T转2}，又其次也；困而不学 _{T转3}，民斯为下矣。"（季氏）

12）a. 子曰："晋文公 _{T原}谲而不正，齐桓公 _{T转}正而不谲。"（宪问）

b. 子贡曰："夫子之文章 _{T原}，可得而闻也；夫子之言性与天道 _{T转}，不可得而闻也。"（卫灵公）

例11）是各话题结构中的话题之间及述题之间分别构成反义关系而导致话题转移，例12）是各话题结构中的述题之间构成反义关系而导致话题转移。

2. 上一话题表述完毕，自然过渡到下一话题

有20例。这类话题转移没有突兀感和急促感。例如：

13）a. 子曰："后生 _{T原}可畏，焉知来者之不如今也？[人] _{T转}四十、五十而无闻焉，斯亦不足畏也已。"（子罕）

b. 颜渊 _{T原}死，子哭之恸。从者曰："子 _{T转}恸矣！"曰："有恸乎？非夫人之为恸而谁为？"（先进）

c. 仲弓 _{T原}为季氏宰，问政。子曰："先有司，赦小过，举贤才。"曰："焉知贤才而举之？"子曰："举尔所知；尔所不知 _{T转}，人其舍诸？"（子路）

d. 德行 ₜ原：颜渊，闵子骞，冉伯牛，仲弓。言语 ₜ转：宰我，子贡。政事 ₜ转：冉有，季路。文学 ₜ转：子游，子夏。（先进）

（三）有标记无标记转移合用

这种情况仅1例：

14）子贡曰："如有〔人〕ᵢØₜᵢ原博施于民而能济众，何如？可谓仁乎？"子曰："何事于仁！必也圣乎！尧舜其犹病诸！夫仁者 ₜ转1，己欲立而立人，己欲达而达人。能近取譬 ₜ转2，可谓仁之方也已。"（雍也）

我们在讨论《论语》的话题标记时用"提挈连词"来称说"夫"字。这里的"提挈"就明示了"夫"提起一个新话题的功能，因此例14）中的"夫"在与"者"共同标记话题"仁"的同时，还起标记话题转移的作用。另一个话题"能近取譬"发生转移时没有标记。

三、结构内、结构间的话题转移

就是说在一个篇章中出现两种类型的话题转移，一种发生在话题结构内部，一种发生在话题结构之间。这两种话题转移不在同一结构层次。发生在话题结构之间的话题转移用"//"隔开。

（一）无标记转移

这种情况有3例：

15）a. 孔子曰："见善如不及，见不善如探汤 ₜₐ原。吾 ₜᵦ转1见其人矣，吾闻其语矣。//隐居以求其志，行义以达其道 ₜₐ转2。吾 ₜᵦ转3闻其语矣，未见其人也。"（季氏）

b. 仲弓问仁。（仲弓问："一个人 ₜₐ原如何成为有仁德的人？"）子曰："出门如见大宾，使民如承大祭。己所不欲 ₜᵦ转1，勿施于人。在邦无怨，在家无怨。//仲弓曰："雍 ₜ转2虽不敏，请事斯语矣。"（颜渊）

c. 子曰："小子 ₜ原何莫学夫诗？//诗 ₜₐ转1，可以兴，可以观，可以群，可以怨。迩之 ₜᵦ1转2事父，远之 ₜᵦ2转3事君；多识于鸟兽草木之名。"（阳货）

（二）有标记无标记转移合用

这种情况有3例：

16）a. 子曰："恭而无礼_{T原}则劳，慎而无礼_{T转1}则葸，勇而无礼_{T转2}则乱，直而无礼_{T转3}则绞。//君子_{Ta转4}笃于亲，则民兴于仁；故旧_{Tb转5}不遗，则民不偷。"（泰伯）

b. 子曰："[人]_{Ta原}笃信好学，守死善道。危邦_{Tb1转1}不入，乱邦_{Tb2转2}不居。天下有道_{Tb3转3}则见，无道_{Tb4转4}则隐。//邦有道，贫且贱焉_{T转5}，耻也；邦无道，富且贵焉_{T转6}，耻也。"（泰伯）

c. 季康子问："仲由_{Ta原}可使从政也与？"子曰："由也果，于从政乎_{Tb转1}何有？"//曰："赐也_{Ta转2}可使从政也与？"曰："赐也达，于从政乎_{Tb转3}何有？"//曰："求也_{Ta转4}可使从政也与？"曰："求也艺，于从政乎_{Tb转5}何有？"（雍也）

例 16）中，a 的前四个话题是"则"标记的转移，后面两个话题转移时无标记；b 中，"天下有道"和"无道"两个话题是"则"标记的转移，其他话题转移时无标记；c 中，话题"仲由"转向"赐"，再转向"求"是通过话轮转换实现的，而"仲由""赐""求"分别转向"从政"是无标记的。

第五节 话题回逆

话题回逆在话题转移的基础上发生，通常能将一个篇章向纵深推进。不过《论语》的篇章大多短小，话题回逆的频率不高，仅 5 例。篇章第一个话题用"原"标注，转移的话题用"转"标注，回逆的话题用"回"标注。回逆的话题与第一个话题有时同形，有时不同形。例如：

1）a. 子曰："贤哉，回也_{T原}！一箪食，一瓢饮，在陋巷_{T转}，人不堪其忧，回也不改其乐。贤哉，回也_{T回}！"（雍也）

b. 子贡问为仁。（子贡问："一个人_{Ti原}怎样去培养仁德？"）子曰："工_{T转}欲善其事，必先利其器。Ø_{Ti回}居是邦也，事其大夫之贤者，友其士之仁者。"（卫灵公）

2）a. 子曰："君子_{T原}怀德，小人_{T转}怀土；君子_{T回}怀刑，小人_{T回}怀惠。"（里仁）

b. 子曰："知者_{T原}乐水，仁者_{T转}乐山。知者_{T回}动，仁者_{T回}静。知者_{T回}乐，仁者_{T回}寿。"（雍也）

例1）中各话题只回逆了一次。例2）中，a 的话题"君子"和"小人"分别回逆一次，b 的话题"知者"和"仁者"分别回逆两次。

第六节　话题综合推进

综合型话题推进是指话题延续、话题延伸、话题转移和话题回逆中的两种或两种以上类型相互组合，共同推进篇章展开。前文提到，话题延续是《论语》话题推进的最基本形式，其他三种类型在实现过程中通常会附带出现话题延续，因此这里在描写话题综合推进时，不将话题延续作为构成话题综合推进的类型之一单独列出。这样一来，《论语》的话题综合推进就有三种情况。

一、话题延伸与转移

这种情况占多数，有 17 例，分三类。

（一）话题延伸+话题转移

这种类型有 7 例。例如：

1）a. 子路曰："君子 $_{T原}$ 尚勇乎？"子曰："君子义以为上。君子有勇而无义 $_{T伸}$ 为乱，小人有勇而无义 $_{T转}$ 为盗。"（阳货）

b. 子夏问曰："'巧笑倩兮，美目盼兮，素以为绚兮。' $_{Ti原}$ 何谓也？"子曰："Ø$_i$ 绘事后素 $_j$。"曰："Ø$_{Tj伸}$ 礼后乎？"子曰："起予者商也 $_{T转}$！始可与言《诗》已矣。"（八佾）

c. 子张问："士 $_{T原}$ 何如斯可谓之达矣？"子曰："何哉，尔所谓达者 $_{T伸1}$？"子张对曰："在邦必闻，在家必闻。"子曰："是 $_{T伸2}$ 闻也，非达也。夫达也者 $_{T转1}$，质直而好义，察言而观色，虑以下人。在邦必达，在家必达。夫闻也者 $_{T转2}$，色取仁而行违，居之不疑。在邦必闻，在家必闻。"（颜渊）

例1）中，a 是话题延伸后发生话题转移，b 是述题延伸后发生话题转移，c 先连续两次发生述题延伸，随后连续两次发生话题转移。

（二）话题转移+话题延伸

这种类型有 8 例。例如：

2）a. 子曰："宁武子 $_{Ta原}$，邦有道 $_{Tb1转1}$，则知；邦无道 $_{Tb2转2}$，则愚。其知 $_{Tb3伸1}$ 可及也，其愚 $_{Tb4伸2}$ 不可及也。"（公冶长）

    b. 子曰："古者 $_{T原}$ 民有三疾，今也 $_{T转}$ 或是之亡也。古之狂也 $_{T伸1}$ 肆，今之狂也 $_{T伸2}$ 荡；古之矜也 $_{T伸3}$ 廉，今之矜也 $_{T伸4}$ 忿戾；古之愚也 $_{T伸5}$ 直，今之愚也 $_{T伸6}$ 诈而已矣。"（阳货）

3）a. 子曰："富与贵 $_{T原}$，是人之所欲也；不以其道得之，〔君子〕不处也。贫与贱 $_{T转}$，是人之所恶也；不以其道得之，〔君子〕不去也。君子 $_{T伸}$ 去仁，恶乎成名？君子无终食之间违仁，造次必于是，颠沛必于是。"（里仁）

    b. 颜渊问为邦。（颜渊问："一个人 $_{Ta原}$ 怎样去治理国家？"）子曰："行夏之时，乘殷之辂，服周之冕，乐 $_{Tb转}$ 则《韶》《舞》。放郑声，远佞人。郑声 $_{T伸1}$ 淫，佞人 $_{T伸2}$ 殆。"（卫灵公）

上例中，例 2）是话题转移后发生话题延伸，其中 a 是在话题连续两次转移后又连续两次发生话题延伸；b 是话题转移后转移前后的两个话题分别三次发生话题延伸。例 3）是话题转移后发生述题延伸，其中 b 两次发生述题延伸。

（三）话题延伸+话题转移+话题延伸

这种类型有 2 例：

4）a. 子曰："君子 $_{Ta原}$ 易事而难说也。说之不以道，不说也；及其使人也 $_{Tb伸}$，器之。小人 $_{Ta转}$ 难事而易说也。说之虽不以道，说也；及其使人也 $_{Tb伸}$，求备焉。"（子路）

    b. 子曰："有德者 $_{T原}$ 必有言，有言者 $_{T伸}$ 不必有德。仁者 $_{T转}$ 必有勇，勇者 $_{T伸}$ 不必有仁。"（宪问）

例 4）中，a 是话题"君子"延伸出话题"其使人"后，转入下一话题"小人"，该话题接着也延伸出话题"其使人"；b 是话题结构"有德者必有言"的述题"有言"延伸出话题"有言者"，该话题随后转入下一话题"仁者"，随后"仁者"所在话题结构的述题"勇"也延伸出话题"勇者"。

二、话题延伸与回逆

这种情况有 2 例：

5）a. 子贡问："师与商也$_{T原}$孰贤？"子曰："师也$_{T伸1}$过，商也$_{T伸2}$不及。"
曰："然则师$_{T回}$愈与？"子曰："过$_{T伸3}$犹不及$_{T伸4}$。"（先进）

b. 子曰："君子$_{T原}$谋道不谋食。耕也$_{T伸1}$，馁在其中矣；学也$_{T伸2}$，禄在其中矣。君子$_{T回}$忧道不忧贫。"（卫灵公）

例5）a中，话题"师与商"依次延伸出两个话题"师"与"商"，随后话题从"商"回逆到"师"，之后发生述题延伸，延伸出话题"过"与"不及"。例5）b中，话题结构"君子谋道不谋食"的述题"食"和"道"分别延伸出话题"耕"和"学"，随后话题回逆到"君子"。

三、话题延伸、转移与回逆

这种情况仅 1 例：

6）季子然问："仲由、冉求$_{T原}$可谓大臣与？"子曰："吾以子$_{T转1}$为异之问，曾由与求之问。所谓大臣者$_{T伸}$，以道事君，不可则止。今$_{Ta转2}$由与求$_{Tb回}$也，可谓具臣矣。"曰："然则从之者与？"子曰："弑父与君$_{Tc转3}$，亦不从〔上级〕也。"（先进）

例6）中，首先是话题"仲由、冉求"转向话题"子"；随后发生述题延伸，延伸出话题"大臣"；之后话题转移到"今"，再回逆到"仲由、冉求"（以"由与求"回逆）；最后话题向"弑父与君"转移。

第七节 本 章 小 结

本章以话题为出发点，从话题延续、话题延伸、话题转移和话题回逆四个角度探讨了话题推进对《论语》篇章展开的作用。结果表明，这四种话题推进形式的单独使用或配合使用都能形成《论语》的独立篇章。但显而易见的是，完全依靠话题推进构成的篇章并不占绝对多数。据统计，《论语》实有篇章 512 例，除去与话题无关的篇章 41 例，纳入我们考察范围的篇章是 471 例。其中完全依靠话题推进构成的篇章有 257 例，只占总数的约 55%。我们推测，如果不是《论语》的篇章大多篇幅短小的话，这个比例会低得多，而在剩下的 214 例中，话题推动篇章展开的作用比较有限，通常须借助其他手段，主要是借助不包含话题结构的独立小句。聂仁发（2002：57）也指出，这类独立小句在篇章中发挥"起""承""结"的作用，以"增强语篇内部关联，构成语篇整体"。在《论语》中，借助独立小句与四种话题推进形式相互配合来构成的篇章比比皆是（独立小句下加双横线）。例如：

1）a. 陈子禽谓子贡曰："子为恭也，仲尼$_{T原}$岂贤于子$_{T转1}$乎？"子贡曰："君子$_{Ta转2}$一言$_{Tb1转3}$以为知，一言$_{Tb2转4}$以为不知，言不可不慎也。夫子之不可及也$_{T伸1}$，犹天之不可阶而升也。夫子之得邦家者$_{T伸2}$，所谓立之斯立，道之斯行，绥之斯来，动之斯和。其生也$_{T伸3}$荣，其死也$_{T伸4}$哀，如之何其可及也？"（子张）

b. 宰我问曰："仁者$_{T原}$，虽告之曰：'井有仁焉。'其从之也？"子曰："何为其然也？君子$_{T伸}$可逝也，不可陷也；可欺也，不可罔也。"（雍也）

c. 子游问孝。（子游问："什么是孝？"）子曰："今之孝者$_{T原}$，是谓能养。至于犬马$_{T转}$，皆能有养；不敬，何以别乎？"（为政）

例1）的各独立小句分别在 3 个篇章中发挥"起""承""结"的作用。通常篇章越大，篇章对这种独立小句的依赖性越大，独立小句的数量也会相应增加。例如：

2）舜$_{T原}$有臣五人而天下治。武王曰："予有乱臣十人。"孔子曰："才难，不其然乎？唐虞之际$_{T转1}$，〔才〕于斯为盛。[武王]$_{T转2}$有妇人焉，九人而已。[文王]$_{Ta转3}$三分天下$_{Tb4}$有其二，以服事殷。周之德$_{T伸}$，其可谓至德也已矣。"（泰伯）

至于《论语》中少有的几个大篇章，分析起来会更加烦琐。由于独立小句与四种话题推进形式相互配合以推进篇章展开这一问题相当复杂，超出了本书的研究范围，我们在此仅举例说明，不做进一步探讨。

第八章 《论语》的话题化

"话题化"（topicalization）是一种语用现象，指的是"让某个本来处于句中位置的成分移到句首 S/S′位置，成为话语平面上的话题或次话题（sub-topic）"（袁毓林，1996：247）。本章从话题化的实现方式及语用动因两个方面来考察《论语》的话题化问题。

第一节 《论语》话题化的实现方式

前文我们将《论语》话题分为无标记话题和有标记话题两种基本类型。无标记话题是在至少两个小句间通过选取原则得以确认的。也就是说，在先行词被回指对象回指后，先行词若在小句主语位置，先行词成为话题；先行词若不在这一位置而回指对象在这一位置，回指对象就成为话题。例如：

1）a. 君子 $_{Ti}$ 以文会友，$Ø_i$ 以友辅仁。（颜渊）

  b. 君命召〔孔子〕$_i$，$Ø_{Ti}$ 不俟驾行矣。（乡党）

例1）中，a 是先行词"君子"作话题，b 是回指对象"孔子"作话题（话题为零形式）。

可见无标记话题本身都位于小句句首，不存在话题化问题。话题化只发生在有标记话题中，但并非本书所确认的所有有标记话题都由话题化而来，因为话题化与成分移位有关。袁毓林（1996：247）将话题化的过程用公式表示如下：

$$S′→X+S[…Y…]$$

其中，S′代表主谓谓语句，即语用上的"话题—说明"结构（简称话题结构）；X 代表主谓谓语句的大主语，即语用上的显性话题；S 代表派生出 S′的作为基础的主谓句，它充当语用上的说明成分；Y 代表 S 中的某个空位或其代词形式，它跟 X 有语义的同标（co-index）关系。《论语》中能够前移的"X"类型丰富。据其与谓词核心的语义关系可分为两类：一类是"核心论元"，包括受事、与事、施事、主事、致事；一类是"外围论元"，包括时间、处所、关涉、范围、对象、工具、结果、受事/主事/施事降级宾语（袁毓林，2002：13）。

在《论语》中，话题化的最基本方式是句中成分前置并加话题标记；其次是句中成分移位成为话题。前者较后者话题化更明显，话题性更强。《论语》的话题化话题主要存在于单话题结构和多话题结构中，少数存在于降级话题结构中。

一、单话题结构的话题化

（一）成分前置+话题标记

前置成分主要是核心论元中的主事，也有受事、施事和致事；另有外围论元中的时间、范围、对象、关涉、施事/主事降级宾语。标记前置成分的前加、后附、合用话题标记都有使用。

1. 核心论元

（1）主事

标记主事分三类。

第一，后附性标记。例如：

2）a. 回$_i$也$_{Tei}$不愚。（为政）

　　b. 政$_i$者$_T$，$_{ei}$正也。（颜渊）

　　c. 予$_i$之$_{Tei}$不仁也！（阳货）

　　d. 礼$_i$云礼$_i$云$_T$，$_{ei}$玉帛云乎哉？（阳货）

3）a. 今之孝$_i$者$_T$，是$_i$谓能养。（为政）

　　b. 孝弟$_i$也者$_T$，其$_i$为仁之本与！（学而）

4）（不曰）坚$_i$乎$_T$，$_{ei}$磨而不磷。（阳货）

上例的主事从主位前置后，例2）在原位置留下空位，例3）留下代词，例4）同例2），只是"坚"在从句中话题化后作从句话题。

第二，前加性标记。主事前加提挈连词"夫""今夫"将其提起作话题。例如：

5）a. 夫三年之丧$_{Ti}$，$_{ei}$天下之通丧也。（阳货）

　　b 今夫颛臾$_{Ti}$，$_{ei}$固而近于费。（季氏）

第三，合用标记。例如：

6）若由$_i$也$_T$，$_{ei}$不得其死然。（先进）

（2）受事

标记受事的有前加性标记。例如：

7）a. <u>至于犬马</u>_{Ti}，皆能有养_{ei}。（为政）

   b. <u>若圣与仁</u>_{Ti}，则吾岂敢_{ei}？（述而）

8）〔<u>对于任何学问和事业</u>〕_{Ti}知之_i者不如好之_i者，好之_i者不如乐之_i者。（雍也）

上例的受事前置后，例7）在原位置留下空位，例8）留下代词。例8）的受事原本是主、宾语的修饰性成分，话题化后作独立话题结构的话题。

也有合用标记。例如：

9）<u>于予</u>_i_T何诛_{ei}？（公冶长）

（3）施事

标记施事的有后附性标记。例如：

10）a. <u>由</u>_i<u>也</u>_{Tei}升堂矣，未入于室也。（先进）

   b. <u>三家</u>_i<u>者</u>_{Tei}以《雍》彻。（八佾）

也有合用标记。例如：

11）<u>所谓大臣</u>_i<u>者</u>_T，_{ei}以道事君，不可则止。（先进）

（4）致事

标记致事的是后附性标记。例如：

12）<u>雍也</u>_{Ti}可使_{ei}南面。（雍也）

2. 外围论元

（1）时间

标记时间的是后附性标记。例如：

13）a. <u>乡也</u>_{Ti}吾_{ei}见于夫子而问知。（颜渊）

   b. <u>古者</u>_{Ti}民_{ei}有三疾。（阳货）

（2）范围

标记范围的有后附性标记。例如：

14）<u>女与回也</u>_{Ti}孰_{ei}愈？（公冶长）

也有前加性标记。例如：

15）<u>于斯三者</u>_{Ti}何_{ei}先？（颜渊）

（3）对象

标记对象的是后附性标记。例如：

16）赐也 Ti，始可与 ei 言《诗》已矣……（学而）

（4）关涉

标记关涉的是前加性标记。例如：

17）如其礼乐 Ti，ei 以俟君子。（先进）

（5）施事/主事降级宾语

"降级宾语"是袁毓林（1992：205-223）"降级述谓结构"理论的重要概念。"施事/主事降级宾语"即指"施事/主事"的配项，也就是它们的限定成分，句法上表现为定中偏正结构中的定语。下文提到的"受事降级宾语"是受事的限定成分。

标记施事/主事降级宾语的是后附性标记。例如：

18）a. 回也 Ti，其 i 心三月不违仁。（雍也）

　　b. 凤 i 兮凤 i 兮 T！ei 何德之衰？（微子）

例18）的话题中，a是施事降级宾语，b是主事降级宾语。

（二）成分移位

与前一种话题化方式相比，通过成分移位实现的话题化，其话题性不及前者强，但移位成分的类型却远远超过前者：核心论元中，有受事、与事、主事、致事；外围论元中，有时间/处所、关涉、范围、对象/工具/结果、受事/主事降级宾语。

1. 核心论元

（1）受事

受事移位是《论语》话题化的主要实现方式，有四种类型。

第一，受事移位后在原位置留下一个空位。例如：

19）a. 暴虎冯河，死而无悔者 Ti，吾不与 ei 也。（述而）

　　b. 夫子 Ti 固有惑志 ei 于公伯寮。（宪问）

例19）中，a是受事移位的典型情况；b是被动结构中受事移位。

第二，受事移位后在原位置留下一个回指代词。

回指代词主要是"之"。例如：

20）a. 不好犯上，而好作乱者 Ti，未之 i 有也。（学而）

　　b. 巧言、令色、足恭 Ti，左丘明耻之 i，丘亦耻之 i。（公冶长）

偶见用"诸""焉"及"之""焉"共现的。例如：

21）尔所不知 Ti，人其舍诸 i？（子路）

22）自行束脩以上 $_{Ti}$，吾未尝无诲焉 $_i$。（述而）

23）[人] $_{Ti}$ 众恶之 $_i$，必察焉 $_i$；众好之 $_i$，必察焉 $_i$。（卫灵公）

第三，受事移位后分别留下空位和回指代词。例如：

24）a. 法语之言 $_{Ti}$，能无从 $_{ei}$ 乎？改之 $_i$ 为贵。（子罕）

    b. 夏礼 $_{Ti}$，吾能言之 $_i$，杞不足征 $_{ei}$ 也。（八佾）

    c. [人] $_{Ti}$ 爱之 $_i$，能勿劳 $_{ei}$ 乎？忠焉 $_i$，能勿诲 $_{ei}$ 乎？（宪问）

第四，受事双重移位。此类较特殊，仅1例：

25）乐 $_{Ti}$ 其 $_i$ 可知 $_{ei}$ 也。（八佾）

例25）中，话题"乐"的话题化经历了两个过程：首先，"乐"作为受事前移至主语位置，同时在原位置留下一个空位；然后继续前移，在主语位置留下回指代词"其"。"乐"的双重话题化强化了它的话题性。

（2）与事

与事移位发生在双宾语结构中。支配双宾语的动词主要是称说类动词"谓"。例如：

26）a. 泰伯 $_{Ti}$，其可谓 $_{ei}$ 至德也已矣。（泰伯）

    b. 士 $_{Ti}$ 何如斯可谓之 $_i$ 达矣？（颜渊）

    c. 不教而杀 $_{Ti}$ 谓之 $_i$ 虐。（尧曰）

上例的与事可表事物或事件。与事移位后可在原位置留下空位，也可留下回指代词"之"，比较灵活。

还有称说类动词"称"。例如：

27）邦君之妻 $_{Ti}$，君称之 $_i$ 曰夫人，夫人自称 $_{ei}$ 曰小童；邦人称之 $_i$ 曰君夫人，称诸 $_i$ 异邦曰寡小君；异邦人称之 $_i$ 亦曰君夫人。（季氏）

上例的与事移位后留下回指代词"之""诸"和空位。

还有给予类动词。例如：

28）a. 中人以上 $_{Ti}$，可以语 $_{ei}$ 上也。（雍也）

    b. [人] $_{Ti}$ 可以托 $_{ei}$ 六尺之孤，可以寄 $_{ei}$ 百里之命。（泰伯）

例28）中，与事移位后都在述题中留下了空位。现代汉语在这种情况下不能留下空位，必须在述题中用代词回指前移的与事。杨伯峻（1980：61，80）就将a译为："中等水平以上的人，可以告诉他高深学问。"将b译为："可以把幼小的孤儿和国家的命脉都交付给他。"

（3）主事

主事移位后在原位置留下回指代词。主事为动词性结构、主谓结构和形容词性结构，表示事件。回指代词均为指示代词，主要是"是"。例如：

29）a. 过而不改_{Ti}，是_i谓过矣。（卫灵公）

　　b. 德之不修，学之不讲，闻义不能徙，不善不能改_{Ti}，是_i吾忧也。（述而）

　　c. 富与贵_{Ti}，是_i人之所欲也。（里仁）

另有"其""斯""然""夫"四个。例如：

30）a. 人而不为《周南》《召南》_{Ti}，其_i犹正墙面而立也与？（阳货）

　　b. 人而无信_{Ti}，不知其_i可也。（为政）

31）a. 攻乎异端_{Ti}，斯_i害也已。（为政）

　　b. 尊五美，屏四恶_{Ti}，斯_i可以从政矣。① （尧曰）

32）a. 文质彬彬_{Ti}，然_i后君子。（雍也）

　　b. 岁寒_{Ti}，然_i后知松柏之后凋也。（子罕）

33）内省不疚_{Ti}，夫_i何忧何惧？（颜渊）

例30）b 中，宾语从句中的主事"人而无信"通过"提升（raise）操作"（袁毓林，1996：245）前移至句首成为话题。

（4）致事

致事移位后在原位置留下一个空位。例如：

34）a. 仲由_{Ti}可使_{ei}从政也与？（雍也）

　　b. 民_{Ti}可使_{ei}由之，不可使_{ei}知之。（泰伯）

需要指出的是，在现代汉语中，致事话题化后在原位置留下的必须是回指代词而不是空位。例34）诸例杨伯峻（1980：58，81）分别译为：

35）a. 仲由这人，可以使用他治理政事吗？

　　b. 老百姓，可以使他们照着我们的道路走去，不可以使他们知道那是为什么。

2. 外围论元

（1）时间、处所

时间、处所存在于介宾结构中（就表层语义结构来看，时间宾语倾向于不用介词介引，处所宾语倾向于用介词介引），介宾结构在句中作状语。当它们前移后时间宾语往往在原位置留下空位，偶见留下回指代词的。例如：

---

① 何洪峰（2008：79）指出，该句中"可以从政矣"的"以"后出现了介词悬空，故可以将"尊五美，屏四恶"视为"以"字空位的同指宾语，但代词"斯"的出现使得"'以'字空位宾语几乎无回指意味了"，从而使"可以"语法化为助动词。我们信从这一点，不将"尊五美，屏四恶"看成是从"以"后前移而成的话题，而将其看成是由主事前移而成的话题。

36）a. 今$_{Ti}$女$_{ei}$画。（雍也）

　　b. 明日$_{Ti}$，子路$_{ei}$行以告。（微子）

37）唐虞之际$_{Ti}$，〔才〕于斯$_i$为盛。（泰伯）

处所宾语往往留下回指代词"焉"①，偶见留下空位的。例如：

38）a. 殷$_{Ti}$有三仁焉$_i$。（微子）

　　b. 十室之邑$_{Ti}$，必有忠信如丘者焉$_i$。（公冶长）

39）吾党$_{Ti}$有直躬者$_{ei}$。（子路）

例36）a、b 的时间宾语、例39）的处所宾语前移后都在原位置留下了空位。就深层语义结构而言，可将这一过程看成是介宾结构"于今""于明日""于吾党"整体前移，在原位置留下一个空位，然后删除介词"于"。

（2）关涉、范围

关涉、范围宾语存在于介宾结构中（就表层语义结构来看，倾向于不用介词介引），介宾结构作状语。当关涉、范围宾语移位至句首时在原位置留下一个空位。关涉宾语移位的，例如：

40）a. 禹$_{Ti}$，吾$_{ei}$无间然矣②。（泰伯）

　　b. 听讼$_{Ti}$，吾$_{ei}$犹人也。（颜渊）

范围宾语移位的，例如：

41）a. 弟子$_{Ti}$孰$_{ei}$为好学？（雍也）

　　b. 小子$_{Ti}$何莫$_{ei}$学夫诗？（阳货）

（3）对象、工具、结果

对象、工具、结果存在于介宾结构中。对象宾语由介词"与"介引，工具、结果宾语由介词"以"介引。这些存在于介宾结构中的宾语可以移位至句首，同时在原位置留下空位。对象宾语移位的，例如：

42）士志于道，而耻恶衣恶食者$_{Ti}$，未足与$_{ei}$议也。（里仁）

工具宾语移位的，例如：

43）温故而知新$_{Ti}$，可以$_{ei}$为师矣。（为政）

结果宾语移位的，例如：

44）事君尽礼$_{Ti}$，人以$_{ei}$为谄也。（八佾）

---

① 这里的"焉"严格讲是兼词，相当于"于此"，回指代词当为"此"（杨伯峻和何乐士，2001：21-22）。为方便起见，将回指代词的同标符号标在"焉"上。

② 介宾结构充当的状语在句中所处的位置在古代汉语和现代汉语中有区别，这里为方便起见，将介宾结构视为都置于谓语动词之前，故将介宾结构前移后留下的空位插在谓语动词之前，下同。

对象、工具、结果宾语的话题化导致的一个句法后果是"介词悬空（stranding）"。"介词悬空指介词所统辖的 NP 因某种句法程序而出现在句子的其他位置，不再与介词直接相连。"（刘丹青，2002：247）

我们认为对象宾语话题化导致的介词"与"的悬空始终只是一种临时的语用现象："与"字空位宾语的回指性很强，因此介词"与"未因其自身的悬空而与相邻结构成分跨层融合，形成包含"与"字的固化格式。在现代汉语中，这类"与"字的悬空已经不被允许，"与"的宾语必须出现，如例 42）杨伯峻（1980：37）译为："读书人有志于真理，但又以自己吃粗粮穿破衣为耻辱，这种人，不值得同他商议了。"

与此不同，例 43）中工具宾语话题化导致的介词"以"的悬空使"以"与其前助动词"可"跨层融合，词汇化为助动词"可以"；例 44）中结果宾语话题化导致的介词"以"的悬空使"以"与其后动词"为"跨层融合，词汇化为动词"以为"（何洪峰，2008：79-80）。因此在现代汉语中，我们已经察觉不到"以"字介词悬空的意味了，"可以""以为"都作为一个整体来使用。

（4）受事/主事降级宾语

受事/主事降级宾语可以移位至句首成为话题。移位后有的降级宾语在原位置留下空位，有的留下代词"其"。受事降级宾语移位的，例如：

45）a. 三军 $_{Ti}$ 可夺 $_{ei}$ 帅也。（子罕）

　　b. 父母 $_{Ti}$ 唯其 $_j$ 疾之忧。（为政）

主事降级宾语移位的，例如：

46）a. 三年之丧 $_{Ti}$，$_{ei}$ 期已久矣。（阳货）

　　b. 博学而笃志，切问而近思 $_{Ti}$，仁在其 $_j$ 中矣。（子张）

二、多话题结构的话题化

《论语》多话题结构中首要话题的话题化与单话题结构中话题的话题化基本相同，这里我们只分析次要话题、三级话题的话题化。

（一）成分前置+话题标记

1. Ta＞Tb 式双层话题结构中

（1）核心论元

有施事、主事、与事和受事。例如：

47）a.（昔者）偃 $_i$ 也 $_{Tbei}$ 闻诸夫子曰……（阳货）

b.（方六七十，如五六十，）求$_i$也$_{Tbei}$为之，（比及三年，可使足民。）（先进）

48）a.（仁者，）其言$_i$也$_{Tbei}$切。（颜渊）

b.（好仁不好学，）其蔽$_i$也$_{Tbei}$愚。（阳货）

49）（今）由与求$_i$也$_{Tb}$，可谓$_{ei}$具臣矣。（先进）

50）（回也非助我者也，）于吾言$_{Tbi}$无所不说$_{ei}$。（先进）

上例中，例47）—例49）前置的分别是施事、主事和与事，均被后附性标记标识；例50）前置的是受事，被前加性标记标识。

（2）外围论元

有时间、关涉宾语。例如：

51）（夫颛臾，）昔$_i$者$_{Tb}$先王$_{ei}$以为东蒙主，（且在邦域之中矣，是社稷之臣也。何以伐为？）（季氏）

52）（由也果，）于从政$_i$乎$_{Tb}$何$_{ei}$有？（雍也）

例51）前置的是时间宾语，被后附性标记标识；例52）前置的是关涉宾语，被合用标记标识。

2. Ta＞Tb＞Tc 式三层话题结构中

这种话题结构中没有前置而来的 Tb，只有受事降级宾语前置成为 Tc。例如：

53）（始吾）于人$_i$也$_{Tc}$，听其$_i$言而信其$_i$行。（公冶长）

上例中，受事降级宾语"人"前置后在原位置留下回指代词"其"，同时被合用标记标识。

（二）成分移位

1. Ta＞Tb 式双层话题结构中

（1）核心论元

主要是受事。例如：

54）a.（[人]）小$_{Tbi}$不忍$_{ei}$，则乱大谋。（卫灵公）

b.（吾日三省吾身——为人谋而不忠乎？与朋友交而不信乎？）传$_{Tbi}$不习$_{ei}$乎？（学而）

c.（[尔]）四体$_{Tb1i}$不勤$_{ei}$，五谷$_{Tb2j}$不分$_{ej}$。（微子）

也有主事。例如：

55）a.（孟庄子之孝也，其他可能也；）<u>其不改父之臣与父之政</u> Tb2i，是 i 难
　　　能也。（子张）

　　　b.（[孔子]）<u>食</u> Tb1i 不厌 ei 精，<u>脍</u> Tb2j 不厌 ej 细。（乡党）

例 55）的主事前移后，a 在原位置留下回指代词"是"；b 留下两个空位。b
中"食""脍"分别从宾语从句当事位置通过"提升操作"前移至 Ta 后作 Tb。

还有致事。例如：

56）（叶公问政。（叶公问："一个人怎样去治理国家？"））子曰："<u>近
　　者</u> Tb1i 悦 ei，<u>远者</u> Tb2j 来 ej。"（子路）

（2）外围论元

主要是工具、结果。例如：

57）a.（《诗》三百，）<u>一言</u> Tbi 以 ei 蔽之。（为政）

　　　b.（吾道）<u>一</u> Tbi 以 ei 贯之。（里仁）

58）a.（令尹子文三仕为令尹，无喜色；三已之，无愠色。）<u>旧令尹之政</u> Tbi，
　　　必以 ei 告新令尹。（何如？）（公冶长）

　　　b.（君子）<u>一言</u> Tb1i 以 ei 为知，<u>一言</u> Tb2j 以 ej 为不知。（子张）

还有受事降级宾语，例如：

59）（由也，）<u>千乘之国</u> Tbi，可使治其 i 赋也。（公冶长）

以及主事降级宾语。例如：

60）（[武王]）<u>三分天下</u> Tbi 有其 i 二，（以服事殷。）（泰伯）

例 59）、例 60）的降级宾语移位后均在原位置留下回指代词"其"。

有时核心论元、外围论元在一个多话题结构中同时移位成为 Tb。例如：

61）（君子不以绀緅饰，）<u>红紫</u> Tb1i 不以 ei 为亵服。当暑，袗绤绤，必表而
　　　出之。<u>缁衣</u> Tb2j，〔以 ej 配〕羔裘；<u>素衣</u> Tb3k，〔以 ek 配〕麑裘；<u>黄衣</u> Tb4l，
　　　〔以 el 配〕狐裘。亵裘长，短右袂。必有寝衣，长一身有半。<u>狐貉之厚</u> Tb5m
　　　以 em 居。去丧，无所不佩。<u>非帷裳</u> Tb6n，必杀之 n。<u>羔裘玄冠</u> Tb7o 不 eo
　　　以吊。<u>吉月</u> Tb8p，必 ep 朝服而朝。（乡党）

例 61）中有 8 个话题化而来的 Tb，其中 Tb6 是受事，Tb1 是材料，Tb8 是时
间，其他均为工具。

2. Ta＞Tb＞Tc 式三层话题结构中

这种话题结构中移位而来的 Tb、Tc 都很少见。

核心论元中没有移位成为 Tb 的，成为 Tc 的只有受事。例如：

62）（莫春者，[吾]）春服 $_{Tci}$ 既成 $_{ei}$，（冠者五六人，童子六七人，浴乎沂，风乎舞雩，咏而归。）（先进）

外围论元中，结果宾语移位成为 Tb，工具宾语移位成为 Tc。例如：

63）（君子）义 $_{Tbi}$ 以 $_{ei}$ 为质，礼 $_{Tc1j}$ 以 $_{ej}$ 行之，孙 $_{Tc2k}$ 以 $_{ek}$ 出之，信 $_{Tc3l}$ 以 $_{el}$ 成之。（卫灵公）

例 63）中，宾语移位后均在原位置留下空位。

三、降级话题结构的话题化

这种话题结构中的话题化有两种情况。

（一）T1 话题化

T1 由主事、系事、处所移位而来。例如：

64）君子正其衣冠，尊其瞻视，俨然人望而畏之 $_{T1i}$，斯 $_i$ 不亦威而不猛乎？（尧曰）

65）用之则行，舍之则藏 $_{T1i}$，唯我与尔有是 $_i$ 夫！（述而）

66）礼之用，和为贵 $_{T1i}$。先王之道，斯 $_i$ 为美。（学而）

上例的成分移位后均在原位置留下回指代词。

（二）T1、T2 均话题化

例如：

67）其言 $_j$ 也 $_{T2ej}$ 讱 $_{T1i}$，斯谓之 $_i$ 仁已乎？（颜渊）

68）克、伐、怨、欲 $_{T2j}$ 不行焉 $_{jT1i}$，可以 $_{ei}$ 为仁矣？（宪问）

69）一言 $_{T2j}$ 而可以 $_{ej}$ 兴邦 $_{T1i}$，有诸 $_i$？（子路）

上例的 T1 分别由与事、结果、系事移位而来；T2 分别由主事、受事、工具移位而来。例 67）中 T2 有后附性标记。

第二节　《论语》话题化动因

一般而言，话题化与话语信息表达相关，即言者要以什么为话题。书面语中表现为在一个篇章中以什么为话题。

篇章由两个或两个以上的小句构成。从生成语法的观点来看，这些小句的基础形式都是主谓句，可表示为"NP·VP"。以"V"为核心，分布着施事、受事等核心论元，还有时间、处所、工具、对象、关涉、结果、范围、材料等外围论元。

小句进入篇章后，其基础形式可根据表达需要作出调整。就话题化而言，调整的途径就是让小句的相关句法成分前移至句首或句首与"V"之间的位置。因此我们认为，《论语》话题化的语用动因是篇章中凸显话题的需要。主要表现在如下几个方面。

一、衔接与连贯篇章

衔接与连贯是篇章的基本构成原则和重要特征（廖秋忠，1987：373；郑贵友，2002：78），因此为了实现篇章的衔接与连贯，某些成分会话题化而成为话题。这种情况在《论语》中很常见，能够话题化的成分也比较多。由于在《论语》中篇章的衔接与连贯表现形式丰富多样，相应地，相关成分话题化的语用动因也比较复杂，归纳起来主要有七个方面。

（一）统率话题链

从句法层面来看，一个小句中的句法成分通常只在它所处的小句中起作用，对其他小句不起作用。但为了篇章的衔接与连贯，有时要将若干相关小句结成话题链。此时某些句法成分须话题化，以突破单一小句的界限来统率整个话题链。例如：

1）a. 由 $_i$ 也 $_{Tei}$ 升堂矣，$_{ei}$ 未入于室也。（先进）

  b. 赐 $_i$ 也 $_{Taei}$ 达，$_{ei}$ 于从政乎 $_{Tb}$ 何有？（雍也）

  c. [人] $_{Ti}$ 爱之 $_i$，能勿劳 $_{ei}$ 乎？忠焉 $_i$，能勿诲 $_{ei}$ 乎？（宪问）

（二）保持话题一致

相邻小句的主事或施事与受事同指时，语用上强制要求该同指成分在话题链链首作话题。这时同指成分是受事的小句为与另一小句的话题（由主事或施事充当）保持一致，其受事须话题化。例如：

2）a. [人] $_{Ti}$ 四十、五十而 $_{ei}$ 无闻焉，斯亦不足畏 $_{ei}$ 也已。（子罕）

  b. [人] $_{Tai}$ 年四十而见恶 $_{ei}$ 焉，（其终也已。）（阳货）

3）子_{Ti} 畏于匡，_{ei} 曰："……"（子罕）

上例中，例2）的后一小句受前一小句的制约而话题化；例3）的前一小句受后一小句的制约而话题化。

（三）保持结构整齐

主要发生在并列结构中，有两种情况。

一是前一小句某成分话题化后，后一小句对应成分为保持结构一致，跟着话题化。例如：

4）a. 巧言、令色、足恭_{Ti}，左丘明耻之_i，丘亦耻之_i。匿怨而友其人_{Tj}，左丘明耻之_j，丘亦耻之_j。（公冶长）

b. 三军_{Ti}可夺_{ei}帅也，匹夫_{Tj}不可夺_{ej}志也。"（子罕）

5）见善如不及，见不善如探汤_{Ti}。（吾见其_i人矣，吾闻其_i语矣。）隐居以求其志，行义以达其道_{Tj}。（吾闻其_j语矣，未见其_j人也。）（季氏）

二是前一小句未话题化，后一小句话题化只为在结构上与前一小句保持一致。例如：

6）君子_T笃于亲，则民兴于仁；故旧_{Ti}不遗_{ei}，则民不偷。（泰伯）

7）（吾日三省吾身——）为人谋而不忠乎？与朋友交而不信乎？传_{Ti}不习_{ei}乎？"（学而）

例6）中，小句"民不偷"是"NP 不 V"结构；小句"故旧不遗"的基础形式是"君子不遗故旧"，与"民不偷"结构不一致。为使这两个小句结构一致，受事宾语"故旧"须话题化。例7）中，"为人谋而不忠乎"中动词"忠"没带受事宾语，"与朋友交而不信乎"中动词"信"不能带受事宾语。为与前面的结构保持一致，第三小句的受事宾语"传"话题化而成为"传不习乎"。

（四）使潜在话题成为现实话题

当小句导入一个新的指涉对象（下加着重号）时，若该对象在随后的小句中不占据施事/主事位置，只能算一个潜在话题。要使其成为话题，须将其话题化。这种动因通常导致受事话题化。例如：

8）a. 君子之德风，小人之德草。草_{Ti}上之_i〔以〕风，必偃。（颜渊）

b. <u>若圣与仁</u> _{Ti}，则吾岂敢 _{ei}？^①（述而）

c. 民之于仁也，甚于水火。<u>水火</u> _{Ti}，吾见蹈 _{ei} 而死者矣，未见蹈仁而死者
也。（卫灵公）

也可导致工具、结果、关涉宾语话题化。例如：

9）小子何莫学夫诗？<u>诗</u> _{Tai}，可以 _{ei} 兴，可以 _{ei} 观，可以 _{ei} 群，可以 _{ei} 怨。（迩
之事父，远之事君；多识于鸟兽草木之名。）（阳货）

10）冉有、季路见于孔子曰："季氏将有事于颛臾。"（孔子曰："求！无
乃尔是过与？）<u>夫颛臾</u> _{Tai}，昔者先王以 _{ei} 为东蒙主……"（季氏）

11）季康子问："仲由可使从政也与？"（子曰："由也果，）<u>于从政</u> _i <u>乎</u> _{Tb}
何 _{ei} 有？"（雍也）

（五）回溯前文以延展语义链（相关的前文下加着重号）

有些成分如果不发生话题化而是按其在基础形式中的顺序出现，会导致前后
文语义中断。为保证语义贯通，这些成分须发生话题化，以呼应前文。呼应的方
式包括对前文进行重复或提出与其相关或相反的内容等。例如：

12）a. 子路问君子。子曰："修己以敬。"曰："如斯而已乎？"曰："修
己以安人。"曰："如斯而已乎？"曰："修己以安百姓。<u>修己以安
百姓</u> _{Ti}，尧舜其犹病诸 _i？"（宪问）

b. 子张学干禄。子曰："多闻阙疑，慎言其余，则寡尤；多见阙殆，慎
行其余，则寡悔。<u>言寡尤，行寡悔</u> _{Ti}，禄在其 _i 中矣。"（为政）

13）a. 其为人也孝弟，而好犯上者，鲜矣；<u>不好犯上，而好作乱者</u> _{Ti}，未之 _i
有也。（学而）

b. 今之孝者，是谓能养〔爹娘〕。<u>至于犬马</u> _{Ti}，皆能有养 _{ei}。（为政）

14）仲弓为季氏宰，问政。子曰："先有司，赦小过，举贤才。"曰："焉知
贤才而举之？"子曰："举尔所知；<u>尔所不知</u> _{Ti}，人其舍诸 _i？"（子路）

---

① 程树德（1990：500）曰：

《四书辨疑》：章首疑有阙文。晁氏谓当时有称夫子圣且仁者，其说良是……《群经平议》：圣
与仁，犹言智与仁也。子贡曰："学不厌，智也。教不倦，仁也。"盖诸弟子之称夫子如此。孔子闻
之而不敢居仁智之名，故曰："若圣与仁，则吾岂敢？抑为之不厌，诲人不倦，则可谓云尔已矣。"
我们据此认为"圣与仁"在前文已有提及，但不是话题，此处通过话题化成为话题。

（六）简练有效地衔接语义

这是就介宾结构中工具、对象、结果、材料宾语的话题化而言的（何洪峰，2008：76）。介词的功能是将这些宾语引介给动词。若使上述宾语组成的介宾结构与动词衔接紧密，以求表达简练又表意完足，须使这些宾语话题化。工具宾语话题化的，例如：

15）a. 父母之年 Ti，（不可不知也。）一则以 ei 喜，一则以 ei 惧。（里仁）

b.（《诗》三百，）一言 Tbi 以 ei 蔽之。（为政）

c. 一言 T2i 而可以 ei 兴邦，（有诸？）（子路）

对象宾语话题化的，例如：

16）a. 赐也 Ti，始可与 ei 言《诗》已矣……（学而）

b. [人]Ti 可与 ei 共学，未可与 ei 适道；可与 ei 适道，未可与 ei 立；可与 ei 立，未可与 ei 权。（子罕）

结果宾语话题化的，例如：

17）a. 事君尽礼 Ti，人以 ei 为谄也。"（八佾）

b.（令尹子文三仕为令尹，无喜色；三已之，无愠色。）旧令尹之政 Ti，必以 ei 告新令尹。何如？（公冶长）

材料宾语话题化的，例如：

18）（君子不以绀緅饰，）红紫 Tbi 不以 ei 为亵服……（乡党）

上例中，工具、对象、结果、材料宾语话题化后，相关介词的空位宾语就可通过与话题的回指来确保介词将相关宾语引介给动词，同时简化介宾结构与动词的衔接，使二者在线性距离上紧邻。

（七）衔接话轮实现结构转换

在对话中，答话人往往须针对问话人的疑问点作答，且要将对疑问点的回答作为最重要的信息率先说出，随后补出答语的剩余部分。这种语用要求有时会导致某些句法成分话题化[1]。例如：

19）子路曰："子行三军，则谁与？"子曰："暴虎冯河，死而无悔者 Ti，

---

[1] 主谓倒置话题结构也是将重要信息率先说出，随后补出剩余部分，但该结构并非针对疑问点的答语，而是针对某一行为、情况或现象的主观评价。例如，樊迟从游于舞雩之下，曰："敢问崇德，修慝，辨惑。"子曰："善哉问！……"（颜渊）显然主谓倒置话题结构不是句法成分话题化的结果，因此要将其与这里谈到的情况区分开来。

吾不与 ₑᵢ 也。（述而）

20）曰："然则从之者与？"子曰："弑父与君 ₜᵢ，ₑᵢ 亦不从〔上级〕也。"
（先进）

例19）中，问句是特指问。答话人针对"子行三军，则谁与？"的疑问，率先对疑问点"谁"作出回答，随后补出答语的剩余部分，导致受事宾语"暴虎冯河，死而无悔者"话题化。例20）中，问句为是非问。答话人先提出一种情况，作为最重要的信息，随后加以否定，导致关涉宾语话题化。

二、凸显话语信息中心

这种情况通常发生在篇章的始发句中，话题化成分主要是受事。例如：

21）a. 夏礼 ₜᵢ，吾能言之 ᵢ，杞不足征 ₑᵢ 也。（八佾）

    b. 君子 ₜᵢ 易事 ₑᵢ 而难说 ₑᵢ 也。（说之不以道，不说也；及其使人也，器之。）（子路）

也有主事和与事。例如：

22）赐也 ₜᵢₑᵢ 何如？（公冶长）

23）邦君之妻 ₜᵢ，君称之 ᵢ 曰夫人，夫人自称 ₑᵢ 曰小童；邦人称之 ᵢ 曰君夫人，称诸 ᵢ 异邦曰寡小君；异邦人称之 ᵢ 亦曰君夫人。（季氏）

还有关涉宾语和受事降级宾语。例如：

24）禹 ₜᵢ，吾 ₑᵢ 无间然矣。菲饮食而致孝乎鬼神，恶衣服而致美乎黻冕；卑宫室而尽力乎沟洫。（泰伯）

25）骥 ₜᵢ 不称其 ᵢ 力，ₑᵢ 称其 ᵢ 德也。（宪问）

三、提供事件展开的时空框架

这是专门就时间、处所宾语话题化而言的。在句法层面，时间、处所宾语是外围论元，与介词组合在句中作状语。如果要描述一个事件在时空中的展开，就要将其话题化，使之成为事件展开的参照框架。例如：

26）a. 乡也 ₜᵢ 吾 ₑᵢ 见于夫子而问知。（颜渊）

    b. 莫春者 ₜₐᵢ，〔[吾]ₑᵢ 春服既成，冠者五六人，童子六七人，浴乎沂，风乎舞雩，咏而归。）（先进）

27）a. 殷 ₜᵢ 有三仁焉 ᵢ。（微子）

    b. 吾党 ₜᵢ 有直躬者 ₑᵢ。（子路）

四、遵循线性增量及单一新信息限制原则

这是就下列话题结构而言的：

28）以不教民战 $_{Ti}$，是 $_i$ 谓弃之。（子路）

例28）的主事话题化时在原位置留下回指代词"是"。在说明主事"以不教民战"的话题化是线性增量原则及单一新信息限制原则共同作用的结果之前，我们先对这两个原则予以交代。

线性增量原则指的是"说话的自然顺序要从旧信息说到新信息。随着句子推进，线性顺序靠后的成分比靠前的成分提供更多的新信息"（方梅，2005：166）。单一新信息限制（one-new-concept constraint）原则是指"一个语调单位所能传达的新信息通常不超过一个，即'一次一个新信息'"（方梅，2005：167）。在理解单一新信息限制原则时还涉及"语调单位"这一概念。所谓语调单位，指的是"任何一个自然语调框架内所发出的言语串，是一个相对独立的韵律单位，同时也是一个基本的表达单位。语调单位所承载的信息容量和信息状态，反映了大脑处理信息的过程"（方梅，2005：167）。

下面我们以例28）为例来具体说明线性增量原则和单一新信息限制原则是如何导致"以不教民战"之类的当事主语话题化的。

"以不教民战，是谓弃之"话题化之前的基础形式是"以不教民战谓弃之"，即"以不教民战"这个述谓形式作小句主语。问题是，根据线性增量原则，说话应从旧信息到新信息，而在"以不教民战谓弃之"中，靠后的"谓弃之"毫无疑问是新信息；"以不教民战"作为一个述谓形式，自然也是新信息。这一点可通过比较得知，因为话语里要传达新信息的时候，说话人会采用一种比较完整或繁复的结构形式表达这个概念。反之，如果说话人要传达的是一个旧信息，通常会采用一种结构比较简单的轻形式（方梅，2005：167）。那么，此时"以不教民战谓弃之"的信息格局就成了"新信息—新信息"。这显然与"旧信息—新信息"的线性增量原则不符。如何解决这一矛盾呢？这时单一新信息限制原则就起作用了。在单一新信息限制原则看来，一个语调单位所传的新信息通常不超过一个。"如果说话人要传达两个或更多的新信息，就会把它们拆开，使之成为各自独立的语调单位。"（方梅，2005：167）拿"以不教民战谓弃之"来说，"以不教民战"和"谓弃之"都是新信息，二者共存于一个语调单位。这显然违背了一个语调单位通常只传达一个新信息的限制，此时必须将它们"拆开"，成为两个语调单位。这一调整过

程表现在句法上就是作主语的"以不教民战"前移至句首，然后在原位置留下一个回指代词"是"与之复指。这一句法调整过程在语用上的反映就是当事"以不教民战"话题化。

除例 28）外，《论语》中类似的主事话题化还有 25 例。话题化后留下的回指代词主要是"是"。例如：

29）a. 吾无行而不与二三子者 $_{Ti}$，是 $_i$ 丘也。（述而）

    b.（子游问孝。）今之孝 $_i$ 者 $_T$，是 $_i$ 谓能养。（为政）

也有"其""斯""然""夫"。例如：

30）孝弟 $_i$ 也者 $_T$，其 $_i$ 为仁之本与！（学而）

31）因民之所利而利之 $_{Ti}$，斯 $_i$ 不亦惠而不费乎？（尧曰）

32）岁寒 $_{Ti}$，然 $_i$ 后知松柏之后凋也。（子罕）

33）内省不疚 $_{Ti}$，夫 $_i$ 何忧何惧？（颜渊）

例 29）中，b 的主事"今之孝"不是述谓形式，但它是对"子游问孝"这一问句作答的一部分，其中的"今"提供了新信息，因此线性增量原则和单一新信息限制原则在此同样起作用。不过像这样的名词性主事话题化并不多见。

第三节 本 章 小 结

本章考察了《论语》话题化的实现方式及动因。研究表明，话题化涉及成分移位，因此无标记话题与话题化无关，只有部分有标记话题来自话题化。其实现方式可表示为：$S' \to X + S[\cdots Y \cdots]$。

《论语》话题化的实现方式有两种：①成分前置并加话题标记；②成分移位。前者较后者话题化更明显，话题性更强。

《论语》话题化话题分布在单话题结构、多话题结构和降级话题结构中：①单话题结构中，核心论元受事、主事、与事、致事、施事及外围论元时间、处所、关涉、范围、对象、工具、结果、受事/主事/施事降级宾语均可话题化。②多话题结构中，首要话题的话题化与单话题结构中基本相同，因此我们只考察了次要话题和三级话题的话题化。核心论元受事、主事、与事、致事、施事及外围论元时间、工具、结果、材料、关涉、受事/主事降级宾语可话题化为 Tb；核心论元受事及外围论元工具、受事降级宾语可话题化为 Tc。③降级话题结构中，核心论元主事、与事、系事及外围论元处所、结果可话题化为 T1；核心论元受事、主事及外围论元工具可话题化为 T2。

　　《论语》相关成分话题化的动因可概括为篇章中凸显话题的需要。主要表现在衔接与连贯篇章方面，具体是为了统率话题链，保持话题一致，保持结构整齐，使潜在话题成为现实话题，回溯前文以延展语义链，简练有效地衔接语义，衔接话轮实现结构转换。同时还具有凸显话语信息中心、提供事件展开的时空框架、遵循线性增量及单一新信息限制原则的动因。

第九章　结　　语

汉语话题结构研究历经六十多年的探索，取得了丰硕成果，极大地开拓了汉语研究的视野，汉语也成了"话题优先"语言的典型代表。但迄今为止的研究都主要集中在现代汉语领域，古代汉语中的话题结构研究尚不多见，且成果零散、未成体系。本书选取上古时期重要文献《论语》作为研究对象，从篇章角度对其话题结构进行封闭性研究，旨在探讨话题在该书中的具体表现及其功能，为管窥古代汉语话题结构的全貌提供专书性质的参考。

本书系统考察了《论语》的话题构成、话题特征、话题链、话题推进及话题化诸问题，得出了如下结论。

一、《论语》的话题分布及《论语》话题的语法结构

1.《论语》的话题分布

《论语》的话题主要分布在独立话题结构中，少数分布在非独立的降级话题结构及内嵌话题结构中。独立话题结构中，又以分布在单话题结构中的为主；分布在多话题结构中的相对较少，但情况复杂，有两种类型：①Ta＞Tb 式；②Ta＞Tb＞Tc 式。Tc 较少见。

2.《论语》话题的语法结构

《论语》的话题可由代词、名词及其结构、动词及其结构、形容词及其结构、主谓结构、假设分句、复句、句群来充当。前 3 种属指称类结构，后 8 种属陈述类结构。指称类结构类型单一，但充当话题的倾向强烈；陈述类结构类型繁多，充当话题的倾向却很弱。这导致了《论语》话题以指称类结构为主、兼有陈述类结构的分布格局。

二、《论语》话题的显著特征

1. 句法方面

（1）前置性

单话题结构中有两种情况：话题在最前端；话题前有话题标记、关联词、范

围副词等。

多话题结构中有两种情况：①在 Ta＞Tb 式双层话题结构中：Ta、Tb 连用，Ta 在最前端；Ta、Tb1 连用，Ta 在最前端；Ta、Tb 间有述题隔开，Ta 在最前端；Ta 前有话题标记。②在 Ta＞Tb＞Tc 式三层话题结构中：Ta、Tb、Tc 连用，Ta 在最前端；Ta、Tb 连用，与 Tc 间有述题隔开，Ta 在最前端；Ta、Tb、Tc 间均有述题隔开，Ta 在最前端。

有两种话题未前置现象，分别出现在主谓倒置结构和比较结构中。在主谓倒置结构中，话题在述题之后。这是一种语用现象，其语用动因是重要信息先说、次要信息后说的会话心理。在比较结构中，后项话题不能前置。这是句法强制的结果。

（2）共享性

《论语》中所有无标记话题及部分有标记话题具有共享性。由于《论语》所代表的上古汉语中第三人称代词作主语极罕见，因此与现代汉语中"名词组→代名词→零形式"的话题共享方式不同，《论语》中话题共享的方式主要是"名词组→零形式"。

（3）标记性

《论语》中带话题标记的话题为数不多，但广泛分布在各种话题结构中，主要是后附性话题标记"也"，其次是前加性话题标记和合用话题标记。

（4）可省性

分承语境省略和承前蒙后省略两种。承语境省略的话题中，类指话题"人"和指人专名"孔子"省略频率最高。话题的可省性特征是话题的最高可预期性在句法上的体现。

2. 语义方面

《论语》话题在语义上主要表现为两个特征。

（1）有定或类指

《论语》话题据语义可分为有定话题、类指话题、指称化话题三类。有定话题与类指话题在话题指称类型与结构类型的匹配上倾向明显：有定话题以专有名词为主，类指话题以一般名词为主。

（2）论元或非论元

《论语》话题据其与谓词的语义关系可分为两类：①论元话题，包括施事话题、受事话题、致事话题、主事话题和与事话题。②非论元话题，有话题是谓词某论元的领属格、话题是外围成分、话题与谓词间无语义选择关系三类。第一类与谓词关系最近，第二类次之，第三类最远。

3. 信息方面

主要表现为话题是已知信息。已知信息分两种：①言听双方的共知信息，包括存在于言听双方共同知识背景中的信息、前文出现的信息和现场性信息。②文本提及的相关信息。这类信息被已提及信息间接激活后成为话题。第一种已知信息最易作话题，第二种也能作话题，但已知性不如前者。

三、《论语》的话题链和话题链组

话题链是构成篇章的基本功能单位，具有重要的篇章功能，话题链组是较话题链高一级的篇章功能单位。《论语》中的零形回指是歧义形式，分为零形回指 1 和零形回指 2。零形回指 1 用于衔接小句、构成话题链；零形回指 2 相当于第三人称代词。非主位回指代词衔接而成的小句串应视为话题链。

《论语》话题链可界定如下：

> 话题链是以同质性为基础建构语篇的基本功能单位，是一个至少由两个小句衔接起来的小句串。该小句串在主语位置以 ZA（零形回指）衔接，在非主语位置以 ZA（零形回指）或 PA（代词性回指）衔接。ZA、PA、NA 三者之间具有同指关系。话题链中可能内嵌其他非同指话题引领的子链。

《论语》话题链分为单话题单链、多话题单链、降级话题链、主子话题链四类。话题链通过零形回指或代词性回指衔接小句而成。各种衔接方式对话题链构成产生影响。影响大小可表示为：

零形回指（主位/兼语位）＞代词性回指/零形回指（宾位）＞代词性回指/零形回指（定位）

《论语》话题链是篇章构成的基本功能单位，具有重要的篇章功能。话题链主要出现在篇章主体中，传达核心信息，具有陈述本话题和引入新话题的功能；部分话题链出现在篇章的背景部分，具有为篇章主体补充外围信息的功能。

"话题链组"指通过主位第三人称代词或零形回指 2 衔接起来的、用于陈述同一话题的若干话题链的组合。它是比话题链高一级的篇章功能单位，对话题的陈述能力比话题链更强，提供的信息量也更大。

四、《论语》的话题推进

话题推进是《论语》篇章展开的主要动力，独立小句对篇章展开也起重要作用。《论语》篇章得以展开，主要依赖话题延续、话题延伸、话题转移、话题回逆四种话题推进形式。四种形式的单独使用或配合使用所形成的独立篇章占《论语》独立篇章总数的 55%。这表明话题推进对《论语》篇章的展开起关键作用。

要使篇章展开得更充分，形成较大篇幅，还须借助其他手段，主要是借助不包含话题结构的独立小句。独立小句在篇章构成中发挥"起""承""结"的作用。它与话题推进形式相结合，以增强语篇内部关联，构成语篇整体。篇章的篇幅越大，对独立小句的依赖性越强。

五、《论语》的话题化

《论语》的话题化有两种实现方式，其动因是凸显话题的需要。

话题化涉及成分移位，与无标记话题无关，只有部分有标记话题来自话题化。其实现方式可表示为：$S' \rightarrow X+S[\cdots Y\cdots]$。话题化的最基本实现方式是成分前置并加话题标记，其次是成分移位。前者较后者话题化更明显，话题性更强。话题化话题分布在单话题结构、多话题结构和降级话题结构中。

在单话题结构中，核心论元受事、主事、与事、致事、施事及外围论元时间、处所、关涉、范围、对象、工具、结果、受事/主事/施事降级宾语可话题化。在多话题结构中，首要话题的话题化与单话题结构中基本相同；次要话题中，核心论元受事、主事、与事、致事、施事及外围论元时间、工具、结果、材料、关涉、受事/主事降级宾语可话题化为 Tb；三级话题中，核心论元受事及外围论元工具、受事降级宾语可话题化为 Tc。在降级话题结构中，核心论元主事、与事、系事及外围论元处所、结果可话题化为 T1；核心论元受事、主事及外围论元工具可话题化为 T2。《论语》相关成分话题化的动因是篇章中凸显话题的需要，表现在衔接与连贯篇章、凸显话语信息中心、提供事件展开的时空框架、遵循线性增量及单一新信息限制原则四个方面。

六、结论

本书力图在《论语》中实践现代话题理论，检验理论的效用，比较古今汉语的异同。通过对《论语》话题结构基本面貌的勾勒，本书得出以下四个基本结论。

1. 《论语》话题结构的基本面貌反映了先秦语录体文本的显著特征

具体体现为话题标记使用频繁，尤其是后附性提顿词使用频率高；零形式使用频繁，第三人称代词罕见；话题承语境或上下文省略频繁；往往通过话轮转换实现话题转移；通常情况下，话题推进基本形式的单独使用即可构成独立篇章。

2. 现代话题理论基本适用于《论语》，但《论语》有其特殊性

本书以原型性话题理论为背景，讨论《论语》的话题构成、特征、话题链、话题推进及话题化。从材料的适用性来看，讨论每个问题通常都能找到恰当的材料，但并非每条材料都很恰当。仅举三例。

（1）话题共享方式

在现代汉语中，"一旦言谈话题确定以后，与这一总话题有关的名词组可以删略。在同一话题的整段话中，这些名词组在最后删略以前还要经过一个变代名词的中间阶段"（曹逢甫，1995：34）。即现代汉语中话题的共享方式是：名词组→代名词→零形式。

这种共享方式在《论语》中也能找到，例如：

1) a. 夏礼 $_{Ti}$，吾能言之 $_i$，杞不足征 $_{ei}$ 也。（八佾）

b. 无为而治者其舜 $_i$ 也与？夫 $_{Ti}$ 何为哉？Ø $_i$ 恭己正南面而已矣。（卫灵公）

但这种情况很少，更多的是名词组→零形式。例如：

2) a. 仲弓 $_{Ti}$ 为季氏宰，Ø $_i$ 问政。（子路）

b. 孟氏使阳肤 $_i$ 为士师，Ø $_{Ti}$ 问于曾子。（子张）

（2）零形回指

曹逢甫、屈承熹、Li Wendan 和杨彬是现代汉语话题链的主要研究者。他们一致认为，零形回指是构成话题链的基本条件。但《论语》语料却不完全支持这一点。例如：

3) 子 $_{Ti}$ 温而 Ø $_i$ 厉，Ø $_i$ 威而 Ø $_i$ 不猛，Ø $_i$ 恭而 Ø $_i$ 安。（述而）

4)（"崔子弑齐君，）陈文子 $_{Ti}$ 有马十乘，Ø $_i$ 弃而违之。//Ø $_i$ 至于他邦，Ø $_i$ 则曰：'犹吾大夫崔子也。' Ø $_i$ 违之。//Ø $_i$ 之一邦，Ø $_i$ 则又曰：'犹吾大夫崔子也。' Ø $_i$ 违之。//Ø $_i$ 何如？"子曰："Ø $_i$ 清矣。"曰："Ø $_i$ 仁矣乎？"曰："未知；——Ø $_i$ 焉得仁？"（公冶长）

上例是前文讨论过的例子。例 3) 中，零形回指衔接小句构成话题链；例 4) 各小句均由零形回指衔接，但并非一个话题链。原因是其中的零形回指有的是零形回指 $_1$，有的是零形回指 $_2$。前者用于衔接小句构成话题链，后者相当于第三人

称代词。

（3）话题移位

现代汉语中，某句法成分前移后在原位置留下空位，可实现话题化。《论语》中也有。例如：

5）a. <u>温故而知新</u> Ti，可以 ei 为师矣。（为政）

b. <u>三年之丧</u> Ti，ei 期已久矣。（阳货）

但《论语》中有种话题化现象是现代汉语中没有的。例如：

6）a. <u>仲由</u> Ti 可使 ei 从政也与？（雍也）

b. <u>中人以上</u> Ti，可以语 ei 上也。（雍也）

现代汉语中，要将上例的画线部分移位，必须在原位置留下回指代词，不能留下空位。

由此可见，现代话题理论从现代汉语材料中来，虽能反映汉语话题的共性，却难以在《论语》中贯彻到底。古今汉语的差异可见一斑。

3. 《论语》与现代汉语在话题结构上的差异主要集中在主位第三人称代词的有无

《论语》中主位第三人称代词极其缺乏，偶尔使用的"其""夫"及借自指示代词的"是"几乎可忽略不计。这导致两个句法后果：一是零形式在主位高频出现；二是第三人称代词"之""诸""焉""其"全部向非主位聚集，且分工明确，即"之""诸""焉"占据宾位，"其"占据定位。第三人称代词的这种分布格局造成了《论语》与现代汉语在话题结构上的一系列重大差异。

4. 《论语》中话题与主语使用频率的统计分析支持汉语中话题优先的结论

Li 和 Thompson（1984：38）曾断言汉语是"注重主题（topic-prominent）的语言"。学界应和者众多。我们在前文已明确指出，该结论尚未获得整个古代汉语语言事实的支撑，难免有缺乏根底之感，其类型学意义也似嫌底气不足。那么本书的研究是否支持上述结论呢？为回答这一问题，我们对《论语》中话题与主语的使用频率进行了统计。统计内容、符号如下。

在话题结构（TC）中：有话题①，有主语，若两者重合，记为 T（S），两者不重合，记为 T/S；有话题无主语，记为 T。

在非话题结构（SV）中仅有主语，记为 S。

---

① 有话题的情况包括话题省略。

　　统计结果为：既用话题又用主语的情况有 1269 例，其中话题和主语重合的有 874 例，话题和主语不重合的有 395 例；只用话题的情况有 293 例；只用主语的情况仅有 59 例。由此可见，《论语》中话题的使用频率高于主语，只使用话题的情况也远远高于只使用主语的情况，前者几乎是后者的五倍（293/59）。这些数据都有力地支持 Charles N. Li 和 Sandra A. Thompson 汉语是"注重主题的语言"的观点，即《论语》语料支持汉语中话题优先的结论。梁凯（2017：119）通过对《潜夫论》中"者"字话题标记的研究，也提出了"古代汉语话题结构多于现代汉语"的结论。

　　本书用大量篇幅描写《论语》的话题结构，但我们的意图并不止于此。若能从理论上系统概括古今汉语话题结构的特征，对完善汉语话题理论、丰富语言类型学的内涵无疑具有重大理论价值。但仅凭对《论语》话题结构的研究是远远不够的。没有对整个古代汉语话题结构的系统考察，就不可能有令人信服的理论概括。我们的研究只是一种积累资料的初步尝试，我们期待着更多、更有价值的研究成果呈现出来。

参 考 文 献

曹逢甫. 1995. 主题在汉语中的功能研究——迈向语段分析的第一步. 谢天蔚译. 北京: 语文出版社.

曹逢甫. 2005. 汉语的句子与子句结构. 王静译. 北京: 北京语言大学出版社.

陈昌来. 2002. 介词与介引功能. 合肥: 安徽教育出版社.

陈平. 1987. 汉语零形回指的话语分析. 中国语文. (5): 363-378.

陈平, 徐纠纠. 1996. 汉语中结构话题的语用解释和关系化. 国外语言学, (4): 27-36.

陈仕益. 2008. "之于"结构研究中的进步与倒退. 乐山师范学院学报, (4): 69-73.

陈思坤. 1994. 《论语》中的"N问N"句. 古汉语研究, (S1): 39-41.

程树德. 1990. 论语集释. 程俊英, 蒋见元点校. 北京: 中华书局.

楚永安. 1986. 文言复式虚词. 北京: 中国人民大学出版社.

戴维·克里斯特尔. 2000. 现代语言学词典. 4版. 沈家煊译. 北京: 商务印书馆.

范开泰. 1985. 语用分析说略. 中国语文, (6): 20.

范开泰, 张亚军. 2000. 现代汉语语法分析. 上海: 华东师范大学出版社.

范晓, 张豫峰, 等. 2008. 语法理论纲要(修订版). 上海: 上海译文出版社.

方梅. 2005. 篇章语法与汉语篇章语法研究. 中国社会科学, (6): 165-172.

方经民. 1994. 有关汉语句子信息结构分析的一些问题. 语文研究, (2): 39-44.

高庆赐. 1979. 古代汉语知识六讲. 武汉: 湖北人民出版社.

高顺全. 1998. 句首位置与主题化. 汉语学习, (5): 10-14.

高顺全. 1999. 与汉语话题有关的几个问题——与徐烈炯、刘丹青二位先生商榷. 语言教学与研究, (4): 80-91.

龚霏菲. 2006. 《论语正义》的学术成就. 孔子研究, (3): 84-93.

韩峥嵘. 1984. 古汉语虚词手册. 长春: 吉林教育出版社.

何洪峰. 2008. 先秦介词"以"的悬空及其词汇化. 语言研究, (4): 74-82.

何乐士. 2004. 《左传》虚词研究. 北京: 商务印书馆.

何乐士, 敖镜浩, 王克仲, 等. 1985. 古代汉语虚词通释. 北京: 北京出版社.

何晏, 皇侃. 1937. 论语集解义疏(第四册). 北京: 商务印书馆.

贺阳. 2009. 大学汉语. 北京: 中国人民大学出版社.

洪成玉. 1990. 古代汉语教程(下). 北京: 中华书局.

胡裕树. 1981. 现代汉语. 上海: 上海教育出版社.

黄伯荣, 廖序东. 2002. 现代汉语(增订三版). 北京: 高等教育出版社.

黄国文. 1988. 语篇分析概要. 长沙: 湖南教育出版社.

黄立振. 1987. 《论语》源流及其注释版本初探. 孔子研究, (2): 9-17.

霍凯特. 2002. 现代语言学教程. 索振羽, 叶斐声译. 北京: 北京大学出版社.

吉田泰谦. 2016. 陈述性主语的形成机制及其语法地位. 语言教学与研究, (5): 40.

来可泓. 1996. 论语直解. 上海: 复旦大学出版社.

雷莉. 2001. 汉语话题标记研究. 西南民族学院学报, (12): 224-227.

李晋荃. 1993. 话题连贯和述题连贯. 语言教学与研究, (1): 100-113.

李治平. 2017. 论会话语篇话题的确定方法. 汉语学习, (1): 22-29.

梁凯. 2017. 《潜夫论》"者"字话题标记研究. 现代语文, (10): 118-119.

梁启超. 1998. 清代学术概论. 上海: 上海古籍出版社.

廖秋忠. 1986. 现代汉语篇章中的连接成分. 中国语文, (6): 424-431.

廖秋忠. 1987. 《篇章语言学导论》简介. 国外语言学, (2): 66-69.

廖秋忠. 1991. 篇章与语用和句法研究. 语言教学与研究, (4): 16-44.

林书武, 纪云霞. 2002. 反位话题与相关的汉语普通话句式. 南开语言学刊, (1): 130-136, 158.

刘宝楠. 1954. 诸子集成·论语正义. 北京: 中华书局.

刘丹青. 2002. 汉语中的框式介词. 当代语言学, (4): 241-253, 316.

刘丹青. 2016. 汉语中的非话题主语. 中国语文, (3): 259-275.

刘虹. 2004. 会话结构分析. 北京: 北京大学出版社.

刘林军. 2013. 从话语功能看话题标记的实质. 语言教学与研究, (3): 91-98.

刘淇. 1954. 助字辨略. 章锡琛校注. 北京: 中华书局.

刘勰. 1982. 文心雕龙. 北京: 中华书局.

陆德明. 1983. 经典释文. 黄焯断句. 北京: 中华书局.

陆俭明. 1986. 周遍性主语及其他. 中国语文, (3): 166.

罗竹风. 1986. 汉语大词典·卷一. 上海: 上海辞书出版社.

罗竹风. 1989. 汉语大词典·卷四. 上海: 上海辞书出版社.

罗竹风. 1990. 汉语大词典·卷六. 上海: 上海辞书出版社.

罗竹风. 1991. 汉语大词典·卷七. 上海: 上海辞书出版社.

吕叔湘. 1959. 文言虚字. 上海: 上海教育出版社.

吕叔湘. 1980. 现代汉语八百词. 北京: 商务印书馆.

吕叔湘. 1982. 中国文法要略. 北京: 商务印书馆.

吕叔湘. 1987. "谁是张老三?"和"张老三是谁?"//吕叔湘. 语文近著. 上海: 上海教育出版社: 284-285.

吕叔湘. 2002. 文言虚字//吕叔湘. 吕叔湘全集（第九卷）. 沈阳: 辽宁教育出版社: 231.

吕叔湘, 朱德熙. 1979. 语法修辞讲话. 2版. 北京: 北京青年出版社.

马建忠. 1983. 马氏文通. 北京: 商务印书馆.

聂仁发. 2007. "关于"标记话题的语义基础和句法条件. 汉语学习, (5): 57.

钱穆. 1985. 论语新解. 成都: 巴蜀书社.

仇立颖. 2013. 浅谈话题的层次与语篇的建构. 毕节学院学报, (1): 6-11.

屈承熹. 2003. 话题的表达形式与语用关系//徐烈炯, 刘丹青. 话题与焦点新论. 上海: 上海教育出版社: 1.

屈承熹. 2006. 汉语篇章语法. 潘文国等译. 北京: 北京语言大学出版社.

阮元. 1980. 十三经注疏（下册）. 北京: 中华书局.

石定栩. 1998. 汉语主题句的特性. 现代外语, (2): 54.

史有为. 1997. 主语后停顿与话题//史有为. 汉语如是观. 北京: 北京语言文化大学出版社: 131.

唐满先. 1982. 论语今译. 南昌: 江西人民出版社.

宋晖. 2014. 话语标记研究三题. 外语教学, (4): 29-32.

万献初. 1988. 先秦汉语"斯"字连词说质疑. 咸宁师专学报(哲学社会科学版), (1): 69-80.

王建国. 2009. 汉语介词话题标记研究. 江西财经大学学报, (2): 72-74, 79.

王建华. 2009. 现代汉语实用教程. 合肥: 中国科学技术大学出版社.

王建勤. 1992. 介词"对于"的话语功能. 语言教学与研究, (1): 43-58.

王力. 1980. 汉语史稿. 北京: 中华书局.

王力. 1981a. 古代汉语(修订本第一册). 北京: 中华书局.

王力. 1981b. 古代汉语(修订本第二册). 北京: 中华书局.

王力. 1989. 汉语语法史. 北京: 商务印书馆.

王力. 2000. 王力古汉语字典. 北京: 中华书局.

王泗原. 1988. 束脩非从师之礼敬//王泗原. 古语文例释. 上海: 上海古籍出版社: 290-291.

王铁. 1989. 试论《论语》的结集与版本变迁诸问题. 孔子研究, (3): 58-65.

王卫峰. 2009. "夫"的统摄连接功能论. 古汉语研究, (2): 63-68.

王引之. 1956. 经传释词. 北京: 中华书局.

王永安, 万新. 1998. 论先秦汉语的"N₁之于N₂也"结构. 河南师范大学学报(哲学社会科学版), 25(5): 82-86.

魏征, 令狐德棻. 1973. 隋书(四). 北京: 中华书局.

吴峰文. 2011. "对于NP"结构的多维度考察. 宁夏大学学报(人文社会科学版), (5): 73-77.

邢福义. 1995. 小句中枢说. 中国语文, (6): 420-428.

熊沐清, 刘霞敏. 1999. 从连贯的条件看几种连贯理论. 外国语, (3): 22-28.

徐烈炯. 1995. 语义学(修订本). 北京: 语文出版社.

徐烈炯, 刘丹青. 2007. 话题的结构与功能(增订本). 上海: 上海教育出版社.

徐晓东, 陈丽娟, 倪传斌. 2013. 话题结构和动词语义对代词回指的影响——一项基于语言产生和语言理解任务的实证研究. 现代外语, (4): 331-340.

徐晓东, 陈丽娟, 倪传斌. 2017. 汉语话题回指如何受动词语义关系约束. 外语教学与研究, (3): 323-479.

许仰民. 2001. 古汉语语法新编. 郑州: 河南大学出版社.

许余龙. 2004. 篇章回指的功能语用探索——一项基于汉语民间故事和报刊语料的研究. 上海: 上海外语教育出版社.

杨彬. 2009. 话题链语篇构建机制的多角度研究. 上海: 复旦大学博士学位论文.

杨伯峻. 1963. 文言文法. 北京: 中华书局.

杨伯峻. 1980. 论语译注. 2版. 北京: 中华书局.

杨伯峻. 1981. 古汉语虚词. 北京: 中华书局.

杨伯峻. 1998. 文言文法//杨伯峻. 古今汉语词类通释. 田树生整理. 北京: 北京出版社: 538.

杨伯峻, 何乐士. 2001. 古汉语语法及其发展(修订本). 北京: 语文出版社.

杨荣祥. 2008. 论"名而动"结构的来源及其语法性质. 中国语文, (3): 239-246, 288.

杨树达. 1965. 词诠. 2版. 北京: 中华书局.

杨树达. 1984. 高等国文法. 北京: 商务印书馆.

杨树达. 1986. 论语疏证. 上海: 上海古籍出版社.

叶文曦. 2015. 信息结构、次话题和汉语宾语的分析问题. 广西师范学院学报(哲学社会科学版),
(2): 55-60.

殷国光. 2002. 《吕氏春秋》句子的界定——"《吕氏春秋》句型研究概说"之一//殷国光. 2002.
上古汉语语法研究. 北京: 中国大百科全书出版社: 163.

殷国光, 刘文霞. 2009. 《左传》篇章零形回指研究——以《隐公》为例. 语文研究, (3): 6-12.

袁毓林. 1992. 现代汉语名词的配价研究. 中国社会科学, (3): 205-223.

袁毓林. 1996. 话题化及相关的语法过程. 中国语文, (4): 241-254.

袁毓林. 2002. 论元角色的层级关系和语义特征. 世界汉语教学, (3): 10-12, 28.

张伯江, 方梅. 1996. 汉语功能语法研究. 南昌: 江西教育出版社.

张国光. 1995. "A 之于 B"结构的分布和探源. 贵州大学学报, (1): 69-74, 80.

张庆翔, 刘焱 2005. 现代汉语概论. 上海: 上海大学出版社.

张雪. 2006. 对话体语篇分析. 上海: 华东师范大学博士学位论文.

赵元任. 1979. 汉语口语语法. 吕叔湘译. 北京: 商务印书馆.

赵元任. 1980. 中国话的文法. 丁邦新译. 香港: 中文大学出版社.

郑贵友. 2002. 汉语篇章语言学. 北京: 外文出版社.

郑远汉. 1983. 记言式及其结构分析. 中国语文, (2): 87-92.

中国社会科学院语言研究所词典编辑室. 2016. 现代汉语词典. 7 版. 北京: 商务印书馆.

周芍, 邵敬敏. 2006. 试探介词"对"的语法化过程. 语文研究, (1): 24-30.

周士宏. 2010. 从信息结构角度看汉语口语中的"主谓倒装句". 汉语学习, (3): 28-36.

朱永生. 1995. 主位推进模式与语篇分析. 外语教学与研究, (3): 6-12, 80.

朱熹. 1992. 论语集注. 济南: 齐鲁书社.

Li, C. N. & Thompson, S. A. 1984. Subject and topic: a new typology of language (主语与主题: 一
种新的语言类型学). 李谷城摘译. 国外语言学, (2): 38.

Givón, T. 1983. *Topic Continuity in Discourse: A Quantitative Cross-Language Study.* Amsterdam:
John Benjamins Publishing Company.

Li, W. D. 2004. Topic chains in Chinese discourse. *Discourse Processes*, 37(1): 25-45.